LES BLONDES ONT TOUJOURS RAISON

Dans la même série

La Liste V.I.P.
Les Filles au générique
Silence, on tourne !
Apprentie espionne
Les blondes ont toujours raison

ZOEY DEAN

LES BLONDES ONT TOUJOURS RAISON

Traduit de l'anglais
par Isabelle Troin

Fleuve Noir

Titre original :
Some Like It Hot

ISBN : 2-265-08283-X

Attachez vos ceintures, la soirée va être agitée !

— Bette Davis, *All about Eve*

LE COMITÉ D'ORGANISATION DU BAL DE PROMO
DU LYCÉE DE BEVERLY HILLS
EST HEUREUX DE VOUS CONVIER
À SA CINQUANTIÈME SOIRÉE ANNUELLE
EN L'HONNEUR DES ÉLÈVES DE TERMINALE,
QUI AURA LIEU

LE 16 MAI 2006
A 20H00

DANS LA SALLE DE BAL
DU GRAND HÔTEL BEL AIR

TENUE DE SOIRÉE EXIGÉE

$1250 PAR COUPLE (Couples de même sexe bienvenus)

CI-JOINT : BULLETIN DE RÉPONSE

Une jupe si courte qu'elle ressemblait à une grosse ceinture

— Au bal de promo, Anna ? répéta dédaigneusement Cammie Sheppard. (D'un mouvement étudié, elle secoua les boucles blond vénitien qui étaient sa marque de fabrique.) Sérieusement, tu veux aller au bal de promo du lycée de Beverly Hills ?

Anna Percy leva les yeux de la fiole d'huile essentielle ambrée qu'elle était en train de renifler. Avec son mètre soixante-dix, elle dépassait Cammie de deux ou trois centimètres. Elle avait les traits classiques d'une jeune fille dont les ancêtres étaient arrivés à bord du *Mayflower*, et les cheveux blonds, raides, brillants et effilés au rasoir d'une jeune fille qui a été coiffée par Raymond en personne dans son nouveau salon de Rodeo Drive.

— Pourquoi pas ? Nous sommes en terminale.

Cammie lui jeta un regard méprisant.

— Parce qu'à côté des soirées auxquelles j'ai déjà assisté – voire que j'ai données moi-même –, un bal de promo, c'est à peu près aussi excitant qu'un cours de danse folklorique à Sacramento.

— Je suis d'accord avec elle, intervint Sam Sharpe en débouchant la fiole d'essence de rose anglaise qu'une vendeuse impeccablement coiffée et liftée venait de lui tendre. On pourrait faire autre chose ce week-end. Pourquoi ne pas prendre le jet de mon père pour aller dans sa maison de Maui ?

Même si sa famille était probablement plus riche que celles

de Sam et de Cammie réunies, Anna ne s'habituait pas à l'extravagance de ses nouvelles amies. Du temps où elle vivait à New York, la jeune fille passait ses vacances dans des endroits luxueux, habitait une maison de ville très convoitée dans l'Upper East Side, possédait un dressing bourré de vêtements magnifiques et avait pleinement conscience de sa chance. Mais à Los Angeles, ses pairs consommaient avec une frénésie tapageuse qui la mettait parfois mal à l'aise.

Anna, Sam et Cammie s'étaient arrêtées au Bar à Parfums de Hancock Park dans le cadre d'une opération visant à réunir des fonds pour « Théâtre à l'Ecole », un programme destiné à mettre en place des cours d'art dramatique dans les quartiers les moins favorisés de Los Angeles. A Hollywood, tous les gens soutenaient une cause, soit parce qu'ils étaient vraiment généreux, soit parce qu'ils voulaient se faire passer pour tels. TAE était le projet chéri d'une actrice aux cheveux aile-de-corbeau, devenue star dans son enfance et désormais âgée de vingt-cinq ans, qui de planche à pain s'était brusquement muée en petite sœur de Pamela Anderson. « Elle s'est fait poser des implants ! », avaient clamé les journaux à scandale tandis qu'elle se défendait en invoquant une poussée de croissance tardive. Récemment, elle avait demandé au père d'Anna – Jackson Sharpe, le héros de films d'action chouchou de l'Amérique – de participer à sa nouvelle campagne basée sur une idée originale : chaque star créerait une édition limitée d'un parfum qui porterait son nom; celle-ci serait vendue aux enchères sur eBay, et tous les bénéfices iraient à TAE.

L'actrice épanouie à plus d'un titre s'était déjà assuré la collaboration de tous ses jeunes amis du showbiz. « Action Jackson » avait presque le double de son âge et commençait à anticiper le déclin de sa carrière; il avait accepté de l'aider avec empressement. Mais étant bloqué sur le tournage de son nouveau film, *Ben-Hur* (un remake du péplum qu'il réalisait en plus d'y tenir le premier rôle), il avait donné carte blanche à son assistante Kiki.

Sam avait insisté pour s'en charger elle-même. Ça tombait bien : elle mourait d'envie de jeter un coup d'œil au Bar à Parfums. Et puis, avait-elle expliqué à Anna, si elle sentait encore une fois le parfum éponyme de Jena Malone sur une de ses condisciples du lycée de Beverly Hills, elle l'aspergerait personnellement avec une de ces immondes copies de Jungle Gardenia qu'on pouvait acheter aux vendeurs des rues près du Staples Center.

Anna avait accepté de venir bien que Sam ait également invité Cammie (dire que les deux filles ne s'entendaient guère était un doux euphémisme). Le Bar à Parfums était un concept unique, une boutique où l'on ne pouvait pénétrer que sur rendez-vous – et pour décrocher un bon rendez-vous, ça aidait d'être la fille d'une star du cinéma. En vérité, l'endroit ressemblait plus à un salon minimaliste qu'à un magasin. Des fauteuils blancs entouraient une table basse métallique. L'experte en parfums se tenait derrière un comptoir blanc aux lignes épurées, et un système audio contenant des milliers de fichiers MP3 était à la disposition de la clientèle. Sam avait laissé choisir Anna, qui avait opté pour des variations au piano du compositeur et interprète français Eric Satie.

— Beurk ! (Sam eut un mouvement de recul face à l'odeur capiteuse qui s'échappait d'une nouvelle fiole d'huile essentielle.) J'avais une nounou qui portait cette saleté. Tu t'en souviens ?

Elle passa la fiole à Cammie, qui renifla et grimaça.

— C'était la Suédoise, c'est ça ? On devait avoir onze ans. Elle sortait avec cet acteur qui avait un petit rôle récurrent dans *Friends.*

— Et qui vivait dans le pavillon d'invités de cet enfoiré de producteur – celui qui a quitté IMC pour CAA et a fini par atterrir à l'agence de ton père, ajouta Sam en hochant la tête.

Anna avait du mal à les suivre quand elles se mettaient à parler dans le jargon d'Hollywood. Contrairement à Sam et à Cammie, elle n'avait pas grandi à Beverly Hills, et elle n'avait pas le show-biz dans le sang. En fait, ça ne faisait que cinq mois qu'elle habitait Los Angeles – depuis qu'elle avait quitté Manhattan pour venir vivre avec son père et finir son année de terminale au lycée de Beverly Hills, avant de retourner dans l'est pour suivre les cours de la fac de Yale.

De nombreuses raisons étaient à l'origine de ce déménagement, mais, pour commencer, Anna souhaitait se réinventer. Elle était née et avait grandi dans une famille privilégiée, dont la fortune remontait à plusieurs générations. C'était une prison certes dorée, mais dont elle aspirait à s'échapper… ou tout au moins, à repousser les limites. Elle voulait faire de nouvelles expériences, devenir autre chose qu'un rat de bibliothèque – une fille bien élevée, mais prévisible et ennuyeuse.

Anna surprit son reflet dans les miroirs qui recouvraient le mur du fond. Elle était mince, avec l'allure et le port de tête d'une jeune fille qui a passé beaucoup d'heures à transpirer dans un cours de danse classique. Ses cheveux blonds comme les blés balayaient ses épaules, frôlant le col de son top Valentino blanc à emmanchures américaines. Le reste de sa tenue se composait d'un vieux pantalon kaki – elle ne se souvenait même plus où et quand elle l'avait acheté – et de ballerines Chanel en cuir. Des clous en diamants de cinq carats, hérités de sa grand-mère, ornaient ses oreilles. Pour tout maquillage, elle ne portait qu'une touche de gloss Stila et un peu de mascara brun Yves Saint-Laurent. Certains disaient qu'elle ressemblait à Gwyneth Paltrow, mais quand elle se regardait dans la glace, elle ne voyait qu'une fille désespérément conventionnelle.

Son regard glissa vers Sam, qui était pomponnée comme la fille semi-célèbre d'une star de cinéma. Sam tirait le meilleur parti d'un physique qui, n'importe où ailleurs, aurait été qualifié d'au-dessus de la moyenne – mais qui ici, à Beverly Hills, était nettement en dessous. Ses yeux marron soigneusement maquillés avaient la couleur du chocolat chaud et ils pétillaient d'intelligence. Des mèches de différentes teintes caramel éclairaient ses cheveux châtains mi-longs. Le hâle doré dont elle se faisait vaporiser une fois par semaine au salon B2V était impeccable. Elle portait une brassière Follies couleur citron, retenue autour du cou par un lien en cuir tressé, et un Muse de Joe's Jeans à taille haute (parce que les tailles basses, c'était complètement ringard, Dieu merci : ils donnaient à ses fesses l'aspect d'une carte du Colorado en relief, elle en était sûre !). Entre son haut et son bas, il y avait deux tailles de différence : un fait qui, à lui seul, aurait pu signer son arrêt de mort à Beverly Hills. Les complexes provoqués par ses soi-disant défauts physiques influençaient tout ce qu'elle disait, faisait et pensait. Personne ne jugeait son apparence plus sévèrement qu'elle-même. Cela dit, Sam était de loin la personne la plus intelligente qu'Anna ait rencontrée depuis son arrivée en Californie. Elle l'aimait vraiment beaucoup.

Et puis il y avait Cammie, alias la Bombe Anatomique, à la fois mince et pulpeuse. Ses anglaises blond vénitien tombaient plus bas que ses épaules. Ses grands yeux lumineux, d'un brun doré, étaient soulignés de mascara et d'eyeliner noir Shiseido, ses lèvres pulpeuses mises en valeur par le rouge Masai de chez Nars. Ce jour-là, elle portait un haut de bikini pailleté Purp7e Agua sous une blouse paysanne Pia Hallstrom en soie rose pâle transparente, et un jean tellement taille basse que c'était un miracle qu'il tienne sur ses fesses. Peu lui importait que les torchons féminins racontent que les tailles basses, c'était fini : Cammie ne suivait pas la mode, elle la lançait.

Chaque fois qu'Anna allait quelque part avec elle, les regards de tous les mâles dans un rayon de cent mètres convergeaient vers Cammie comme les touristes vers le trottoir aux étoiles d'Hollywood Boulevard. Naguère, même Ben…

Anna frémit. Elle ne voulait pas penser à Cammie en même temps qu'à son petit ami Ben Birnbaum. Tous deux étaient sortis ensemble l'année d'avant, et quand elle les imaginait enlacés, la jeune fille d'ordinaire si équilibrée et si fiable avait tendance à péter les plombs. Elle craignait que l'équilibre et la fiabilité soient bien peu de chose comparés au sex-appeal. Et du sex-appeal, Cammie en avait à revendre.

Ben et Cammie étaient en couple avant qu'Anna arrive en Californie. Aujourd'hui, la jeune fille allait revoir Ben pour la première fois depuis trois mois : il revenait enfin de Princeton pour les vacances d'été.

A cette idée, l'excitation lui tordit l'estomac. Dès le départ, un lien étrange mais puissant s'était tissé entre Ben et elle. Ils s'étaient rencontrés dans l'avion qu'elle avait pris pour se rendre à Los Angeles. Ben l'avait impulsivement invitée au mariage de Jackson Sharpe, qui devait être célébré le jour même au Griffith

Observatory. La soirée avait été merveilleuse jusqu'à ce qu'il l'abandonne à la marina après une croisière nocturne. Par la suite, il lui avait présenté ses excuses, mais Anna avait eu du mal à lui pardonner. Deux mois plus tôt, il s'était pointé à Las Vegas parce qu'il savait qu'elle y serait. Anna avait accepté de reprendre leur relation – mais à la seule condition qu'ils soient désormais parfaitement honnêtes l'un envers l'autre.

— Tout se passe bien, mesdemoiselles ? s'enquit la vendeuse.

Elle avait de magnifiques cheveux roux et un fort accent irlandais. Anna lui donnait trente-huit ans – même s'il était très difficile d'estimer l'âge des gens à L.A., où pratiquement tout le monde avait recours à la chirurgie esthétique. Si vous vous absteniez, les gens supposaient que vous l'aviez fait quand même ; autrement dit, si vous aviez trente-huit ans et que vous les paraissiez, ils pensaient qu'en réalité vous en aviez quarante-cinq. La vendeuse était menue ; elle portait un pantacourt noir et un pull à col cheminée sans manches. Sa ravissante crinière était relevée en chignon, mettant en valeur ses yeux de biche et ses lèvres minces.

— Nous voulons créer quelque chose qui surpasse le N° 1 de Clive Christian, annonça Cammie en croisant les jambes pour donner plus d'emphase à son propos.

— Ah, qu'est-ce qui pourrait surpasser Clive Christian? déclama la vendeuse avec des trémolos dans la voix. Deux mille dollars les trente millilitres. Note de tête agrumes et épices, bergamote, iris, cardamome…

— Excusez-moi, coupa Cammie. (Elle se leva et vint poser ses mains sur les épaules de Sam.) Adressez-vous à elles, parce que je dois retrouver mon petit ami dans cinq minutes. Et n'oubliez pas que vous avez affaire à la fille de Jackson Sharpe. (Elle déposa un baiser sur la joue de Sam.) A plus.

Avec un petit signe désinvolte à l'adresse d'Anna, elle sortit, une montagne de sacs de boutiques chics à la main.

— Ne dis rien, conseilla Sam à Anna tandis que la vendeuse attendait patiemment. Je sais : elle donne une nouvelle signification à l'adjectif narcissique.

Anna sourit.

— Tu m'enlèves les mots de la bouche.

Elle n'en voulait pas à Sam d'avoir invité Cammie parce qu'elle comprenait leur relation – une amitié qui remontait à l'enfance. Cynthia Baltres, sa meilleure amie à New York, agaçait parfois les gens elle aussi. Mais Anna lui pardonnait tout car elles avaient une longue histoire en commun. Une personne qui vous connaissait déjà avant que vous sachiez écrire votre prénom, c'était quelqu'un de spécial, un trésor à chérir quelles que soient ses failles.

Une demi-heure plus tard, avec l'aide de Miss Irlande 1985, Sam et Anna avaient créé le parfum éponyme de Jackson Sharpe à base de lavande, de citron et de massepain. Miss Irlande 1985 leur expliqua que le laboratoire du Bar à Parfums préparerait des échantillons, les enverrait à la propriété des Sharpe afin que Jackson donne son feu vert, puis fabriquerait une quantité limitée de flacons pour la vente de charité.

— Ça me plaît beaucoup, dit Anna en reniflant l'intérieur de son poignet. Tu vas en garder un flacon pour Eduardo ?

— Il est de l'autre côté du monde, lui rappela Sam en signant les quelques papiers que la vendeuse lui avait tendus. Il n'a pas besoin que je lui offre de l'eau de Cologne.

Sam était récemment revenue d'un long week-end à Paris, où elle avait rendu visite à Eduardo Muñoz qui étudiait à la Sorbonne. Les deux jeunes gens s'étaient rencontrés à Mexico pendant les vacances d'hiver ; Eduardo avait immédiatement craqué pour Sam. Mais celle-ci s'était d'abord montrée réservée à son sujet, supposant que tout type canon qui s'intéressait à elle avait forcément une idée derrière la tête – qu'il voulait juste décrocher un rôle dans un film de Jackson Sharpe ou caser un scénario parfait pour Jackson Sharpe.

Puis elle avait réalisé qu'Eduardo venait du Pérou, qu'il ignorait totalement qui elle était et ne s'en souciait pas le moins du monde : il la trouvait belle et charmante, un point c'est tout. Il aimait ses courbes autant qu'elle les détestait, ce qu'elle avait beaucoup de mal à comprendre et à accepter.

— Tu ne t'es pas bien amusée en France ? interrogea Anna

comme elles sortaient du Bar à Parfums et tournaient dans La Brea.

Ce large boulevard, encore industriel et tristounet vingt ans plus tôt, voyait sa cote flamber depuis que des boutiques de luxe et des restaurants aux prix exorbitants s'étaient installés entre ses quincailleries et ses grossistes en alimentation.

Sam s'arrêta devant une vitrine pour observer une ceinture en cuir turquoise, signée Selma Blair pour Elegantly Waisted.

— A ton avis, cette ceinture me ferait des hanches d'hippopotame ou pas ?

— Si je comprends bien, tu n'as pas envie d'en parler.

— Selma est mariée avec Ahmet Zappa, tu le savais ? Une chance sur deux qu'ils soient divorcés avant Noël.

— J'ignore qui sont ces gens, Sam.

— Sam ! Hé, Sammy !

De l'autre côté de la rue, Anna aperçut deux brunettes qui agitaient frénétiquement les bras pour attirer leur attention. L'une d'elles sautillait même sur place. Dès que le feu passa au vert pour les piétons, elles s'élancèrent tels des sprinteurs olympiques au coup de pistolet.

— *Merde*[1]. (Sam plongea la main dans son sac, en tira ses nouvelles lunettes de soleil Maui Jim à verres polarisés et les glissa sur son nez tandis que les deux filles fonçaient vers elle.) Jasmine Eckels et Ophelia Berman. Tous à vos postes de combat ; je répète : tous à vos postes de combat. Préparez-vous pour l'attaque des prom-prom girls.

— L'attaque des quoi ?

— Sam ! (La plus petite des deux filles poussa un glapissement tout excité et se jeta au cou de Sam comme si elle venait de retrouver sa sœur perdue à la naissance. Puis elle serra la main d'Anna.) Salut, je m'appelle Jazz – diminutif de Jasmine. Et voici Fee – diminutif d'Ophelia.

— Mes parents se sont rencontrés en jouant *Hamlet* au festival shakespearien de l'Utah, expliqua Fee en levant les yeux au ciel.

1. En français dans le texte. *(N.d.T.)*

Les gens me demandent tout le temps d'où vient mon prénom ; c'est agaçant. Je t'ai déjà vue au bahut.

Anna sourit poliment. Elle aussi, elle les avait déjà vues, mais elle n'avait aucun cours avec elles. Jazz et Fee étaient toutes deux mignonnes, bien que grassouillettes. Jazz avait les yeux un peu trop rapprochés – et essayait de compenser en se tartinant la figure d'une prodigieuse quantité de maquillage. Ses vêtements aussi frisaient le mauvais goût : mini à carreaux plissée, fermée par une épingle à nourrice géante, haut en cachemire sans manches Cardin et cuissardes blanches. Fee, par contre, était grande et anguleuse. Elle portait un chemisier en soie rouge déboutonné et noué sous la poitrine, environ deux douzaines de colliers de perles, presque autant de bracelets, et une jupe si courte qu'elle ressemblait à une grosse ceinture.

— C'est super de te rencontrer comme ça, Sam ! s'enthousiasma Jazz. J'allais justement t'appeler dans la soirée, pour te parler du bal de promo. Tu sais que Fee et moi, on codirige le comité d'organisation ?

— Je l'ai entendu dire, oui.

Sam changea d'épaule son sac Hermès blanc à fermoir doré et ne se donna même pas la peine de feindre l'enthousiasme.

— Ce sera le bal le plus spectaculaire de toute l'histoire de notre lycée ! s'exclama Fee. On a décidé de le faire au Bel Air. C'est génial, pas vrai ?

— Non, c'est vieillot, contra Anna.

Jazz acquiesça avec empressement.

— Oui : Vieil Hollywood. Sinatra, Clark Gable, Jane Fonda...

— Exactement, coupa Sam. Personne ayant moins de l'âge de... décéder ne va là-bas.

Les deux filles éclatèrent de rire comme si elle venait de raconter la blague la plus drôle du monde. Puis elles durent attendre un moment qu'une douzaine de Harley bruyantes, toutes pilotées par des homos torse nu aux mamelons piercés, passent en rugissant. Elles profitèrent de cette pause pour recharger les batteries de leur enthousiasme.

— Ça sera très cool, je te le promets, insista Jazz. (Elle agrippa la main de Sam.) Tu vas venir, pas vrai ?

D'un air éloquent, Sam fixa la main crispée sur la sienne. Jazz la lâcha précipitamment.

— Désolée, s'excusa-t-elle avant de lancer son assaut suivant. C'est le cinquantième bal de promo de notre lycée depuis 1946 – ils n'en ont pas fait pendant la guerre du Vietnam – et je suis sûre que tu ne voudrais pas le manquer. Pas plus que Cammie et tes autres amis, comme Parker, Krishna, Blu…

— Et Dee Young, bien entendu, si elle se rétablit, ajouta Fee. On m'a raconté ce qui s'est passé à Las Vegas. Quelle histoire ! J'irai sûrement la voir.

Dee Young était l'autre amie d'enfance de Sam. Elle avait toujours été un peu… caractérielle, et, pendant leur séjour à Las Vegas, elle avait pété les plombs. Actuellement, elle séjournait à l'Institut Psychiatrique Ojai dont les médecins avaient diagnostiqué un trouble bipolaire. Sam avait dit à Anna que son état s'améliorait, mais que personne ne savait quand elle sortirait.

— Laisse tomber, Fee, suggéra froidement Sam. Tu la connais à peine.

— Tu n'as pas pu t'empêcher d'en parler, hein ? siffla Jazz en foudroyant son amie du regard. Je t'avais bien dit de ne pas le faire. (Elle prit une profonde inspiration et reporta son attention sur Sam.) Alors, tu viendras ?

Sam haussa les épaules.

— Je vais réfléchir.

Fee faisait la tête de quelqu'un qui vient juste d'apprendre qu'un de ses proches parents est mort dans un accident d'avion.

— Il faut que tu viennes, marmonna-t-elle, les yeux rivés sur le trottoir. Tu ne peux pas ne pas venir.

— Pourquoi ?

Les deux filles échangèrent un regard. Puis Jazz raidit les épaules comme si elle s'apprêtait à faire un aveu difficile.

— Je vais être franche avec toi, Sam. Si les nanas les plus cool du bahut ne viennent pas, les mecs les plus cool ne viendront pas non plus. Et si aucun des élèves les plus cool ne vient…

— … On est foutues ! conclut Fee en écartant les mains d'un geste théâtral. Il n'y aura que des losers. Et on restera dans l'histoire du lycée comme les deux minettes pathétiques qui ont organisé le plus naze de tous les bals de promo.

— Un bal de promo, ça peut être marrant, intervint Anna.

— Merci ! s'exclama Fee, rayonnante de soulagement. Tu vois, Sam ? Anna va venir !

— Elle n'a pas dit ça. Elle a dit que ça pouvait être marrant, corrigea Sam.

— Et si on reversait les bénéfices à une œuvre de charité ? offrit Jazz. Tu choisis laquelle.

— On l'a déjà fait l'an dernier, lui rappela Sam. C'est la seule raison pour laquelle Cammie et moi sommes venues.

— S'il te plaît, implora Fee. On a besoin de toi.

Sam souleva ses lunettes de soleil pour mieux la fixer.

— Dans la mesure où Anna a envie d'y aller, j'envisageais plus ou moins de l'accompagner. En fait, j'étais à deux doigts d'accepter. Si tu n'avais pas parlé de Dee et prétendu que tu comptais lui rendre visite… C'était minable de ta part. Je sais très bien que tu n'irais pas la voir même si je te donnais des entrées pour la première de *Ben-Hur.* Tant pis pour toi. Tu auras peut-être plus de chance la prochaine fois. Je vous souhaite un bon bal de promo.

L'anti-Anna

Sam et Anna se réfugièrent à l'Insomnia Café sur Beverly Boulevard. Avec sa façade blanche carrée et son nom épelé en grosses lettres noires, Sam trouvait que c'était le meilleur endroit pour boire un café et grignoter un morceau de gâteau près de La Brea. La déco dans les tons brun et jaune moutarde, les aquarelles accrochées aux murs et la musique des Beatles jouant en sourdine contribuaient à créer une atmosphère chaleureuse. Le mobilier se composait de plusieurs canapés bordeaux et d'environ vingt-cinq tables en bois entourées de chaises. La plupart de ces tables étaient occupées par des clients au look de scénariste : casquette de base-ball et barbe de trois jours pour les mecs, sweat-shirt et jean noir pour les filles, et, pour tous, portable Apple ou Sony Vaio. Pratiquement pas d'Averatec.

Mais ce que Sam préférait à l'Insomnia Café, c'étaient les odeurs délicieuses qui y régnaient à toute heure : cookies aux amandes, pain de maïs tout juste sorti du four… Anna se mit à saliver tandis qu'elles se frayaient un chemin jusqu'à la dernière table libre. De son côté, Sam ne cessait de jeter des coups d'œil vers la porte d'entrée par-dessus son épaule.

— Qu'est-ce que tu fais ? lui demanda Anna.

— Je vérifie que les prom-prom girls ne m'ont pas suivie.

Une serveuse au look d'actrice au chômage et sous-nourrie, avec des dreadlocks et un piercing à l'arcade sourcilière, vint prendre leur commande – deux espresso et deux pains au chocolat – et leur apporta immédiatement deux bouteilles d'eau minérale.

— Tu as encore envie d'y aller, grimaça Sam. Je le vois sur ton visage parfait à vous en filer la nausée.

— C'est vrai, admit Anna.

— Pourquoi ?

— Disons que… Je suis curieuse.

— Vous n'avez pas de bals de promo à New York ? railla Sam.

— Bien sûr que si. Mais je pensais que ça pouvait être intéressant.

— Ça pourrait l'être si tu étais anthropologue. Tu sais… Jazz et Fee ne s'en sortaient pas si mal jusqu'à ce qu'elles amènent Dee sur le tapis.

Dee avait fait une crise d'hystérie pendant ce même séjour à Las Vegas où Anna et Ben avaient été réunis. Les deux filles devaient vraiment être désespérées pour l'invoquer dans l'espoir de s'attirer les bonnes grâces de Sam. Si Anna savait une chose à propos de sa nouvelle amie, c'est que celle-ci détestait qu'on essaie de l'utiliser ou de la manipuler.

— Laisse-moi t'expliquer pourquoi notre bal de promo est naze. Tous les ans, c'est la même chose. Les filles du comité d'organisation sont toujours des LIP, des « Less Important People[1] ». Si elles n'arrivent pas à faire venir les VIP, cet échec les poursuivra jusqu'à la fin de leur misérable existence. Tu veux vraiment participer à cette abjecte mascarade ?

— C'est un peu ségrégationniste comme attitude, non ? protesta Anna. Les LIP, les VIP…

— Regarde-moi dans les yeux et dis-moi que ce n'est pas la même chose à New York, la défia Sam.

Anna dut capituler. Oui, c'était la même chose. Seuls les critères de ségrégation changeaient. Sur la Côte Ouest, vous étiez VIP si vous aviez un physique vraiment renversant ou si vos parents s'étaient fait un nom dans le show-business. Ainsi, Sam était VIP

1. *Personnes Moins Importantes*, par opposition aux Personnes Très Importantes ou VIP. *(N.d.T.)*

parce que son père était une star de cinéma; Cammie était doublement VIP, parce qu'à la fois canon et fille d'un des plus gros agents d'Hollywood; et Dee était VIP parce que son père était un célèbre producteur de musique. Sur la Côte Est, c'était une question de généalogie, de pouvoir ou de talent artistique. Vous étiez VIP si vous descendiez de Peter Stuyvesant, si votre père était associé dans un important cabinet d'avocats de Wall Street ou si votre bouquin avait fait l'objet d'une critique élogieuse dans une revue littéraire.

A bien y réfléchir, il existait une autre différence, songea Anna. L'apparence comptait beaucoup moins à New York, où même un crapaud pouvait être VIP s'il possédait les qualifications nécessaires par ailleurs. Ici, au pays de la poudre de perlimpinpin, il fallait être un minimum séduisant.

Anna secoua la tête. *C'est n'importe quoi!* Après tout, Eduardo avait craqué pour Sam sans savoir qui était son père. Elle poussa un soupir.

— Je suis en train de me dire que Ben et Eduardo s'entendraient drôlement bien.

Sam se cala contre le dossier de sa chaise.

— Tu ne crois quand même pas que Ben accepterait d'assister à notre bal de promo?

Excellente question. Son petit ami, qui venait juste de finir sa première année d'études à Princeton, pourrait-il supporter ce genre de soirée?

— Peut-être que oui, répondit prudemment Anna.

— Et peut-être que non, répliqua Sam. (Elle se tordit le cou, cherchant la serveuse du regard.) Où est-elle? Sans doute en pause, en train de lire *Variety.*

— Allez, Sam, supplia Anna. Si tu lui demandes gentiment, Eduardo acceptera sûrement de venir, et on pourrait y aller à quatre.

Elle ne put jauger la réaction de son amie car celle-ci lui tournait le dos. Derrière sa chaise, un panneau d'affichage était accroché au mur. Il débordait de petites annonces rédigées à la main sur des bouts de papier volant : voitures à vendre, offres de colocation ou de services de nettoyage…

— Je suis sérieuse, insista Anna. Ben et Eduardo s'entendraient bien.

Soudain, Sam tendit le bras et arracha une annonce du tableau.

— C'est exactement ce qu'il me faut !

— Quoi, le bal de promo ?

— Non, ça !

Elle poussa le flyer jaune dans les mains d'Anna.

GRAND CONCOURS INTERNATIONAL DE FILMS DOCUMENTAIRES RÉALISÉS PAR DE JEUNES TALENTS

Réservé aux élèves des collèges et des lycées.

Les documentaires gagnants n'excéderont pas vingt minutes. Ils seront présentés lors de divers festivals, parmi lesquels le Grand Festival du Film d'Atlanta, le Festival du Film du Tennessee, la Fête du Cinéma de Bruxelles et le Festival du Cinéma Indépendant de Los Angeles.

Date limite d'envoi : 30 juin 2006.

Sponsorisé par les Cahiers du Cinéma, l'Institut National du Cinéma (Canada), l'Institut National du Cinéma (USA) et l'Association Anglaise des Documentaristes.

Plus bas, des paragraphes en petits caractères précisaient la durée et le format des documentaires à soumettre, les modalités d'inscription et le règlement. L'article le plus intéressant, selon Anna, spécifiait que le jugement se ferait en aveugle : les réalisateurs se verraient assigner un numéro, et seul ce numéro figurerait au générique.

Perplexe, Anna leva les yeux vers Sam.

— Tu ne fais pas de documentaires.

— Et alors ? Je pourrais apprendre. C'est une opportunité parfaite ! Un concours international, et totalement impartial ! Personne ne saurait que je suis la fille de mon père. Je serais jugée sur mon seul talent. Tout le contraire de ce qui se passe à Beverly Hills !

La serveuse maigrichonne finit par apporter leur commande ; Sam sirota pensivement son espresso en continuant à lire le flyer.

— D'accord. Quel sujet choisirais-tu ? s'enquit Anna en touillant pour faire fondre le morceau de vrai sucre qu'elle venait de mettre dans sa tasse.

— La muse n'a pas encore frappé à ma porte. (Sam mordit dans son pain au chocolat.) Oh, mon Dieu, il est fabuleux. Tu devrais goûter le tien.

Anna obtempéra et dut reconnaître qu'il était divin.

— Alors, qu'est-ce que tu en dis ? Toi, moi, Eduardo et Ben ?

— Il n'est pas question que j'invite Eduardo à mon bal de promo.

— Pourquoi donc ?

Sam essuya les miettes collées à ses lèvres avec sa serviette en papier noir marquée du logo de l'Insomnia.

— Tu veux vraiment savoir pourquoi ? Très bien. Parce qu'un documentaire au sujet de ses *amours*[1] serait plus long que *Le Parrain, Le Parrain II* et *Le Parrain III* mis bout à bout.

Bingo.

Tout s'éclaircissait. Et à présent, Anna s'en voulait d'avoir insisté.

— Eduardo voit d'autres filles ?

Sam haussa les épaules et scruta le fond de son espresso.

— Ce qui est certain, c'est que d'autres filles le voient !

Anna ne comprenait plus.

— Il te trompe, oui ou non ?

— Il dit que non. Mais on s'est promenés dans le Quartier latin samedi dernier. Ç'a été un vrai défilé de filles toutes plus sublimes les unes que les autres. *Bonjour, Eduardo. Salut, Eduardo, comment ça va*[1] *?*

— Et c'est tout ce que tu as comme preuve ? Des filles lui ont dit bonjour ?

— Des filles françaises, Anna. Minces, d'une élégance à tomber par terre et n'ayant sans doute pas peur de se mettre à poil devant lui.

1. En français dans le texte. *(N.d.T.)*

— Tu te laisses obséder par des détails qui n'existent que dans ton imagination.

Sam secoua la tête et gloussa.

— Voilà pourquoi je t'aime tant. Tu es bien la seule personne dans cette ville capable de dire ce genre de phrase. « Tu te laisses obséder par des détails qui n'existent que dans ton imagination. »

— Ne détourne pas la conversation, s'il te plaît. (Anna agita un index menaçant.) Le problème, ce n'est pas que tu méprises le bal de promo et ceux qui y vont. Le problème, c'est Eduardo.

— Evidemment que c'est Eduardo ! Il a un fabuleux pied-à-terre dans le sixième arrondissement, pour l'amour du ciel ! Tu as déjà vu les filles du sixième arrondissement qui vont à la Sorbonne ?

Anna, qui avait été en Europe maintes fois, acquiesça.

— Bien sûr, mais…

— Alors, tu vois très bien de quoi je parle. Et si ce n'était que les Françaises ! Mais il y a aussi des Polonaises, des Tchèques… (Sam eut un geste d'impuissance et d'agacement.) As-tu la moindre idée de la beauté des filles de l'Est ? Une accro à la coke pourrait se découper des lignes avec leurs pommettes. Eduardo est là-bas, avec elles. Et je suis ici, avec toi. En train de manger un pain au chocolat à huit mille calories.

— C'est toi qu'il veut !

— Quand il est avec moi, oui. Mais comment puis-je être sûre qu'il ne fait pas défiler toute une O.N.U. de nanas dans sa chambre dès que j'ai le dos tourné ?

— Tu lui en as parlé ? Qu'est-ce qu'il t'a dit ?

— Qu'il ne désire que moi, bla bla bla. Qui croirait ce genre de baratin ?

Cesse de te monter la tête toute seule, faillit lancer Anna. Puis une pensée extrêmement malvenue s'implanta dans son esprit et refusa de s'en laisser chasser. *Comment puis-je être sûre que Ben ne couchait pas chaque soir avec une fille différente pendant qu'il était à Princeton ?*

Non. C'était ridicule. Ben lui téléphonait souvent et n'arrêtait pas de lui envoyer des e-mails. Si Sam n'était pas partie dans son délire, Anna n'aurait même pas envisagé cette possibilité. Visiblement, la paranoïa était une maladie contagieuse.

— Tu manques de confiance en toi, diagnostiqua Anna en tentant d'oublier l'image de Ben batifolant avec une autre fille.

Sam tendit un doigt vers elle.

— Tu iras loin avec des capacités de déduction aussi affûtées, Sherlock.

Anna mordit une bouchée de son pain au chocolat. Les sarcasmes de son amie ne la vexaient pas. Plus Sam doutait d'elle, plus elle devenait acide. Et même acide, elle restait la personne la plus drôle qu'Anna ait jamais rencontrée.

— Comme si j'allais inviter Eduardo à mon bal de promo, marmonna Sam en touillant férocement le Canderel qu'elle venait de verser dans son espresso. Tu parles d'une alternative ! Se vautrer dans l'herbe des Tuileries avec Ekatarina de Latvie qui porte une taille rien du tout et a des seins de la taille de l'Estonie, ou aller à une soirée de lycéens avec Sam et ses cuisses de mammouth ?

Anna tenta de la rassurer.

— Si Eduardo voulait sortir avec quelqu'un d'autre, il le ferait. Mais il aurait la décence de te plaquer avant.

Sam laissa tomber sa tête entre ses mains.

— Ça me rend folle, d'accord ? gémit-elle. A la base, je trouvais déjà qu'une relation longue distance, ça craignait drôlement. Maintenant que j'ai vu les hordes de bombasses qui se baladent dans les rues de Paris… Tu n'as jamais eu peur que Ben te soit infidèle pendant qu'il était à Princeton ?

Anna déglutit. *Pas plus tard qu'il y a trente secondes.*

— Si, admit-elle à voix basse. Mais il rentre cet après-midi.

Elle consulta sa Locman Nuovo au cadran en aluminium brossé incrusté de diamants. Son père lui avait offert cette montre, qui devait coûter les yeux de la tête, après avoir signé le contrat d'acquisition du complexe hôtelier de Mexico. Elle ne la portait que pour lui faire plaisir. Ces derniers temps, elle multipliait les efforts pour s'entendre avec lui.

— En fait, ajouta-t-elle, je dois le retrouver chez lui dans une heure. Il faut qu'on discute.

Ils ne manqueraient pas de sujets de conversation. Quand ils s'étaient réconciliés à Las Vegas, au nom de l'honnêteté à laquelle ils venaient de s'engager, Ben avait parlé à Anna d'une fille nommée Blythe qu'il fréquentait à la fac. D'après lui, ce n'était rien de sérieux. Anna se souvenait que l'information ne l'avait pas fait tiquer sur le coup. Le reste de leur séjour à Las Vegas s'était merveilleusement bien déroulé. Ils avaient fait l'amour jusqu'à l'aube dans la chambre de Ben ; ils étaient partis en excursion au lac Powell et avaient loué un bateau pour l'après-midi. Ces quelques jours avaient été romantiques et inoubliables.

Depuis que Ben était rentré à Princeton, ils s'appelaient deux ou trois fois par semaine. Anna n'ayant jamais été douée pour les conversations intimes au téléphone – elle avait déjà bien du mal à murmurer « je t'aime » avant de raccrocher –, ils parlaient de sujets neutres comme leurs études ou leur famille. Aucun d'eux n'avait jamais mentionné la fameuse Blythe. Alors comment pouvait-elle être sûre que Ben l'avait bien plaquée ? Et si Blythe était l'anti-Anna : une fille sensuelle, une fêtarde dotée de courbes voluptueuses et dépourvue de toute inhibition ?

— Hel-loooo ? lança Sam en lui donnant un petit coup de coude dans les côtes. On fait quoi, là : on se tape mentalement notre autre moitié, ou on papote entre copines ?

— Je pensais à la fille avec qui Ben sortait à Princeton, avoua Anna.

— Ah ah ! triompha Sam. Si Anna Percy, une fille tellement classe qu'on ne peut même pas l'imaginer allant aux toilettes, se pose des questions sur sa relation longue distance, qu'est-ce que je devrais dire, moi ?

Anna s'agita dans sa chaise.

— Parfois, c'est dur, concéda-t-elle.

Sam engloutit le reste de son pain au chocolat.

— C'est à cause de cette ville, maugréa-t-elle. Hollywood nous rend tous fous. Ici, on n'est jamais assez bien, jamais assez beau, jamais assez tout. Tu crois être au top, et tu finis toujours par tomber sur une salope mieux roulée ou mieux fringuée que toi, voire les deux. (Elle froissa sa serviette et la jeta sur la table.) Paris, c'était ça, mais puissance dix.

Anna réfléchit un moment, caressant le bord de sa tasse à espresso d'un ongle soigneusement manucuré et verni en rose pâle.

— Tu dois te concentrer sur ta relation, Sam. Ne pas te préoccuper de la ville dans laquelle tu te trouves, et ne surtout pas te comparer aux autres filles.

— C'est toi qui me dis ça ? répliqua Sam, narquoise. Chaque fois que tu penses à Cammie et à Ben, ça te fait péter les plombs. Admets-le.

Anna s'empourpra.

— J'essaie de me dire qu'à l'époque, on ne se connaissait même pas. Que c'est du passé.

Sam continua à la fixer d'un air entendu.

— Et puis, je vais faire tout ce qu'il faut avec Ben cet été. On s'est mis d'accord pour ne rien se cacher. Jusqu'ici, c'est notre manque de franchise qui nous a toujours posé problème.

— Mais encore ?

— Et bien, Ben n'a pas été honnête avec moi à propos de ce qui s'était passé sur le bateau. Ensuite, je n'ai pas été honnête avec lui à propos des autres garçons avec lesquels je suis sortie après son retour à Princeton. Et puis il s'est bien gardé de me révéler ses véritables sentiments. Tout ça a contribué à créer des tensions et à nous tenir éloignés l'un de l'autre. C'est pour ça qu'il faut que tu sois honnête avec Eduardo.

— C'est sans doute le raisonnement le plus bancal que tu aies jamais tenu. (Sam se leva.) Je reviens dans une seconde.

Tandis qu'elle se dirigeait vers les toilettes des dames, Anna but les dernières gouttes de son espresso. Sam avait raison : elle était très mal placée pour donner des conseils à quiconque en matière de couple. La vérité, c'est qu'elle manquait cruellement d'expérience. Elle connaissait si peu de choses sur l'amour… Parfois, les sentiments qu'elle éprouvait pour Ben la dépassaient.

Elle promena un regard à la ronde. La plupart des autres clients lisaient le journal, bavardaient avec leurs amis ou au téléphone, ou consultaient leurs e-mails par Wi-Fi. Pour des aspirants scénaristes, ils n'écrivaient pas beaucoup. « La chance est le résidu de la détermination », disait souvent l'un des profs de 5e d'Anna, à Trinity. Si seulement…

— Oh mon Dieu, je suis un génie ! (Sam se glissa dans sa chaise, les yeux brillants.) Je l'ai ! La liste LIP !

— Excuse-moi ?

— Essaie de suivre un peu, Anna. Mon documentaire. La liste LIP du lycée de Beverly Hills. La pathétique liste LIP, dont les membres verront toute leur vie définie par leur bal de promo. Le voilà, mon sujet ! Et il est parfait. Un documentariste doit savoir de quoi il parle. Or, s'il y a un sujet que je connais sur le bout des doigts, c'est bien la structure sociale d'Hollywood !

Anna secoua la tête.

— Réfléchis une minute, Sam. Jazz et Fee n'accepteront jamais que tu les filmes en tant que « pathétiques LIP ».

— Je trouverai un autre titre. Quelque chose qui sonne mieux. *C'est arrivé un soir.* Non, déjà pris. Voyons… (Sam claqua des doigts.) Je sais ! Je dirai aux prom-prom girls que je réalise un documentaire appelé *Bal de promo à Beverly Hills*, et qu'elles en seront les stars ! Du coup, nous irons tous à cette soirée. Je pourrai même inviter Eduardo, puisque j'aurai une excuse valable pour le traîner là-bas. C'est génial !

— Pourquoi penses-tu avoir besoin d'une excuse pour… ?, commença Anna.

Sam l'interrompit d'une main levée.

— Ne me coupe pas dans mon élan, s'il te plaît. Je vois ça d'ici. Je guiderai le public à travers les préparatifs étape par étape : l'organisation, la déco, le buffet, l'habillage, le maquillage… Je pourrais même filmer d'autres bals dans la Vallée pour souligner le contraste entre notre mode de vie et celui du petit peuple. Pourquoi ne pas montrer une fille de Sylmar qui doit acheter sa robe d'occasion, et juste après, une prom-prom girl qui bénéficie d'un budget illimité ? Jazz et Fee en pleureront de gratitude. Je remporterai le concours ; mon documentaire sera montré dans tous ces festivals ; personne ne saura que c'est moi jusqu'à ce que j'aie gagné – peut-être même que je prendrai un pseudonyme –, et tous les gens qui ont des *a priori* sur la fille de Jackson Sharpe pourront se les fourrer là où je pense. Et ma brillante carrière sera lancée. J'ai juste une question.

— Laquelle ? demanda Anna sur un ton méfiant.

Le projet de Sam ne l'emballait pas complètement. Son idée n'était pas mauvaise, mais elle lui semblait assez cruelle.

— Quelle heure est-il à Paris ? Il faut que j'appelle Eduardo.

Une heure plus tard, Anna arrivait à Foothill Drive et garait sa Lexus gris métallisé dans l'allée circulaire du manoir des Birnbaum, à cinq blocs de la propriété de son père. La maison des parents de Ben était une imposante bâtisse de deux étages, sagement munie d'une charpente de bois qui lui permettrait de ployer au lieu de casser si le Grand Séisme finissait par frapper la ville. Des fenêtres en saillie se détachaient sur la façade fraîchement repeinte en marron et en blanc. Les Birnbaum avaient également refait le toit, dont les tuiles en terre cuite scintillaient au soleil. La pelouse avait été remplacée par un jardin de pierre et de cactus, et le chemin de gravier qui menait à la porte en bois de séquoia était désormais pavé de dalles de grès.

Anna coupa le contact mais ne descendit pas de sa voiture. Les remarques de Sam au sujet d'Eduardo et de Paris résonnaient encore dans sa tête. D'après ce qu'elle avait entendu dire, Ben était plutôt coureur à l'époque du lycée. Avait-il vraiment changé ? Qu'en était-il de Blythe – et de toutes les autres filles dont elle ne connaissait même pas le prénom ? Pouvait-elle vraiment s'attendre à ce qu'un garçon aussi mignon que Ben vive comme un moine parce qu'il en pinçait pour une lycéenne restée à la maison ? Elle ne savait pas à quoi ressemblait Blythe, mais elle imaginait une anti-Anna côté look autant que côté attitude. Des cheveux roux flamboyants qui lui tombaient jusqu'aux fesses. Des yeux noirs d'ensorceleuse. Pas plus d'un mètre soixante ; une silhouette en sablier et de gros seins qui défiaient la gravité ; le genre de bouche pour laquelle les autres filles doivent endurer des injections de collagène, ces lèvres gonflées qui semblent appeler les baisers…

Anna prit une profonde inspiration pour se calmer. Se laisser emporter par son imagination, ça ne lui ressemblait pas. D'habitude, elle avait confiance en elle. Enfin, presque toujours.

— Blythe comment ? lança-t-elle à voix haute pour se donner plus d'assurance.

Puis elle s'extirpa de derrière son volant et se dirigea vers la porte d'entrée. Quand elle appuya sur la sonnette encastrée, elle entendit un carillon résonner dans le grand hall. Quelques instants plus tard, la porte s'ouvrit.

Ce n'était pas Ben. C'était une fille qu'Anna voyait pour la première fois. *Seigneur !* Elle ne portait rien d'autre qu'un peignoir en soie blanche qui accentuait ses courbes voluptueuses, et une serviette enroulée sur la tête à la façon d'un turban. De toute évidence, elle sortait à peine de sa douche. Anna dut lever les yeux pour la dévisager : elle mesurait bien un mètre soixante-quinze. Ses cheveux noirs comme de l'encre, encore lourds d'humidité, tombaient dans son dos façon Rapunzel. Elle avait le teint très pâle, et un semis de petites taches de rousseur sur le nez. Selon les critères hollywoodiens, elle n'était pas vraiment mince, mais elle n'en demeurait pas moins renversante.

Elle était vraiment l'anti-Anna.

Blythe. Ça ne pouvait être que Blythe. Anna sentit le sang lui monter à la tête, et un vertige la saisit. L'espresso qu'elle avait bu à l'Insomnia fit mine de retracer son chemin en sens inverse. Comment Ben avait-il pu lui faire ça ? Elle avait cru qu'elle était trop influençable, qu'elle se laissait gagner par la paranoïa de Sam. En réalité, elle avait mis dans le mille. Sa rivale existait bel et bien, et elle était déjà dans la place. Mais Anna avait été élevée selon les règles du *Guide des bonnes manières* (East coast WASP edition). Règle numéro sept : se contrôler en toutes circonstances.

— Ben est là ? demanda-t-elle sur un ton égal.

— Bien sûr, répondit la fille sur un ton désinvolte, en frottant ses cheveux mouillés avec sa serviette. (Puis elle sourit.) J'espère que ça ne t'ennuie pas trop d'attendre. Il est encore sous la douche.

Un énooorme choc

A demi assommée, Anna suivit la fille dans le grand hall.

Salope, pensa-t-elle très fort.

Ayant été élevée par une mère qui n'aurait pas dit « crotte » si elle s'était coincé la main dans son mixeur, Anna n'était capable de jurer que mentalement. Elle brûlait d'envie de gifler Blythe très fort. Mais pour être juste, c'était elle qui méritait des baffes. Pourquoi – pourquoi, au nom du ciel, n'avait-elle pas dit clairement à Ben : si tu ne romps pas avec cette fille, c'est fini entre nous ? Le remords la gagna. Elle savait exactement pourquoi elle s'était abstenue. Dans le *Guide des bonnes manières*, un chapitre entier était consacré aux différences entre ce qui était classe et ce qui était crasse. Classe : skier à Gstaad, les meilleurs hôtels parisiens, les arts et la culture, la haute couture, les œuvres caritatives et les restaurants quatre étoiles. Crasse : les chaussures blanches après le 1er septembre, mettre des glaçons dans le vin, le Lower East Side de Manhattan, préciser au petit ami avec lequel vous n'arrêtez pas de rompre et de vous réconcilier qu'il doit plaquer ses autres conquêtes.

Anna sentit sa gorge se nouer, mais elle leva son menton admirablement dessiné avec détermination. Aussi amoureuse soit-elle, si Ben jouait les enfoirés de première classe, elle ne lui ferait pas le plaisir de se ratatiner tel un bouquet de violettes fanées.

Elles s'installèrent au salon. Tout comme l'extérieur du manoir, cette pièce avait été refaite à neuf depuis la dernière visite d'Anna – décorée dans un thème sud-ouest américain avec des esquisses de cow-boys au fusain et des affiches de rodéo. Des couvertures à motifs indiens s'étalaient sur les canapés en cuir, et un tapis navajo tissé à la main recouvrait le plancher de bois dur. Anna s'était assise sur un des canapés ; sa rivale avait pris celui d'en face.

Elle se racla la gorge.

— Je suis Anna Percy, se présenta-t-elle calmement. J'imagine que tu es Blythe.

La fille ouvrit de grands yeux étonnés.

— Qui ça ?

— Blythe.

— Je ne m'appelle pas Blythe.

Elle ne s'appelle pas...

Une petite minute. C'était encore pire ! Ça signifiait que Ben les trompait toutes les deux !

— Ça t'ennuierait de me dire qui tu es ?

La fille sourit.

— J'y suis. Tu m'as prise pour la petite amie de Ben.

Anna repoussa une mèche de cheveux derrière son oreille droite.

— En fait, je croyais que c'était moi, la petite amie de Ben – jusqu'à ce que tu viennes m'ouvrir en peignoir il y a deux minutes.

La fille éclata de rire.

— C'est trop drôle !

— Pardonne-moi de ne pas partager ton avis, répliqua froidement Anna.

— D'accord, d'accord, d'accord. (La fille agita une main comme pour s'éventer ou dissiper son hilarité.) Je suis désolée. Sincèrement. Je suis Madeleine, mais tu peux m'appeler Maddy. Tout le monde le fait que ça me plaise ou non, alors je me suis persuadée que j'aimais bien ça, même si ça n'est pas le cas.

Anna ne savait pas trop ce qu'elle devait ressentir. Du choc ? De la gêne d'avoir sauté aussi hâtivement à des conclusions erronées ?

De la colère de ne pas avoir eu suffisamment confiance en Ben ? Elle éprouvait tout cela et bien plus encore.

— Tu n'es pas une de ses copines de Princeton ?

Maddy secoua la tête.

— J'aimerais bien. Mais je ne suis pas un petit génie, contrairement à *Ben.* (Elle avait prononcé ce nom comme si elle le vénérait.) Il est tellement intelligent… et cultivé, aussi. Tu ne trouves pas ? Je suis en première au lycée de Pacific Palisades, et j'habite ici. Ben m'a beaucoup parlé de toi. Tu as de la chance d'être avec lui. Tu comprends mieux, maintenant ?

Un peu, mais pas tellement, songea Anna. Pourtant, ses muscles commençaient à se détendre.

— Misère, j'ai vraiment foutu la pagaille, se lamenta Maddy. En fait, je viens du Michigan – de Pellston, tu connais ? Si tu ne connais pas, inutile d'y aller, sauf en été, c'est-à-dire pendant les deux jours de juillet où il fait beau, les années où on a du bol. Je suis venue vivre avec mon oncle et ma tante de Pacific Palisades pour aller au lycée de leur quartier. Tu connais d'autres filles qui vont là-bas ? Ou des garçons, même ?

— Je ne crois pas, répondit lentement Anna pour se laisser le temps d'assimiler les paroles de Maddy.

La jeune fille avait peut-être de grandes qualités, mais la concision n'en faisait pas partie.

— Certains sont sympas, et d'autres pas du tout. Bref, mon oncle bosse pour le gouvernement et il a dû partir à Singapour en mars. Du coup, ça se présentait mal pour moi, mais comme ma tante et lui sont amis avec les parents de Ben, Mme Birnbaum a dit que je pouvais rester chez eux jusqu'à la fin de l'année. C'est pour ça que je suis là. Pfiou ! (Maddy se passa le dos de la main sur le front en un geste théâtral.) Contente que ce malentendu soit dissipé. Hé, tu veux voir à quoi je ressemblais avant ? (Elle saisit un album photo rouge sur la table basse, l'ouvrit et le tendit à Anna.) Prépare-toi à avoir un énooorme choc. Je dis bien « énooorme ».

Anna examina soigneusement la photo qu'elle lui désignait. C'était bien la même fille – mêmes cheveux, même visage – que celle qui lui faisait face. Elle se tenait sur le bord d'un lac par une belle journée ensoleillée, vêtue d'un bermuda et d'un T-shirt marron qui aurait pu bosser au noir comme toile de tente. A vue de nez, elle pesait cent quarante kilos.

— C'est vraiment toi ? souffla Anna, estomaquée.

— Il y a soixante-dix kilos, oui, s'esclaffa Maddy. J'adore montrer cette photo aux gens. (Du menton, elle désigna l'album.) Elle a été prise la veille de mon départ pour Los Angeles. Je me suis fait poser un anneau gastrique en août dernier. C'était dégueu, mais pas autant que je le craignais, même s'ils t'obligent à pisser dans un tube pendant un petit moment – tu savais ça ? Bref, ça fait une grosse différence, hein ?

— En effet, acquiesça Anna le plus poliment possible.

Elle rendit l'album à Maddy, qui le posa sur ses genoux et observa sa photo d'un air émerveillé. Anna ne pouvait pas imaginer ce que ça faisait d'habiter un corps obèse. Les gens pouvaient être si cruels parfois ! Elle pensa à la façon dont Cammie Sheppard aurait réagi à la Maddy d'avant et frissonna. La jeune fille avait bien fait de choisir le lycée de Pacific Palisades.

— Tu es très courageuse, lui dit-elle sur un ton admiratif.

Maddy haussa les épaules.

— J'ai toujours été grosse. Comme tous les gens de ma famille. C'était presque devenu une compétition entre nous. Bref, quand je rentrerai dans le Michigan à la fin de l'année scolaire, je veux être mince et canon pour faire baver tous les types qui se moquaient de moi dans le temps – et pour avoir le plaisir de les envoyer se faire foutre !

Elle se leva d'un bond et se mit à marcher en se déhanchant tel un mannequin pendant un défilé de mode.

— Il me reste encore douze kilos à perdre, et après... Le monde sera à moi ! s'exclama-t-elle en effectuant un demi-tour impeccable et en serrant coquettement les revers de son peignoir sur sa poitrine. Sauf que... Je manque d'expérience côté mecs. Ça m'inquiète un peu.

Anna sourit.

— Ça viendra tout seul, tu verras.

Le visage de Maddy s'éclaira.

— Tu crois ? Parce qu'il faut vraiment que je rattrape le temps perdu.

— Anna Percy.

La voix était masculine et grave, mais elle n'appartenait pas à Ben. Tournant la tête, Anna découvrit un jeune homme vêtu d'une chemise de bowling bleue beaucoup trop grande pour lui, d'un jean et de Converse All Star blanches. Il était grand et maigre, avec des cheveux roux hérissés à grand renfort de gel. Des lunettes à monture en écaille un peu désuètes encadraient ses yeux sombres, illuminés par un grand sourire insouciant.

Anna se leva automatiquement pour le saluer. Ces dernières minutes avaient été bien étranges, songea-t-elle. Des inconnus ne cessaient d'apparaître tandis que Ben manquait toujours à l'appel. Celui-ci avait au moins un avantage sur Maddy : ce n'était pas une fille, et il ne sortait pas tout juste de sa douche. Donc, elle ne risquait pas de le prendre pour Blythe.

— Salut, dit-elle en réprimant un petit rire. Tu as raison, je suis Anna. Et tu es… ?

— Jack. Jack Walker. Pour t'en souvenir, pense à Jack Daniel's et à Johnny Walker. Je vais à Princeton avec Ben. (Il lui fit un clin d'œil.) Et toi, tu es sa femme ?

Anna avait vécu à New York assez longtemps pour être capable d'identifier l'accent de Jack. Il venait du New Jersey. Plus spécifiquement, du nord de l'Etat. Pas d'une des villes riches comme Tenafly ou Alpine, mais plutôt de Jersey City ou d'Union City. Elle réalisa que s'il était entré à Princeton, ce n'était pas parce que ses grands-parents avaient financé la construction d'un bâtiment ou parce que son père était membre du conseil d'administration de la Banque de la Réserve Fédérale. Il devait être drôlement intelligent. Anna n'aurait pas été surprise qu'il ait obtenu une bourse couvrant tous ses frais de scolarité.

— Sa femme ? répondit-elle sur un ton narquois. Sa petite amie, ça suffira pour le moment.

Jack éclata de rire.

— Désolé. C'est de l'argot du New Jersey. Bref. Je suis ici pour l'été. J'ai décroché un stage d'enfer à Fox TV, au département qui s'occupe des émissions de télé réalité. Je loge dans le pavillon d'invités d'un des gros bonnets de la chaîne, à Santa Monica, et je conduis sa deuxième bagnole qui se trouve être une Beemer. La vie n'est pas trop pénible.

— Hé, on pourrait peut-être se faire une sortie à quatre ? intervint Maddy. Je veux dire, pas comme un rencard, mais juste... Une balade ou un ciné, ce genre de truc.

Anna voulut la rassurer.

— Pourquoi pas ? Ça te dit, Jack ?

— Ça dépend. Qui est avec qui ? plaisanta le jeune homme en lui adressant un nouveau clin d'œil.

Apparemment, il avait du mal à se renouveler.

— Je suis avec Ben, bien sûr, pépia Maddy.

Jack haussa les sourcils.

— Je ne crois pas que...

— Je plaisantais, gloussa Maddy. (Puis elle redevint sérieuse.) Anna, tu as vraiment beaucoup, beaucoup de chance de sortir avec lui. J'espère que tu le sais.

— Hé ! C'est super que tu sois là.

Le cœur d'Anna fit un bond dans sa poitrine. Enfin, c'était Ben ! Elle fit volte-face. Il avait laissé pousser ses cheveux bruns ; jamais elle ne les avait vus aussi longs. Elle trouva que ça lui donnait l'air plus décontracté et plus sexy. Il portait un jean et finissait de boutonner sa chemise blanche toute simple par-dessus ses tablettes de chocolat bronzées. Il se dirigea vers elle avec un large sourire. Ses yeux d'un bleu électrique lui faisaient toujours le même effet que la première fois, dans l'avion. Elle ne pouvait en détacher son regard.

— Salut, souffla-t-elle.

— Désolé de t'avoir fait attendre, s'excusa Ben. J'étais au téléphone.

— Pas de problème.

Anna s'était forcée à parler sur un ton détendu, même si elle passait déjà mentalement en revue la liste de ses interlocuteurs potentiels. Maudite soit Sam, qui l'avait contaminée avec sa fichue jalousie !

— Je faisais connaissance avec tes amis.

— Hé, Maddy, habille-toi et viens avec moi, suggéra Jack. Laissons un peu d'intimité aux tourtereaux. Ça fait longtemps qu'ils ne se sont pas vus.

Il fit un nouveau clin d'œil, mais cela ne parut pas déranger Maddy.

— Si tu veux, gloussa-t-elle. (Puis elle se jeta au cou de Ben.) Encore merci pour tout.

Le jeune homme se dégagea gentiment.

— Remercie mes parents. Moi, je n'ai pas fait grand-chose, Maddy.

— Je t'attends dans la Beemer, lança Jack.

— J'arrive dans une seconde !

Maddy sortit en trombe. Jack serra la main d'Anna – sans lui faire de clin d'œil, cette fois – et dit à Ben qu'il l'appellerait en mimant un combiné téléphonique avec sa main.

Enfin, ils se retrouvèrent seuls.

Quelque chose clochait ; Anna le sentit immédiatement. Ben ne l'embrassait pas, ne la prenait pas dans ses bras. Elle le connaissait assez bien pour savoir que…

— Anna, chuchota-t-il.

Puis elle se retrouva serrée contre lui, et le contact de sa bouche si douce fit taire la petite voix intérieure qui déblatérait dans sa tête.

— Tu en as mis du temps, murmura-t-elle dans son cou quand leurs lèvres se séparèrent.

Pour toute réponse, Ben l'embrassa à nouveau.

Ils étaient allongés sur le canapé, Anna lovée contre la poitrine de Ben. Entre deux baisers fougueux, Ben lui avait chuchoté que ses parents étaient à Hawaii et ne rentreraient pas avant dimanche, mais la jeune fille n'était pas pressée du tout. Alors qu'ils allaient passer aux choses sérieuses, elle avait demandé à Ben de leur trouver quelque chose à grignoter. Cela lui avait donné deux minutes pour se calmer avant que son petit ami revienne avec un pot de crème glacée Cherry Garcia et une seule petite cuillère. Anna avait immédiatement pensé à étaler la glace sur le corps de Ben pour la lécher, mais elle s'était contentée de partager la cuillère avec lui. Ils avaient tout l'été devant eux, et aucune raison de se précipiter. Elle ne voulait pas que leur histoire se limite au sexe. Ils allaient enfin avoir l'occasion d'apprendre à se connaître vraiment.

— Nous ne sommes qu'en mai, murmura-t-elle.

La perspective des grandes vacances lui faisait tourner la tête de bonheur.

Ben déposa un baiser sur son front.

— Mmmh.

— Mai, juin, juillet, août, énuméra Anna en comptant sur ses doigts. Quatre mois sans cours que nous pourrons passer ensemble.

— Mais il faudra quand même que je bosse. Je t'en ai parlé au téléphone, non ?

Maintenant qu'elle y pensait, Ben avait mentionné qu'il travaillerait peut-être à la boutique du Riviera Country Club.

— Le job de vendeur au country club ?

— Non, on m'a fait une proposition plus intéressante. Tu as entendu parler de ce nouveau club à Hollywood, le Trieste ?

Amusée, Anna se tordit le cou pour le regarder.

— Coucou ! C'est moi !

Ben gloussa.

— C'est vrai, excuse-moi. Tu n'y connais rien en clubs, qu'ils soient night ou de golf.

— Par contre, j'ai lu tous les classiques, le taquina-t-elle. En trois langues.

Ben éclata de rire.

— D'accord, je vais te mettre au parfum, mademoiselle la trilingue. Le Trieste est l'endroit le plus branché du moment, le QG des bêtes de mode et des aspirants à la célébrité. Ambiance *Le jour du fléau*. Papa m'a dégoté un job là-bas. (Il marqua une pause.) Rectification : Les talents professionnels de papa, concrétisés sous la forme d'une liposuccion réussie, m'ont dégoté un job là-bas. Une espèce de stage de gestion, pour voir si le boulot me plaît.

Le père de Ben était le chirurgien esthétique le plus en vue de Beverly Hills, connu sous le sobriquet de « Chirurgien Esthétique des Stars ». Il gagnait plus en une semaine que la plupart des Américains en une décennie. Mais il avait récemment intégré un groupe de thérapie pour lutter contre son addiction aux jeux d'argent, et Anna espérait que Ben et lui se rapprocheraient pendant les vacances du jeune homme. Elle s'y connaissait en relations familiales tendues ; elle n'avait connu que ça toute sa vie.

— Maddy te demandera sûrement de la faire entrer en douce, plaisanta-t-elle.

— Oh, c'est déjà fait. (Ben secoua la tête.) Pauvre gosse. C'est une gamine innocente dans un corps tout neuf ; elle ne sait pas comment se comporter. Sa mère et la mienne étaient amies au lycée ; je l'ai vue grandir… et pas qu'en hauteur. Elle en a beaucoup bavé. Elle me faisait pitié.

— Elle m'a montré sa photo d'avant.

— Ça fout un choc, hein ? Je pourrais te demander d'être gentille avec elle, mais je sais que c'est inutile parce que tu le feras de toute façon.

— Bah, tu me connais : Anna de Sunnybrook Farm, c'est moi[1].

— Avec le reste du monde, peut-être. Mais quand tu es seule avec moi… Définitivement pas.

Il l'embrassa de nouveau – d'une façon qui prouvait qu'il connaissait la vraie elle, cette partie secrète de sa personnalité qui ne passait pas tout son temps à analyser les choses ou à s'inquiéter. Et elle adorait ça.

1. Allusion à *Rebecca of Sunnybrook Farm*, une série de livres considérés comme des classiques de la littérature de jeunesse américaine et mettant en scène une petite fille au cœur d'or. *(N.d.T.)*

La liste LIP

Le Grand Hôtel Bel Air se situait au cœur d'un petit bois d'eucalyptus et de palmiers, au nord de Sunset Boulevard et non loin de l'UCLA[1]. L'extérieur avait été conçu et décoré dans le style Renaissance ; huit énormes colonnes d'ivoire jaillissaient du sol pour soutenir l'arche de l'entrée, plus de quinze mètres au-dessus de l'endroit où les clients abandonnaient leur véhicule.

— Tu vas adorer ça, Sam, je te le promets, babilla Fee, assise au volant de son Audi rouge cerise, tandis qu'elles attendaient que le voiturier leur ouvre la porte.

Une Audi. Même sa bagnole était une bagnole de deuxième choix – une bagnole de LIP, songea Sam. Elle avait pris place dans le siège passager, forçant Jazz à se contenter de la banquette arrière.

Son plan était le suivant : laisser les prom-prom girls la convaincre de jeter un œil à la salle de bal ; la jouer cool pour qu'elles pensent que ni elle ni ses amis VIP n'assisteraient à la soirée, puis renverser la situation pour pouvoir non seulement réaliser son documentaire, mais aussi bénéficier d'un contrôle artistique sur l'événement. Une fois les choses en place, elle informerait Cammie et les autres. La loyauté n'était pas un vain mot à Hollywood : elle était sûre que ses amies accepteraient de venir.

1. Université de Californie, Los Angeles. *(N.d.T.)*

Après tout, elles pouvaient elles aussi avoir besoin d'un service, un jour. Quant à Anna, elle pensait que l'idée de son documentaire était cruelle. Mais elle avait envie d'assister au bal de promo de toute façon. Elle ne pourrait pas résister à la perspective d'une sortie à quatre avec Ben et Eduardo.

Bien sûr, le plus simple aurait été de dire aux prom-prom girls qu'elle viendrait et de leur demander de figurer dans son documentaire. Mais si elle faisait ça, Fee et Jazz se douteraient qu'elle avait une idée derrière la tête. Ce n'était pas ainsi que fonctionnait l'élite du lycée de Beverly Hills.

— Bonjour, lancèrent simultanément les deux voituriers en ouvrant les portières de l'Audi et en aidant les filles à descendre.

Agés d'une vingtaine d'années et portant les cheveux très courts, ils ressemblaient à des missionnaires mormons avec leur chemise blanche empesée et leur pantalon noir.

— Vous passerez la nuit ici ? s'enquit le plus petit des deux, qui était blond.

— Certainement pas ! répliqua Sam, atterrée. Ne me dites pas que des gens descendent encore ici !

Jazz rougit.

— Nous avons rendez-vous avec...

Avant qu'elle puisse finir sa phrase, un petit homme d'une soixante d'années, avec une face de crapaud et des cheveux noirs entortillés sur son crâne façon pointe de glace à l'italienne pour dissimuler une sévère calvitie, jaillit par les portes vitrées, les bras grands ouverts. Il portait un costume noir, une chemise de smoking blanche et une cravate jaune très 1985 – la dernière année, supposa Sam, où un être vivant avait organisé une soirée digne de ce nom dans cet hôtel.

— Bienvenue au Bel Air ! s'exclama-t-il. Je suis Donald Plummage, le directeur de l'hôtel. (Il adressa un vigoureux signe de tête aux voituriers.) Ces jeunes dames sont mes invitées.

— Oui monsieur, acquiesça le plus grand et le plus maigre des deux jeunes gens, avant de se glisser au volant de l'Audi de Fee pour aller la garer.

— Vous êtes la charmante Samantha Sharpe, n'est-ce pas ?

s'enquit Donald. J'ai vu votre photo dans diverses publications, et si je puis me permettre, vous êtes encore plus ravissante en vrai. Je suis un grand fan de votre père.

Fee et Jazz rayonnaient. Visiblement, elles s'étaient attendues à ce genre de réaction quand elles avaient cajolé Sam pour la convaincre de les accompagner.

— Comme c'est original, railla Sam. Vous et vingt millions d'autres personnes.

Donald partit d'un rire tonitruant, comme s'il n'avait jamais rien entendu d'aussi drôle. Sam avait l'habitude qu'on lui passe la brosse à reluire. Parfois, elle disait ou faisait des choses horribles pour voir jusqu'où elle pouvait aller avant qu'un lèche-bottes cesse de prétendre qu'elle était irrésistible.

Le plus fou, c'est que Fee et Jazz n'avaient pas eu une si mauvaise idée d'organiser le bal de promo ici. Si elles avaient choisi un endroit à la mode, les touristes et le commun des mortels en auraient entendu parler. Ils auraient afflué en masse, sonnant le glas de la branchitude pour l'endroit en question. Par contre, opter pour un lieu célèbre mais tombé en décrépitude et tenter de le remettre au goût du jour en y invitant la jeunesse dorée de Beverly Hills… C'était quasiment génial. Non que Sam ait l'intention de les féliciter.

— Bienvenue dans notre établissement, mesdemoiselles, entonna Donald comme ils pénétraient dans le hall caverneux.

Les murs étaient lambrissés d'acajou sombre, l'éclairage dispensé par d'antiques lustres en cristal. Des fauteuils de velours rouge, disposés de manière à former des petits coins conversation, se dressaient sur des tapis persans tissés à la main. Des piédestaux de marbre noir soutenaient d'énormes vases blancs remplis de fleurs à longue tige. Le mobilier était vieux, et la moquette usée par endroits ; pourtant, l'ambiance rappelait vaguement celle de *Casablanca* par son côté grandeur et décadence.

— N'est-ce pas fabuleux ? s'extasia Jazz. (Elle désigna les canapés groupés autour d'un immense âtre de pierre.) Là-bas, Mae West s'est soûlée et a fait un striptease pour Montgomery Clift à la lumière des flammes. Du moins, c'est ce que Donald nous a raconté.

— C'est la pure vérité, leur assura Donald. (Il ferma les yeux et inspira profondément en posant le bout de ses doigts sur ses paupières.) Quand je fais ça, je sens encore sa présence.

Sam renifla d'un air dédaigneux. Il n'y avait pas plus d'une douzaine de personnes dans le hall, et aucune n'était particulièrement glamour.

— C'est désert, commenta-t-elle. Comment cela se fait-il ?

— Il est deux heures de l'après-midi, répondit Fee, nerveuse. Je suis sûre qu'il y aura plus de monde ce soir.

— J'en doute, répliqua Sam, bien décidée à jouer son rôle de snobinarde jusqu'au bout. Les plus gros clients sont occupés à nourrir les pissenlits au cimetière de Forest Lawn.

Donald partit d'un rire hystérique.

— Comme vous êtes spirituelle, mademoiselle Sharpe ! En fait, peu de gens le savent, mais c'est ici que Swifty Lazar a donné sa première soirée après avoir remporté son Oscar.

— Il est teeellement XXe siècle. (Sam secoua la tête.) Je ne crois vraiment pas que mes amis adhèreront. Fee, où est ton ticket de voiturier ?

Fee lui agrippa le bras.

— Laisse-nous au moins te faire une visite guidée !

— Oui. Pour l'instant, tu n'as vu que le hall, ajouta Jazz une demi-octave plus haut que son ton habituel.

Sam feignit d'hésiter, mais Donald et les filles insistèrent, et elle finit par se laisser convaincre.

Ils la firent monter dans la grande suite du dixième étage, dont la location était comprise avec celle de la salle de bal. Sam leva le nez d'un air dédaigneux ; en réalité, elle ne la trouvait pas dénuée d'un certain charme, dans le genre désuet. La suite se composait de deux grandes chambres dont les lits étaient recouverts d'édredons en patchwork blanc, coquille d'œuf et ocre de chez Marks & Spencer ; d'une immense salle de bains avec une baignoire en porcelaine bleue munie de pattes de lion ; et d'un salon douillet où une peau d'ours synthétique s'étalait devant une cheminée en pierre rouge. Le balcon d'angle orienté sud et ouest était spacieux et élégant, avec une balustrade en marbre et du mobilier en rotin.

— C'est toujours le marbre original datant de 1919, mademoiselle Sharpe, révéla fièrement Donald. Nous nous efforçons de préserver l'authenticité du Bel Air, tout en le modernisant et en améliorant son confort pour nos clients.

L'ascenseur qui permettait d'accéder à la grande salle de bal était exigu et lent – deux faits que Sam se délecta de souligner –, mais la salle de bal elle-même offrait des dimensions plus que satisfaisantes Elle pouvait facilement accueillir cinq cents personnes. Sam trouva pourtant mille et un détails à critiquer dans la décoration, depuis les tons jaunes jusqu'aux blasons italiens et espagnols accrochés aux murs en passant par les armures de chevalier sous vitrine transparente.

— Nous pensons donner un thème Renaissance à la soirée, bredouilla Jazz. Histoire de rester dans le ton.

— Ça va être fabuleux, ajouta très vite Fee. On a contacté une troupe d'artistes qui animent des fêtes médiévales. Ils vont faire des démonstrations de joute, tirer les cartes – ce genre de choses.

Sam croisa les bras sur sa poitrine. Pas mal du tout. Mais avec ce genre de divertissements en prévision, elles auraient besoin d'une organisatrice d'événements professionnelle, comme Fleur Abra qui s'était occupée du mariage de son père quelques mois plus tôt.

— Laissez-moi vous poser une question. Vous avez déjà été à une fête médiévale ?

— Non, admit Fee en se dandinant nerveusement. Mais mon cousin travaille pour celle de Santa Fé Springs. C'est lui qui m'a mise en contact avec la troupe.

— Je pense que vous pouvez faire mieux que ce truc de nazes.

Les deux filles gardèrent le silence. L'espace d'une fraction de seconde, Sam se demanda si elle n'avait pas poussé le bouchon un peu trop loin. Elle décida de changer de sujet.

— Et pour la musique ?

— La scène sera là-bas, répondit Donald en désignant le fond de la salle.

— Vous avez engagé quel groupe ?

Jazz et Fee échangèrent un regard craintif.

— Les Roadsters, lâcha Fee sur un ton hésitant.

Sam décida de leur jeter une fleur.

— C'est un bon choix.

Les deux filles lui adressèrent un sourire si éblouissant qu'il aurait pu éclairer tout un pays du tiers-monde pendant une année entière.

— Mesdemoiselles ? lança le jovial directeur pour attirer leur attention. Si vous le voulez bien, il est temps de passer au plat de résistance – le repas. Une table a été dressée pour vous dans la salle à manger.

— Tu vas adorer ça, Sam, j'en suis sûre ! s'enthousiasma Fee.

La salle à manger était décorée dans le style du Vieil Hollywood qui avait fait la gloire de l'établissement. Des affiches de classiques des années trente et quarante ornaient les murs : *Madame Miniver, Qu'elle était verte ma vallée, Le troisième homme...* Les tables disparaissaient sous des nappes blanches, les lumières étaient tamisées, et tous les serveurs devaient travailler là depuis l'ouverture à en juger par leur grand âge. Dans la pièce voisine, un piano égrenait de vieilles mélodies de comédie musicale.

Donald conduisit les trois filles à leur table et tint la chaise de Sam pour elle.

— Bon appétit, mesdemoiselles, leur souhaita-t-il avec une petite courbette. Je vous laisse à votre déjeuner.

Comme il s'éloignait, Sam déchiffra le menu qui avait été imprimé spécialement à leur intention.

— Huîtres de Bagaduce et caviar osetra, lut-elle à voix haute. Champignons de Mendocino frais aux truffes, marlin à la niçoise, homard entier grillé. Délice au chocolat et caramel. Boissons assorties.

Elle en salivait d'avance, d'autant qu'elle avait sauté le petit déjeuner. Pourtant, elle secoua la tête d'un air désapprobateur.

— Ça ne va pas du tout.

— Tu n'as pas encore goûté ! protesta Jazz.

— Il nous... Il vous faut une alternative végétarienne.

Oups. Elle avait failli gaffer.

— Tu as raison, acquiesça Fee. On va voir ça avec le chef.

Génial. Elle les avait amenées exactement là où elle voulait. Il était temps de renverser la vapeur.

— Je pensais à un tas d'autres choses qui pourraient améliorer cette soirée, lâcha-t-elle sur un ton désinvolte.

Les visages des deux filles s'éclairèrent comme si Orlando Bloom venait de les inviter à danser.

— On adorerait que tu nous en fasses part, jubila Fee.

— Voici ce que je vous propose. (Sam se tapota les lèvres du bout de l'index.) Je vous aide à peaufiner votre concept, tous mes amis les plus proches viennent à la soirée et… que diriez-vous si je filmais la transformation ? Ce serait comme un documentaire sur le relooking d'un bal de promo. Qu'est-ce que vous en pensez ?

Les têtes de Fee et de Jazz n'en finissaient plus de dodeliner comme celles des teckels qu'on voit sur les plages arrière des voitures de ploucs.

— Parfait. (Sam leur serra la main pour sceller leur marché.) Alors, c'est entendu. Nous avons beaucoup de travail à faire en mangeant. Que quelqu'un dresse une liste. Et au fait, avec une alternative végétarienne, ce menu sera fabuleux.

Rayonnante, Fee sortit un calepin de son sac.

Sam sourit. Ça avait été aussi facile que de refiler des sucreries à Kirstie Alley[1].

1. Actrice américaine essentiellement connue pour avoir joué dans *Allô maman, ici bébé* et pour sa prise de poids spectaculaire. *(N.d.T.)*

Si... appétissante

Le nouveau yacht des parents de Ben, le *Nip/Tuck*, était plus long que son prédécesseur : douze mètres, avec des cuivres étincelants et une odeur de peinture fraîche qui se mêlait à l'air iodé. Tandis que Ben le pilotait hors de la rade, Anna alla se poster à la proue et repensa à un souvenir qui datait de son année de cinquième.

Un après-midi après la fin des cours, Cynthia et elle se trouvaient seules chez les Baltres. Cyn était partie chercher des chips et du Coca à la cuisine, et Anna s'était aventurée dans le bureau de son père : une petite pièce attenante à la bibliothèque qui contenait un bureau métallique noir, une chaise assortie, un ordinateur portable, des tas de papiers et plusieurs étagères remplies de livres. Bien qu'homme d'affaires, le père de Cyn travaillait à l'écriture d'un roman. Près de son ordinateur se trouvait un livre dont Anna n'avait encore jamais entendu parler : *Le prophète*, de Khalil Gibran. Elle l'avait feuilleté distraitement, et un court poème avait attiré son regard :

L'amour ne donne que de lui-même, et ne prend que de lui-même. L'amour ne possède pas, ni ne veut être possédé. Car l'amour suffit à l'amour.

La profondeur et la simplicité de ces mots l'avaient frappée. Non seulement elle les avait mémorisés, mais elle les avait recopiés sur une fiche de bristol qu'elle avait rangée dans le tiroir supérieur de son bureau. (Cette année-là, le décorateur de sa mère avait refait la chambre d'Anna et l'étude attenante avec des antiquités chinoises datant de la fin de la dynastie Ming et du début de la dynastie Qing. Le nouveau bureau de la fillette était en bois d'huanghuali précieux, composé de pièces taillées à la main et assemblées sans clous ni colle.)

Le temps qu'Anna arrive en troisième, tous les élèves de Trinity étaient déjà blasés ou prétendaient l'être. Railler *Le prophète* était devenu un de leurs passe-temps favori. Aucun d'eux ne pensait que l'amour existait, et chacun citait le taux de divorces record au sein de la génération parentale comme une preuve empirique.

Anna avait jeté la fiche de bristol, mais les mots étaient restés gravés dans sa mémoire. Certes, elle les avait temporairement dédaignés à l'automne, quand Cyn était sortie avec le jeune écrivain Scott Spencer pour lequel elle nourrissait un béguin secret. A présent que Cyn et Scott étaient séparés depuis belle lurette et que son cœur battait pour quelqu'un d'autre, les mots de Gibran lui revenaient en mémoire. Pouvaient-ils s'appliquer à un garçon qui, lors de leur dernière sortie en bateau, l'avait abandonnée au milieu de la nuit en invoquant une excuse absurde ?

— Ah ! Ma sirène qui brûle de retourner à la mer, lança Ben en rejoignant Anna.

La jeune fille portait son vieux pull en cachemire gris, un jean délavé et des chaussures bateau Ralph Lauren parce que le pont était parfois glissant. Ben avait opté pour un sweat-shirt de Princeton et un pantalon kaki. Il souleva sa queue de cheval et l'embrassa sur la nuque.

Anna eut un demi-sourire.

— Ce n'est pas pour la mer que je brûle. Qui dirige le navire de l'Etat ?

— Il est en pilotage automatique. Un peu comme notre gouvernement. (Ben posa les mains sur ses épaules et la fit pivoter vers lui.) Alors, pour quoi brûlais-tu ?

Un moment, Anna songea à broder, mais elle décida de s'en tenir à sa politique de franchise. Quand Ben lui avait menti sur la raison pour laquelle il l'avait plantée à la marina, quand elle lui avait caché qu'elle avait vu d'autres garçons à Los Angeles, quand il avait omis de lui dire que s'il ne rentrait pas à Princeton, il se ferait renvoyer, ça avait eu un impact très négatif sur leur relation. Elle ne voulait pas que ça se reproduise.

— Tu veux la vérité ? Je ne brûlais pour rien du tout. Je pensais à la première fois où tu m'as amenée ici, pour le jour de l'An.

Ben frémit et secoua la tête.

— Tu ne devrais pas.

Le *Nip/Tuck* coupa le sillage d'un gros bateau et se mit à tanguer. Ben posa ses mains sur les hanches d'Anna pour ne pas qu'elle perde l'équilibre.

— J'étais tellement sûre que tu t'étais servi de moi ! Mais tu étais parti jouer les chevaliers en armure étincelante pour ton père.

Anna vit les joues de Ben rosir de honte.

— Tu ne pouvais pas le deviner. Je ne te blâme pas d'avoir supposé le pire.

— C'est justement ce à quoi je voulais en venir.

Du bout du doigt, elle suivit la ligne de sa mâchoire en fixant la côte californienne qui se découpait derrière lui. Plus ils s'éloignaient du port, plus le paysage devenait magnifique. Au nord, Anna apercevait la jetée de Santa Monica et sa fameuse grande roue. Au sud, des avions rugissants fusaient dans le ciel depuis LAX[1].

— Pourquoi ai-je été si prompte à supposer le pire plutôt que le meilleur ?

— Parce que tous les hommes sont des salauds ? suggéra Ben.

Elle sourit.

— Parce que j'avais peur de… tout. Peur de craquer pour toi. Peur que tu me fasses mal. (Gênée, elle baissa la tête.) C'est bon, j'en ai assez dit.

Ben la prit par le menton et lui fit redresser la tête. Comme la proue du yacht traversait une zone agitée, il pivota légèrement pour la protéger contre les éclaboussures d'écume.

— Hé, pas la peine de te refermer comme une huître. Moi aussi, j'en ai assez de ces conneries. Tu peux tout me raconter. (Il

1. Aéroport international de Los Angeles. *(N.d.T.)*

lui caressa tendrement le cou et effleura sa clavicule du bout des doigts.) Ce que tu as pu me manquer…

— Et réciproquement. (Anna planta son regard dans celui de Ben.) Je crois vraiment que si on est honnêtes l'un envers l'autre, on pourra… (Elle chercha les mots.) … Partir loin de la foule déchaînée.

Ben lui agita un index taquin sous le nez.

— Thomas Hardy. Tu ne pensais pas que je connaîtrais, pas vrai ?

— *Le ciel était clair – remarquablement clair – et le scintillement des étoiles ressemblait aux pulsations d'un corps unique, rythmé par un pouls commun*, récita Anna à mi-voix. N'est-ce pas fantastique qu'un homme ait pu écrire une chose pareille ?

Les mains puissantes de Ben encerclèrent sa taille fine.

— C'est toi qui es fantastique.

Anna appuya sa joue sur sa poitrine musclée et ferma les yeux pour se laisser submerger par la perfection de ce moment. Puis elle les rouvrit. Honnête. Elle avait décidé d'être honnête.

— Je voulais te demander, à propos de Blythe…

Elle se racla la gorge.

— Quelle Blythe ? Celle de Princeton ? interrogea Ben, surpris.

— Pourquoi ? Il y en a une autre ? répliqua-t-elle sur un ton offensé.

Ben éclata de rire.

— Quelque part dans l'univers, oui, je suppose. C'est juste que… Je n'ai même pas pensé à elle depuis trois mois.

Anna voulait être certaine d'avoir bien compris.

— Tu as rompu avec elle ?

— Il n'y avait rien à rompre. On est sortis ensemble deux ou trois fois, c'est tout.

— Ce n'est pas ce que j'avais cru comprendre quand on en a parlé à Las Vegas. Sérieusement, vous ne sortez plus ensemble ?

— Non, Anna. Nous ne sortons plus ensemble. Je ne fréquente plus aucune créature de sexe féminin âgée de moins de quatre-vingts ans, toi exceptée. Je te le jure.

— Dans ce cas… Tu peux m'embrasser, sourit Anna.

Ben s'exécuta, encore et encore, jusqu'à ce qu'elle ne pense plus à rien d'autre que lui. Alors, il la souleva dans ses bras et la porta jusqu'à la cabine principale, à laquelle on accédait en descendant quelques marches. Plus grande que celle du précédent *Nip/Tuck*, elle possédait de véritables hublots et un ameublement luxueux : tapis berbère beige, bureau de style adriatique, lit en tek clair King Size encastré dans une tête de lit-bibliothèque en tek plus foncé. Des spots à détecteur de mouvement et deux lampes de chevet jumelles fournissaient tout l'éclairage nécessaire. Le cadre du lit, sculpté de motifs mauresques, était si flambant neuf qu'une légère odeur de bois s'en échappait encore.

Mais les gros oreillers marron et blancs étaient familiers à Anna, tout comme la couette en duvet d'oie, sa housse brodée de fils d'or, les draps de soie couleur champagne – et surtout, le corps de Ben dont elle se souvenait si bien.

Anna rouvrit les yeux, bercée par le doux balancement du yacht. Elle était lovée dans les bras de Ben, sur les draps de soie froissés. Le jeune homme avait toujours les yeux clos. Elle songea à tout ce qu'ils avaient partagé avant de s'endormir, et un délicieux frisson la parcourut. L'inventeur du sexe était un pur génie.

— Tu réfléchis encore, l'accusa Ben.

Mais un sourire flottait sur ses lèvres.

Anna détailla son visage paisible et fit courir le bout de ses doigts sur sa poitrine aussi dure que de la pierre.

— Comment peux-tu le savoir ? Tu n'as même pas ouvert les yeux.

— Je le sens.

— Je ne savais pas que tu étais aussi réceptif, le taquina-t-elle.

— Bien sûr que si. (Il ouvrit les yeux et l'attira contre lui.) Les deux dernières heures nous l'ont amplement prouvé.

Anna embrassa le renflement de ses tablettes de chocolat.

— Malheureusement, ma mémoire à court terme est défectueuse. Il se peut que j'aie besoin de revivre la scène pour l'activer.

— Vraiment ?

— Vraiment.

— Moi, je pense plutôt que tu as besoin de *ça* !

Ben empoigna un oreiller et se mit à la frapper avec. Anna en saisit un autre pour riposter. Un instant, elle crut qu'il allait la laisser gagner. Puis il la renversa sur le lit et la força à crier « Ben est le roi ! » trois fois, en français. Elle riait si fort qu'elle eut de la peine à trouver le souffle nécessaire.

— *Ben est le roi ! Trois fois !* gloussa-t-elle.

Qui aurait cru qu'elle puisse être aussi heureuse, aussi insouciante ? Ben se laissa tomber près d'elle, un large sourire aux lèvres. Se pouvait-il qu'il partage sa béatitude ? Apparemment, oui. C'était le moment idéal pour lui poser la question.

— Ben ?

— Anna ?

— Que dirais-tu d'aller à un bal de promo ?

Le jeune homme fit semblant de réfléchir.

— Tu veux parler de celui du lycée de Beverly Hills ?

— Pourquoi, il y en a d'autres ?

— J'y suis allé l'an dernier, mais uniquement parce que les profits étaient reversés à une association caritative. Tu as vraiment envie d'y assister ?

Anna acquiesça, consciente du manque d'enthousiasme de son petit ami.

— Sam et Cammie y vont aussi ?

— Je crois que oui.

Un instant, elle faillit lui parler du documentaire de Sam et de l'irritation que ce projet lui inspirait, mais elle décida d'attendre jusqu'à ce que le tournage ait réellement commencé. Après tout, Sam pouvait encore changer d'avis.

— Il n'y a qu'un petit problème, marmonna Ben, les sourcils froncés. Si j'y vais, qui devrais-je choisir comme cavalière ?

Anna éclata de rire.

— Ne te moque pas de moi, ou je recommence à te taper avec un oreiller – et cette fois, je gagnerai !

Il l'embrassa tendrement.

— Pas de problème. Evidemment que je t'emmènerai à ton bal de promo.

Il enfila son jean, puis remonta sur le pont pour redémarrer le moteur et les ramener au port. La météo prévoyait une tempête côtière un peu après minuit; il ne voulait pas qu'Anna et lui se retrouvent coincés en mer, même si le seul danger réel était de vomir leurs tripes par-dessus bord. Avec un grand sourire idiot, Anna se fourra sous les draps en soie. Ça avait été si simple! Pourquoi s'en était-elle fait toute une montagne?

Elle s'assoupit un moment et ne se réveilla qu'en entendant le moteur changer de régime. Un rapide coup d'œil par l'un des hublots confirma ses soupçons : ils arrivaient à Marina del Rey. Les lampadaires illuminaient des dizaines de quais et de jetées, des centaines de voiliers et de bateaux de plaisance à moteur attendant leur prochaine sortie en mer. Conformément à la réglementation, Ben ralentit pour ne pas faire de remous susceptibles de ballotter les autres embarcations, ce qui laissa à Anna le temps de localiser ses vêtements, de s'habiller et de le rejoindre sur le pont. Elle l'aida à amarrer le *Nip/Tuck* et à essarter le pont tandis que soufflaient les premières rafales de la tempête imminente. Ils venaient de tout remettre en ordre quand ils virent quelqu'un se diriger vers eux d'un pas bondissant, dont l'écho se répercutait dans le calme nocturne.

Maddy. Que faisait-elle là?

— Coucou! lança la jeune fille. (Elle portait un jean baggy et un pull de pêcheur jaune clair beaucoup trop grand pour elle. Le vent agitait ses longs cheveux noirs autour de sa figure.) Vous savez qu'une tempête approche?

Ben acquiesça.

— C'est pour ça qu'on est rentrés. Tu n'avais pas besoin de venir jusqu'ici.

— Je me suis inquiétée parce que tu avais oublié ton portable. (Maddy brandit le Samsung D600 du jeune homme.) J'ai appelé Jack, et il m'a amenée en voiture.

— C'était gentil, mais pas nécessaire.

— Pas de problème. (Elle examina le *Nip/Tuck*.) Ouah, il est drôlement beau. J'adorerais voir l'intérieur… Si ce n'est pas trop demander.

— Volontiers, Mad, mais une autre fois – je ne pensais pas que le temps se gâterait aussi vite. (Ben pencha la tête sur le côté.) Ça ne serait pas mon pull, par hasard ?

Maddy baissa les yeux vers l'objet de son attention.

— Ah, si. J'ai attrapé le premier truc qui m'est tombé sous la main. Tu l'avais laissé dans le salon. (Elle fit mine de le retirer.) Je peux te le rendre tout de suite si tu veux, mais je n'ai qu'un T-shirt tout fin en dessous.

Je n'ai qu'un T-shirt tout fin en dessous ?

Saisie par une bouffée de chaleur, Anna fit de son mieux pour se contrôler. Elle ne voulait pas se remettre en colère contre cette fille, mais aucun doute n'était plus permis. Maddy flirtait avec Ben. *Elle a le béguin pour lui*, réalisa-t-elle. C'était sans doute inévitable. Anna aurait presque trouvé ça attendrissant si Maddy n'avait pas été si… appétissante. Et si ses courbes n'avaient pas vécu sous le même toit que Ben.

Ridicule. Je suis ridicule.

— Alors, où est Jack ? demanda-t-elle avec une gaieté forcée.

— Il est allé au Joe's Clams. (Du menton, Maddy désigna un bâtiment de planches rectangulaire situé au bout du parking de la marina.) Je lui ai dit que je le retrouverais là-bas dès que je t'aurais rendu ça. On doit aller au ciné, la dernière séance.

Au ciné ? Anna s'en voulut d'avoir encore tiré des conclusions hâtives. Au temps pour sa théorie : Maddy sortait avec Jack. Comment pouvait-elle être aussi amoureuse, aussi heureuse, et se sentir aussi facilement menacée ? Ça ne lui ressemblait pas. Pas du tout. En fait, elle avait honte d'elle-même.

Comme pour se racheter, elle étreignit spontanément Maddy.

— C'était très attentionné de ta part.

— Merci, dit la jeune fille avec un sourire rayonnant. Vous voulez traîner un peu avec nous ? Je ne peux pas manger grand-chose à cause de mon anneau, mais j'arriverai bien à avaler quelques huîtres.

— D'accord, acquiesça Anna. Allons-y.

Elle passa son bras sous celui de Ben. Désormais, elle était certaine de n'avoir aucune raison de s'inquiéter.

Une bombe anatomique française

La porte de Joe's Clams s'ouvrit. Accoudé au comptoir, Jack vit Ben, sa jeune protégée Maddy et sa petite amie Anna entrer et le chercher du regard. Il agita la main et se porta à leur rencontre. La taverne avait été décorée selon un thème nautique : marlins et thons empaillés sur les murs, filets de pêche pendus au plafond, bouées de sauvetage accrochées au dos des sièges, fenêtres en forme de hublots. Qu'ils possèdent un bateau, aspirent à en posséder un ou soient allergiques à l'eau, tous les jeunes célibataires de Marina del Rey se retrouvaient là pour boire un verre, jouer au billard ou aux fléchettes, voire se trémousser sur les tubes des années quatre-vingt que crachait un vieux juke-box Seeburg. Vers onze heures du soir, en semaine comme le week-end, l'endroit était toujours bourré à craquer.

Jack rejoignit les trois autres à une table près du coin fléchettes.

— Vous vous êtes bien amusés ? demanda-t-il à Ben tout en tirant une chaise pour Maddy.

La jeune fille parut éblouie par tant de galanterie.

— Plutôt, oui, répondit Ben en s'asseyant.

Il jeta un regard éloquent à Anna, qui sourit.

— C'était pas mal, approuva-t-elle.

Jack connaissait bien ce regard. C'était celui d'un type qui vient de s'envoyer en l'air jusqu'à ce que mort s'ensuive, ou presque. Tant mieux pour lui. Ben était plein de fric, mais il ne se comportait pas comme un insupportable richard. C'était sans doute pour ça qu'il était devenu son meilleur ami à Princeton.

— Tu as déjà mangé ? s'enquit Maddy avec empressement. Si oui, ça n'a pas d'importance vu que je dois pouvoir avaler une crevette au grand maximum. Et que les fruits de mer me dégoûtent de toute façon. Les poissons font pipi dans l'océan, tu y as déjà pensé ?

Jack rit doucement. L'humidité avait fait friser les longs cheveux noirs de Maddy ; elle était très pâle et pas du tout maquillée. Sans parler de ses fringues : elle flottait littéralement dans son gros pull en laine et son pantalon de charpentier. Dans cette tenue, beaucoup d'autres types seraient passés près d'elle sans la remarquer. Jack, lui, trouvait ça subtilement sexy. Mais ce n'était pas donné à tout le monde d'avoir l'œil.

— Je vais aller commander au comptoir, proposa-t-il. Avec le monde qu'il y a, la serveuse mettra trois plombes à venir. Qu'est-ce que tu veux, Maddy ?

— Juste un Coca light.

— Tout de suite. Anna ? Ben ?

La première réclama un jus d'airelles, et le second une bière. Jack rebroussa chemin en jouant des coudes. Quelqu'un avait mis « Let it out » de Roll Deep, et la minuscule piste de danse s'était remplie en un clin d'œil.

Margie adorerait ça, songea-t-il.

Il avait six ans quand ses parents avaient ramené sa petite sœur de l'hôpital, enveloppée d'une couverture rose avec des éléphants jaunes – c'était bizarre qu'il s'en souvienne encore après tout ce temps. Sa mère avait insisté pour qu'on appelle le bébé par son prénom entier, celui de la grand-tante Marguerite qui était morte depuis belle lurette. Jack avait immédiatement dit à ses deux petits frères de l'appeler Margie. Et à partir de ce moment, ça avait été Margie.

Jack était l'aîné. Dans sa famille, tout le monde l'écoutait. Partout ailleurs, aussi. Il était intelligent et charismatique ; quand la situation l'exigeait, il savait manipuler les gens et faire en sorte qu'ils aiment ça. Peut-être était-ce pour ça que la télé réalité le fascinait. Il comprenait intuitivement qu'elle fonctionnait en montant les participants les uns contre les autres. Il voyait de quelle façon les producteurs créaient un scénario souvent artificiel pour raconter une histoire. Il décryptait les mécanismes qui faisaient émerger un méchant à haïr, un héros auquel s'attacher, et poussaient les spectateurs à suivre leurs démêlés semaine après semaine. C'était la même chose dans chaque programme : *American Idol, Big brother, The amazing race, Survivor*[1]...

Pendant qu'il attendait sa commande en sirotant sa propre bière, la télé montée au-dessus du comptoir attira son attention. Le son était coupé pour ne pas rivaliser avec celui du juke-box, mais Jack reconnut la finale du *Survivor* qui avait été tourné en Australie – celle où un Texan à gueule de jeune premier avait fait le coup du « Oooh, bien sûr que j'vais laisser mon million à la p'tite dame[2] ! ». Margie craquait pour le Texan ; elle embrassait le poste à chacune de ses apparitions. Elle aimait deux choses dans la vie : danser et la télé réalité. Non : trois, avec Jack.

Chaque fois que les gens la traitaient de débile, ça le faisait bouillir. Son cerveau avait subi des dégâts ; ce n'était pas du tout la même chose. Margie avait treize ans, mais la plupart du temps, elle agissait et s'exprimait comme une enfant de trois ans. A d'autres moments, elle arrivait à lire des livres faciles, et même à faire des additions. Des tests auraient permis de mieux cerner son problème, mais les parents de Jack n'avaient pas les moyens de les lui payer. Alors, sa mère se rendait à Notre-Dame de la Miséricorde trois fois par semaine et brûlait des cierges pour Margie, comme si le Seigneur allait tout à coup défaire ce qui lui était arrivé.

1. Equivalents français : *Star academy, Loft story, Pékin express, Koh-Lanta. (N.d.T.)*

2. Ayant gagné l'avant-dernière épreuve de *Survivor*, Colby Donaldson avait le droit de choisir la personne qui l'accompagnerait en finale et se verrait soumise contre lui au vote des autres candidats pour remporter un million de dollars. Il ne restait à ce stade du jeu que deux autres candidats en lice : Keith Famie, un homme jugé arrogant contre lequel Donaldson était quasi sûr de gagner, et Tina Wesson que tous leurs camarades appréciaient. Au lieu d'opter stratégiquement pour le premier, Donaldson choisit la seconde afin de respecter l'alliance qu'ils avaient conclue durant le jeu, et perdit la finale face à elle. *(N.d.T.)*

Merde alors. Sa famille aurait mérité sa propre émission de télé réalité.

Margie allait dans une école spéciale, où sa scolarité était payée par l'Etat du New Jersey. Du point de vue de Jack, ses profs étaient nuls. Mais les Walker ne pouvaient pas la mettre dans une de ces écoles privées où les riches envoyaient leurs enfants handicapés mentaux pour qu'ils apprennent quelque chose et soient capables de mener une vie décente – autrement dit, pour qu'ils ne se contentent pas de rester assis dans un canapé à regarder des émissions de télé réalité toute la journée.

Sans lui, Margie se serait sentie bien seule. Ses frères passaient leur temps à étudier, à jouer à des jeux vidéo ou à sortir avec leurs copains. Ses parents étaient toujours en train de travailler. Mais Jack pouvait expédier ses devoirs en moins d'une heure et décrocher quand même des notes maximales à toutes ses interros. Traîner dehors ou jouer à des jeux vidéo ? Ça ne servait à rien. Et puis, la vue de Margie se balançant sur ses talons devant *America's next top model*[1] lui serrait le cœur. Il avait pris l'habitude de regarder avec elle, et il était devenu accro.

Il jeta un coup d'œil à la ronde. Personne d'autre ne s'intéressait à la télé. Les clients de Joe's Clams étaient trop occupés à profiter de leur fric, avec leurs Bass Weejuns, leurs polos Lacoste délavés et leurs jeans déchirés aux genoux qu'ils achetaient deux fois plus cher que des jeans normaux.

Non que Jack ait quoi que ce soit contre l'argent. Il rêvait souvent à ce qu'il ferait quand il aurait sa propre émission et toucherait le jackpot. D'abord, il offrirait à ses parents un autre endroit où vivre que cette petite maison de Jersey City dont la façade aurait eu sérieusement besoin d'un coup de peinture. Son père pourrait démissionner de son boulot aux chantiers de fret de Newark ; il ne rentrerait plus chez lui sur les rotules, les vêtements couverts de suie et de la crasse incrustée sous les ongles, sans autre perspective que de recommencer le lendemain. Sa mère aussi arrêterait de travailler. Plus de nuits passées à veiller sur ce

1. Equivalent français : *Top model 2005. (N.d.T.)*

vieux rapace de M. Millar, un diabétique qui possédait la moitié du parc immobilier de Jersey City mais vivait dans un manoir à Montclair. Si riche qu'il devienne, se jura Jack, jamais il n'oublierait d'où il venait.

Le serveur lui apporta sa commande. Il posa les verres sur un plateau et les ramena aux trois autres, qui le remercièrent chaleureusement. Il venait juste de s'asseoir quand Maddy enfouit brusquement sa tête entre ses bras croisés sur la table.

— Que se passe-t-il ? s'inquiéta Anna. Tu vas bien ?

— Mmmh. C'est juste que mon…

— Madeleine, c'est toi ?

Jack vit Maddy se redresser lentement, comme à contrecœur. Un type d'environ vingt-cinq ans s'approchait d'eux. Vêtu du réglementaire polo-jean, il avait des cheveux blonds coiffés avec la raie sur le côté, un nez aquilin et des lunettes rondes sans monture. Avec des lentilles et une bonne teinture, il aurait pu se faire passer pour Trent Reznor de Nine Inch Nails.

— Comment ça va ? lança-t-il.

Maddy marmonna quelque chose et tenta vainement de rentrer la tête à l'intérieur de son pull.

— Brian Tarantella, se présenta le nouveau venu. Je suis prof de maths au lycée de Pacific Palisades. Les gamins m'appellent Mister T. Madeleine est l'une de mes meilleures élèves.

Maddy esquissa un sourire mais ne dit rien. Jack observa Mister T avec curiosité, se demandant comment il allait enchaîner. Il se souvenait combien c'était étrange de tomber sur un prof en dehors de l'école, comme si les enseignants ne pouvaient pas avoir de vie à l'extérieur.

— Alors, quels sont tes projets pour la soirée, Maddy ?

— Bah, rien de spécial…

La jeune fille étudiait le plancher comme si elle cherchait le Saint Graal parmi les morceaux de coquilles d'huîtres.

— Très bien. Je voulais juste te dire bonsoir. On se voit au lycée, d'accord ?

— D'accord.

Mister T s'éloigna pour rejoindre un groupe de gens qui s'en allaient.

— Je n'ai jamais eu de prof aussi séduisant, commenta Anna.

— Tu le trouves bien ? (Gênée, Maddy s'agita sur sa chaise.) Ouais, je suppose qu'il n'est pas mal. Mais je n'ai pas fait beaucoup de progrès en trigonométrie.

Allongée sur son nouveau lit à baldaquin King Size avec montants argentés et draperies en dentelle, Sam fixait le mur d'en face. Minuit était passé depuis longtemps. Elle portait un vieux jogging de Harvard-Westlake, son ancien collège – sa tenue la plus confortable pour réfléchir et écrire. Au bout du couloir, elle entendit une des nounous de nuit babiller en russe et réalisa que ça devait être l'heure de la tétée de Ruby Colibri. Dieu préserve Poppy, sa très jeune et très horripilante belle-mère, de se lever pour nourrir elle-même son gamin. Non : un bataillon de nourrices s'en chargeait à sa place, vingt-quatre heures sur vingt-quatre.

Le mur du fond était l'espace de travail de Sam, l'endroit où son bureau italien d'époque et sa chaise Eames voisinaient d'ordinaire avec des œuvres d'art contemporain que son père avait reçues en cadeau, mais qu'il ne voulait pas mettre dans sa galerie personnelle. Sam aimait particulièrement les tableaux d'Alex Katz pour leur absence totale de prétention.

A présent, mobilier et œuvres d'art avaient disparu. A leur place se dressaient quatre énormes tableaux Veleda blancs, que Kiki avait apportés et que Luis l'homme à tout faire (il travaillait pour les Sharpe depuis des années, comme en attestait sa Mercedes CL500) avait accrochés au mur. Sam y avait déjà scotché des dizaines de fiches en bristol coloré – bleu pour les idées, vert pour les notes de production, blanc pour les plans de tournage. Seul un idiot se serait lancé dans la réalisation d'un film sans avoir déterminé au préalable quelles séquences il voulait tourner. Sam avait grandi dans ce milieu ; elle ne commettrait pas cette erreur de débutant, aussi fastidieux que lui paraissaient ces préparatifs.

Une idée lui vint. Elle se leva, la nota sur une fiche bleue et scotcha celle-ci à l'un des tableaux. TROUVER FILMS AMATEURS

ANCIENS BALS DE PROMO DU LYCÉE DE BH POUR CONTRASTE ? *Mmmh. Pas mal du tout.* Pourtant, elle ne se sentait pas excitée le moins du monde par ce trait de génie – juste déprimée. Et son estomac gargouillait. Un sundae avec coulis de chocolat chaud aurait été le bienvenu. Mais elle ne pouvait pas se permettre le moindre écart si elle voulait rentrer dans une robe de bal décente.

Un chewing-gum l'aiderait peut-être à tromper sa faim. Sam tendit la main vers le paquet de Trident sans sucre posé sur sa table de chevet et renversa accidentellement la photo qu'Eduardo lui avait donnée à Paris – celle qui les montrait tous les deux devant la Tour Eiffel. Elle redressa le cadre et s'assit sur le nouvel édredon en soie et dentelle blanche qui recouvrait son lit. Elle ne pouvait échapper à la réalité qui lui faisait face aussi clairement que les idées notées sur ses fiches de bristol : sa vie craignait un max. Eduardo ne l'avait pas appelée depuis son retour de France, cinq jours auparavant. Anna pouvait bien prétendre qu'il l'adorait ; de toute évidence, son adoration n'était pas suffisante pour le pousser à saisir son foutu téléphone.

L'estomac de Sam se remit à gargouiller. Pourquoi avait-elle des pulsions boulimiques chaque fois qu'elle était déprimée ? Des visions de Porcelana d'Amadei, le chocolat le plus cher du monde, dansaient dans sa tête. Une fois, lors d'une interview réalisée par Diane Sawyer, son père avait mentionné qu'il en raffolait. Depuis, ses fans lui en envoyaient des camions entiers. Le psy de Sam, le docteur Fred, lui demandait toujours : « Vous goinfrer de cochonneries sucrées, ça vous remonte vraiment le moral ? » Ben oui.

Elle jeta un coup d'œil à la pendule. Minuit et quart, soit huit heures et quart à Paris. Eduardo devait déjà être debout, en train de se préparer pour son cours de relations internationales. Une bombe anatomique française nommée Valérie – ou Sandrine, Corinne, Chantal ou Muriel – se prélassait-elle encore dans son lit ?

Le téléphone fixe de Sam sonna. *Et merde.* C'était sûrement un faux numéro. Tous ses amis l'appelaient sur son portable. Elle décrocha le combiné et aboya :

— Allô ?

— Je t'ai réveillée ; je l'entends au ton de ta voix.

Sam se redressa d'un bond.

— Eduardo ? demanda-t-elle, le cœur battant la chamade.

— Rendors-toi, Samantha. Je te rappellerai demain.

— Non, non, ne raccroche pas ! Je ne dormais pas, c'est juste que... Je ne m'attendais pas à ce que tu m'appelles sur cette ligne.

— Hier, j'ai oublié mon sac à dos dans le métro. Mon portable et mon Palm Pilot étaient dedans. Ça m'a rendu fou. Puis je me suis souvenu qu'à Mexico, tu m'avais écrit ton numéro sur une serviette en papier. Donc... j'ai ressorti la serviette en papier.

Ainsi, Eduardo avait voulu l'appeler – simplement, il n'avait pas pu. Et il avait gardé la serviette en papier de Mexico.

— Je suis contente que tu l'aies retrouvée, dit Sam.

C'était un commentaire insipide, mais elle était trop béate pour s'en soucier.

— Le son de ta voix me manquait, murmura Eduardo. Et le reste de toi me manque plus encore.

Sam flottait sur un petit nuage. La voix d'Eduardo, son accent velouté lui donnaient des frissons.

— Toi aussi, tu me manques.

— Alors, dis-moi tout, la pressa-t-il. Comment ça va ?

Sam lui raconta par le menu tout ce qu'elle avait fait depuis son retour de Paris. Puis Eduardo lui parla de ses cours, d'un dîner avec ses cousins de Barcelone au Taillevent, d'un film français génial qu'elle devait absolument voir. Elle ne l'écouta qu'à moitié – elle était trop occupée à chercher comment l'inviter à son bal de promo.

— Et la scène d'amour était tellement intense ! Ça m'a fait penser à toi, conclut Eduardo.

La scène d'amour lui a fait penser à moi ? Bon, je crois que je peux me lancer...

— Eduardo, je me demandais..., commença-t-elle, les paumes soudain moites. Aux Etats-Unis, nous avons un rituel stupide appelé « bal de promo ». C'est...

— Une soirée habillée pour les étudiants de terminale, acheva

Eduardo à sa place, sur un ton amusé. Samantha, je vis dans un autre pays – pas sur une autre planète.

— Bien sûr. Evidemment. C'était idiot de ma part. Donc… (Elle prit une profonde inspiration.) Le bal de promo du lycée de Beverly Hills a lieu vendredi soir. Je sais que je te préviens un peu tard, mais j'irai pour tourner un documentaire, et j'ai pensé que ça pourrait t'intéresser. Si tu as déjà des projets, je comprendrai…

— Parle-moi de ton documentaire, coupa Eduardo.

Sam ne put s'empêcher de remarquer l'absence des mots « oui » et « avec plaisir » dans sa réponse. Ce qui ne l'empêcha pas de lui exposer son idée sous le meilleur jour possible. Elle expliqua qu'une assistante filmerait les prom-prom girls – qu'elle prit soin d'appeler « les organisatrices » – pendant leurs préparatifs le jour J, et qu'elle envisageait de confier des talkies-walkies à certains employés de l'hôtel pour qu'ils la préviennent en cas d'incident à ne pas rater. Avec un peu de chance, Eduardo serait ébloui par son génie créatif.

— Impressionnant, commenta le jeune homme. Et moi, je serai dedans ?

Devait-elle en déduire qu'il allait venir ? Avec elle ? A son bal de promo ?

— Tu veux dire que… Tu es d'accord pour m'accompagner ? s'enquit-elle prudemment.

— Bien entendu.

— Oh, je suis si contente ! s'exclama-t-elle, incapable de se contenir plus longtemps.

— Mais il faudra que je parte tout de suite après : samedi, c'est le vingt-cinquième anniversaire de mariage de mes parents, et on leur a organisé une soirée surprise chez mon cousin, dans le nord de Mexico. Ma famille me déshéritera si je n'y vais pas.

— Ce n'est vraiment pas un problème. Je suis sûre que tu pourras prendre le jet de mon père. Je vais lui demander.

— Samantha ?

— Oui ?

— Je viendrai avec le jet de *mon* père.

Sam entendit le sourire dans la voix d'Eduardo. Son petit ami lui dit ensuite qu'il la préviendrait de son heure d'arrivée par mail, mais que le jour serait probablement le jeudi – soit le surlendemain. Quelques minutes plus tard, ils raccrochèrent.

Etourdie de bonheur, Sam se laissa aller sur ses oreillers. La vie était merveilleuse. Eduardo l'emmenait à son bal de promo. Ce coup de téléphone changeait tout. S'il n'avait pas vraiment été amoureux d'elle, il n'aurait pas fait un demi-tour du monde juste pour passer deux ou trois nuits avec elle.

Cette fois, c'était la bonne, songea Sam. Elle s'arrangerait pour qu'il reste au moins jusqu'au samedi matin. Ils coucheraient enfin ensemble. Et ça n'aurait rien à voir avec ses autres expériences sexuelles, qui avaient presque toujours eu lieu sous l'emprise de la drogue ou de l'alcool. Cette fois, elle ne se contenterait pas de s'envoyer en l'air : elle ferait l'amour.

Et un documentaire qui lui vaudrait le premier prix d'un concours international.

Oui, décidément, sa vie était merveilleuse.

Le string léopard rose le plus minuscule du monde

Cammie ôta sa blouse paysanne Emmanuel Ungaro vert émeraude, couverte de perles et de pierres semi-précieuses, le plus lentement possible. Elle savait que les yeux de son petit ami Adam étaient rivés à sa poitrine généreuse et haut perchée, moulée par son haut de bikini Gottex en microfibre blanche. Avant l'opération, elle faisait trois tailles de soutien-gorge en moins, mais elle était très fière qu'aucun garçon ne lui ait jamais fait de remarque sur la consistance de ses seins, et qu'aucune fille ne lui ait jamais demandé le nom de son chirurgien dans les vestiaires du country club.

Après avoir jeté la blouse par terre, elle glissa ses doigts à l'intérieur de la minijupe de coton blanc à volants 7 for All Mankind posée très bas sur ses hanches. Ce matin-là, elle était passée au salon de Christophe pour rafraîchir son bronzage. Marina de Moldavie, la seule esthéticienne qu'elle autorisait à la toucher, était venue spécialement pour s'occuper d'elle alors que c'était son jour de congé. Par contraste avec la blancheur immaculée du Gottex, la peau artificiellement dorée de Cammie paraissait encore plus scintillante.

Une fine chaîne en or rose lui ceignait la taille. Deux charmes en platine minuscules pendaient à ses extrémités : les lettres A et F, initiales d'Adam Flood. Cammie les avait fait fabriquer spécialement par Rone Prinz, le célèbre joaillier qui vivait à Woodland

Hills pour une raison que Dieu seul connaissait. Une fois de plus, elle était certaine qu'elle allait lancer une mode : d'ici deux mois, toutes les filles du country club de Bel Air porteraient les initiales de leur petit ami sur une chaîne autour du ventre. Toutes sauf Cammie, qui serait déjà passée à autre chose. Parents fortunés ou pas, la plupart de ses consœurs n'étaient que des moutons.

Cammie avait organisé ce petit pique-nique en fin de matinée car un peu plus tard dans l'après-midi, elle devait monter à Ojai avec Sam pour rendre visite à Dee. (Contrairement à Adam et à elle, Sam ne séchait pas les cours. En cette fin d'année scolaire, elle était probablement une des seules étudiantes de terminale dans ce cas.)

Le trajet jusqu'à Malibu lui avait pris une bonne heure, mais ça en valait largement la peine. Pourquoi se contenter de la plage publique de Zuma, où le sable était infesté de mégots de cigarette et où vous couriez le risque de tomber sur la moitié des élèves du lycée de Reseda, quand vous pouviez profiter de la plage semi-privée de Malibu, officiellement ouverte au public mais officieusement accessible aux seuls résidents des maisons qui bordaient le sable – et à leurs amis ? Adam et elle traversaient une période difficile. Cette sortie semblait le meilleur moyen de remettre leur relation sur les rails.

Chaque jour, Cammie s'étonnait de tenir autant à Adam. Certes, il était plutôt mignon avec sa silhouette dégingandée de joueur de basket et ses cheveux bruns hérissés à grand renfort de gel, assez courts pour révéler la petite étoile tatouée derrière son oreille gauche. Mais il n'était pas aussi sexy et renversant que Ben Birnbaum, par exemple.

Du haut de ses dix-huit ans, Cammie avait déjà accumulé un nombre d'ex impressionnant, et un nombre de simples flirts plus impressionnant encore. D'habitude, elle allumait les garçons pour le plaisir, sans y mettre de sentiments. Avec Ben, les choses avaient été un peu différentes, même si elle ne le lui avait jamais dit. Et c'était lui qui l'avait plaquée. Jusque-là, Cammie avait toujours pris l'initiative de la rupture. La fin de leur histoire lui avait brisé le cœur. Puis, pour ajouter l'insulte à la douleur, Ben était sorti avec la très froide et très parfaite Anna Percy. Rien que d'y penser, ça la rendait encore folle.

Sa relation avec Adam était plus tendre, plus calme que toutes les précédentes – celle avec Ben y compris. Adam n'habitait Beverly Hills que depuis deux ans; avant ça, il vivait dans le Michigan avec ses avocats de parents. Bien qu'appartenant à la liste VIP de leur lycée, il était apprécié de tous les élèves sans exception. Son statut d'attaquant vedette de l'équipe de basket ne nuisait évidemment pas à sa réputation. Mais la vérité, c'est qu'Adam se fichait de sa place dans la hiérarchie sociale – contrairement à tous les autres gens que fréquentait Cammie. Il était sincère, intelligent et très indépendant. Quant à leurs ébats sexuels… Ils avaient très mal commencé pour s'améliorer rapidement une fois que le jeune homme avait surmonté sa nervosité.

Et puis, il traitait Cammie comme une princesse… ce qui n'allait pas sans causer quelques frictions entre eux. Cammie pouvait être une garce épouvantable, et elle voulait qu'on la traite comme telle – de temps en temps au moins. Oh, elle savait que c'était pervers de sa part. Mais de son point de vue, les mecs bien étaient difficiles à trouver et faciles à garder, alors que les mauvais garçons étaient faciles à trouver et impossibles à garder. Or, elle aimait qu'on lui en fasse baver. Peut-être était-elle maso. Et alors? Personne n'avait dit que le parfait petit ami devait avoir la sensibilité – et la totale absence de sex-appeal – du docteur Drew[1].

Cammie balaya du regard la plage immaculée, séparée de l'Autoroute de la Côte Pacifique par une interminable rangée de maisons qui semblaient banales vues de l'autre côté et spectaculaires vues de ce côté-ci. Des vagues d'azur venaient lécher le sable blanc étincelant. Des sternes tournoyaient dans les airs et plongeaient vers un banc de petits poissons poussé jusqu'à la surface par un albacore affamé. Au loin, un paquebot de luxe naviguait pesamment vers le nord – il se rendait peut-être à San Francisco ou en Alaska. C'était l'endroit idéal pour trouver la paix

1. Célèbre présentateur d'une émission de télévision qui donne des conseils sur l'amour, le sexe et les relations humaines en général. *(N.d.T.)*

et la sérénité dont Cammie avait besoin ce jour-là, pour des raisons dont elle n'avait pas fait part à Adam.

Une rouquine en bikini courait le long de la plage, flanquée par un épagneul à poil doré. Cammie reconnut en elle l'ex-héroïne d'une sitcom située dans les années 70, qui était restée très longtemps à l'écran. Une célèbre chanteuse d'âge mûr et de renommée internationale arrivait dans l'autre sens ; elle tenait la main de son mari, un acteur de télé de seconde zone. La brise agitait le long foulard noué autour de sa tête ; ses amples vêtements de lin blanc dissimulaient sa silhouette, mais malgré ses énormes lunettes de soleil Chanel, son nez permettait de l'identifier instantanément.

Elle vivait un peu plus loin, à trois maisons d'une minuscule rappeuse qui venait de renvoyer son agent pour signer avec le père de Cammie. C'était grâce à cette artiste format de poche que Cammie avait pu accéder à la plage – les deux filles avaient sympathisé quand une des bretelles de la robe métallique de la chanteuse avait craqué pendant une soirée organisée par Apex, révélant le string léopard rose le plus minuscule du monde. Les photographes s'étaient aussitôt mis à mitrailler la scène tandis que les autres invités lui offraient des épingles de sûreté.

Cammie avait fait deux choses. D'abord, elle avait entraîné la chanteuse dans la salle de bains, où elle lui avait montré qu'elle portait un string identique. Ensuite, elle l'avait soupçonnée d'avoir elle-même mis l'incident en scène pour se faire de la publicité. Soupçons qui s'étaient vu confirmer lorsque la rappeuse avait fait la couverture du magazine *Star* deux jours avant la sortie de son dernier album, *Ta mère n'est plus dans le Kansas, elle non plus*[1].

La veille, Cammie avait appelé sa nouvelle copine pour lui demander si son petit ami et elle pouvaient venir traîner sur la plage. La chanteuse avait répondu oui, sans problème, mais qu'ils ne comptent pas sur elle pour les accompagner ; elle resterait près

1. Allusion à la scène du *Magicien d'Oz* où, après avoir basculé dans un autre monde, l'héroïne regarde autour d'elle et dit à son chien : « Toto, je crois que nous ne sommes plus dans le Kansas. » *(N.d.T.)*

de sa piscine, car elle détestait le sable. Ça tombait bien : Cammie n'avait aucune intention qu'elle leur tienne la chandelle.

Elle s'étira langoureusement pour mettre ses courbes en valeur et sourit à Adam, qui s'était assis en tailleur sur une grande couverture indienne. Il était plutôt craquant avec son large short de surfeur bleu et blanc. La jeune fille s'agenouilla devant lui pour qu'il puisse voir les initiales qui se balançaient près de sa hanche droite.

— Je pensais me faire faire un tatouage, expliqua-t-elle en secouant la tête pour se débarrasser des boucles blondes qui lui tombaient dans les yeux. Mais toutes les filles en ont de nos jours, depuis Angelina Jolie jusqu'aux vendeuses de boutiques de fringues dans les centres commerciaux – et elles n'ont pas toutes les moyens de s'offrir un traitement au laser pour les effacer.

Adam effleura les charmes du bout de l'index.

— Je suis flatté.

— Il y a de quoi. D'autant que je me suis levée tôt pour toi. Ce qui ne m'arrive jamais, d'habitude. (Elle se pencha vers lui et l'embrassa doucement, en aspirant sa lèvre inférieure entre les siennes.) C'est sympa ici, non ?

— Très. Tu as des amis haut placés.

Et comment !

Adam fit basculer Cammie sur la couverture. Elle atterrit gracieusement et posa la tête sur sa poitrine.

— Je t'ai dit que tu étais canon avec ce maillot ?

— Inutile ; c'est tellement évident ! La vraie question, c'est : tu étais déjà sorti avec une fille aussi renversante que moi ?

— Espèce de prétentieuse.

Dans la glacière qu'ils avaient apportée, Adam prit une énorme fraise couverte de chocolat blanc et la tint au-dessus de la bouche de Cammie. La jeune fille darda sa langue et la lécha en jetant un regard suggestif à son petit ami.

— Ne fais pas ça en public, s'il te plaît. Ça provoque chez moi une réaction très intime.

— Tant mieux.

Cammie prit la fraise et mordit dedans. Au tout début de leur relation, elle avait tenté de séduire Adam sur une plage, et ça avait été un fiasco total. Adam était du style pudique, alors qu'elle adorait avoir des spectateurs. Il l'embrassa doucement, et elle sentit des frissons la parcourir jusqu'au bout de ses orteils aux ongles vernis en rouge incendiaire.

— Pour le bal de promo, tu préfères qu'on loue une limousine ou que je conduise ? lui demanda-t-il.

Cammie grimaça.

— Tout le monde ne pense qu'à ce truc ! Sam et Anna en parlaient encore hier. Ça fait tellement lycéen…

— Mais nous sommes lycéens.

— Pitié. Un bal de promo, ça me fait penser à des grosses ploucs de la Vallée, boudinées dans des robes qui les font ressembler à des saucisses pastel géantes, et à leurs cavaliers en smoking de location violet, les poches bourrées de tous les types de Durex de la création au cas où la chance leur sourirait.

Adam secoua la tête.

— Ce que tu peux être snob !

— Merci.

Il lui prit la main et l'aida à se relever.

— Allez, viens te tremper avec moi.

Il lui donna une tape sur les fesses et s'élança vers l'océan à petites foulées. Cammie soupira. Quand elle avait organisé ce pique-nique en amoureux, elle n'avait pas prévu de nager. Elle ne se souvenait même plus si son mascara MAC était waterproof. Mais comme elle était en mode « petite amie docile », elle suivit Adam sans rechigner.

En atteignant le bord de l'eau, les deux jeunes gens passèrent quelques minutes à s'éclabousser à coups de pied avant de s'aventurer dans les vagues froides.

— Joli bateau, commenta Adam avec un signe du menton. Un jour, il faudra que je m'en achète un.

Un yacht traversait lentement l'horizon du nord au sud, à cent ou cent cinquante mètres du rivage. Cammie aperçut deux cannes à pêche à la poupe. Elle détestait les petits bateaux depuis que sa mère s'était mystérieusement noyée. Chaque année, dans la nuit du 31 décembre au 1er janvier, elle effectuait un pèlerinage secret – et très éméché – sur sa tombe, au cimetière de Forest Lawn dans la Vallée, et elle se demandait si sa mort avait bel et bien été le fruit d'un accident, comme l'enquête l'avait conclu.

Cette nuit-là, ses parents se trouvaient sur le yacht de leurs amis les Striker ; ils faisaient une croisière près de l'île de Santa Barbara. Cammie – âgée de huit ans à l'époque – avait dormi dans la résidence secondaire des Striker, à Montecito. Elle était amie avec leur fils Brock, et ils avaient une nounou à domicile. De cette soirée, elle ne se rappelait rien sinon une partie de Scrabble pour Enfants avec Brock et la nounou.

A ce stade de sa brillante carrière, Clark Sheppard n'avait pas encore fait fortune, et sa famille ne vivait pas encore dans un palace. Aussi Cammie avait-elle été très impressionnée par la demeure : un véritable château français qui avait été transporté aux Etats-Unis pierre par pierre et péniblement reconstitué sur le flanc d'une colline, avec une vue parfaite sur le Pacifique.

A cette époque, les parents de Cammie se disputaient beaucoup. Son père était frustré que sa carrière tarde à décoller. Sa mère, institutrice en primaire, ne partageait pas du tout l'ambition de son époux et sa fascination pour le milieu du show-business. Elle enseignait à la Crossroads School de Santa Monica, où les familles les plus riches et les plus libérales de Los Angeles envoyaient leur progéniture. Cammie y avait elle-même été inscrite pendant un petit moment – jusqu'à la mort de sa mère, en fait. Donna Sheppard était le contraire exact de son mari : douce, réfléchie et introvertie. C'est-à-dire carrément parfaite… du moins, dans le souvenir de Cammie.

Si un de ses parents devait disparaître, pourquoi le sort n'avait-il pas désigné son enfoiré de père ? Bien entendu, Cammie réalisait que si tel avait été le cas, elle serait aujourd'hui une de ces filles de la Vallée qui achètent leur robe de bal chez Proms R Us à Sylmar, parce que c'est tout ce que sa mère aurait pu lui offrir avec son salaire d'institutrice.

Cette nuit terrible, dix ans auparavant, son père s'était réveillé seul dans leur lit. Il avait immédiatement alerté les gardes-côtes en utilisant la radio des Striker. Lors de son interrogatoire, il avait déclaré qu'il avait pris un somnifère et ne s'était pas rendu compte que sa femme ne l'avait pas rejoint dans leur cabine – il dormait profondément depuis dix heures du soir. Selon la déposition des Striker, la soirée s'était déroulée sans aucune anicroche. Leurs invités ne s'étaient pas disputés, et ils n'avaient consommé qu'une seule bouteille de Cristal à quatre. La disparition de Donna les avait surpris autant que Clark.

Aux yeux de Cammie, cette version des faits n'avait pas de sens. Pour commencer, son père n'aurait jamais partagé une bouteille de Cristal avec trois autres personnes – ne fût-ce que par principe. Et puis, malgré tout le temps écoulé depuis lors, elle se rappelait très bien de la façon dont ses parents et les Striker se soûlaient ensemble. Une fois, elle avait surpris Mme Striker assise sur les genoux de son père. Cette image lui donna un haut-le-cœur ; elle la bannit très rapidement de son esprit.

Elle serra les dents pour ne pas se mettre à pleurer. Le plus dur, c'est que le corps de sa mère n'avait jamais été retrouvé. Au cimetière de Forest Lawn, la pierre tombale montait la garde sur une fosse vide – même si Cammie la traitait avec tout le respect dû à la dernière demeure d'une défunte.

Oh, maman. Comment as-tu pu m'abandonner ?

Une fois, quand elle avait douze ans, un oiseau avait réussi à s'introduire dans leur nouveau manoir par une des six cheminées, et il avait filé directement vers sa chambre. C'était un petit loriot jaune, qui s'était perché sans hésiter sur la tête de son lit. Le jaune était la couleur préférée de Donna Sheppard. Cammie n'avait appelé personne : elle voulait que le loriot reste là. Mais quand elle était rentrée de l'école ce soir-là, il avait disparu. Même si elle n'en avait jamais parlé à quiconque, elle s'était toujours demandé s'il n'avait pas été… un peu plus qu'un simple oiseau.

— Où étais-tu partie ? demanda doucement Adam.

La voix du jeune homme tira Cammie de sa rêverie. Adam posa ses grandes mains sur ses hanches.

— Je réfléchissais, c'est tout.

Du menton, elle désigna le yacht distant. Adam était au courant pour sa mère. Elle lui avait tout raconté. Tout, sauf une chose :

— Aujourd'hui, c'est son anniversaire.

— L'anniversaire de ta mère ?

Elle acquiesça. Adam la fit pivoter et la tint fermement contre lui pour ne pas qu'elle soit renversée par une vague un peu plus grosse que les autres.

— Ça doit être dur, compatit-il. (Il déposa un baiser sur ses lèvres.) Tu veux regagner la terre ferme ?

Craignant que sa voix la trahisse, Cammie hocha la tête en silence. Ils sortirent de l'eau et rebroussèrent chemin vers leur couverture.

— Tu te souviens, à Las Vegas ? lança Adam pendant qu'ils se séchaient avec deux grands draps de bain noirs. Quand tu m'as demandé de t'aider à découvrir ce qui était réellement arrivé à ta mère cette nuit-là ?

Cammie se souvenait.

— Et bien, j'ai mis mes parents sur le coup. En tant qu'avocats, ils ont accès à des tas d'informations qui ne seraient pas disponibles pour le grand public.

La jeune fille sentit sa gorge se nouer. Oui, elle lui en avait parlé, mais elle ne s'attendait pas à ce qu'il la prenne au mot.

— Pourquoi as-tu fait ça? demanda-t-elle en s'efforçant de maîtriser sa voix.

Elle se sentait bizarre. Effrayée ? Menacée ? Elle n'aurait su le dire.

— Ben… Parce que tu me l'as demandé, répondit Adam, perplexe.

Cammie jeta sa serviette par terre et laissa sa colère prendre le dessus sur sa peur.

— Non, c'est faux. Je ne t'ai jamais demandé d'aller tout raconter à tes parents, et tu le sais très bien.

— Attends un peu. Tu m'en veux parce que j'ai essayé de t'aider ? s'exclama Adam, incrédule.

Elle laissa son regard dériver vers l'autre bout de la plage.

— Je n'ai pas envie d'en parler.

Adam lui toucha le bras.

— Cammie, regarde-moi.

Elle plissa les yeux.

— Pourquoi ?

— Tu m'as bien dit que tu voulais découvrir la vérité au sujet de ta mère, pas vrai ?

Oui, elle le lui avait dit. Alors, pourquoi se sentait-elle... agressée par ce qu'il avait fait ? Elle ne pouvait pas lui répondre parce qu'elle ne le savait pas elle-même.

— Tu as peut-être peur de ce qu'ils pourraient trouver, suggéra Adam. (Il voulut la prendre dans ses bras, mais elle se raidit.) Cammie, je suis désolé. Je ne pensais pas que ça te perturberait à ce point.

— Je ne suis pas perturbée, aboya-t-elle, d'accord ? Simplement, ça m'énerve que tu aies agi derrière mon dos.

Elle ne pouvait pas s'empêcher de passer ses nerfs sur lui. Si elle se retenait une seule minute de plus, elle risquait d'exploser.

Le jeune homme secoua la tête.

— Ça n'a pas de sens, protesta-t-il.

— Je m'en fiche. Tu veux vraiment te rendre utile ? Ramasse nos affaires. Moi, je me casse.

Et elle s'éloigna à grandes enjambées vers les marches qui conduisaient à la maison de la chanteuse de rap, laissant Adam avec leurs serviettes, leurs vêtements et leur pique-nique. Malheureusement, il y avait une chose qu'elle ne pouvait pas abandonner derrière elle : sa peur de découvrir la vérité au sujet de la mort de sa mère.

Ces derniers temps, quand elle se réveillait à l'heure la plus noire de la nuit et n'arrivait pas à se rendormir, elle se demandait pourquoi elle n'était jamais satisfaite. Les choses qui la rendaient heureuse autrefois – dépenser des sommes indécentes en fringues neuves, ou être systématiquement la fille la plus canon de la soirée – ne lui faisaient plus ni chaud ni froid. Sa vie aurait dû être merveilleuse, mais elle ne l'était pas parce que sa mère n'était pas là pour la partager avec elle.

Parfois, ça la rendait si triste que des larmes se mettaient à couler en silence sur ses joues. Alors, elle serrait son oreiller contre elle et se posait la plus horrible de toutes les questions : sa mère s'était-elle suicidée ? Avait-elle désiré mourir plus qu'elle ne désirait s'occuper de sa fille et la voir grandir ?

Peut-être était-ce pour ça que même un garçon fantastique comme Adam ne lui suffisait pas. Si sa mère ne l'avait pas assez aimée pour rester auprès d'elle, elle devait être vraiment indigne d'amour. L'amour vous rendait faible, vulnérable et donnait aux gens du pouvoir sur vous. L'amour – Cammie le savait – pouvait vous broyer le cœur.

M. Je-Suis-Bourré-De-Talent-Mais-Complètement-Barré

— Prochaine sortie, Ojai, lut Cammie sur le panneau depuis la banquette arrière du Hummer noir de Sam. Dieu merci. Je déteste les longs trajets en voiture.

— Deux heures et demie, ce n'est pas un long trajet, contra Sam. (Elle tourna la tête vers Anna, qui occupait le siège passager.) Attends de voir cet endroit. Plus de célébrités ont pété les plombs là-bas qu'à l'Ivy.

— Les gens riches pourraient avoir la considération de piquer leurs crises plus près de L.A., grommela Cammie.

Elle baissa la vitre arrière du côté chauffeur, puis s'étendit sur la banquette en faisant dépasser ses pieds aux orteils fraîchement vernis de Nars orange Boccacio par la fenêtre ouverte.

— L'air conditionné ne fonctionnera pas si tu laisses entrer la chaleur, fit remarquer Sam.

Cammie l'ignora.

— Au fait, comment va Dee ? s'enquit Anna.

— Beaucoup mieux, répondit Sam en observant son amie dans le rétroviseur. Ce que Cammie saurait déjà si elle avait réussi à se traîner là-bas plus de deux fois.

— Je suis imperméable à la culpabilité, chantonna l'interpellée. Selon papa chéri, certains des plus gros contrats d'Hollywood sont signés dans le nouveau foyer de Dee. Il a menacé d'y prendre pension lui-même juste pour conclure un projet de film avec M. Je-Suis-Bourré-De-Talent-Mais-Complètement-Barré, et on sait toutes de qui il s'agit.

Sam grimaça.

— Mais pas autant que toi qui as fricoté avec lui pendant la soirée d'anniversaire de Nicole Richie au House of Blues.

— Je n'ai pas fricoté avec lui, se défendit Cammie. Je l'ai vaguement laissé me peloter, mais c'est parce que j'étais furax contre Ben. (Faisant comme si cette remarque lui avait échappé, elle plaqua une main sur sa bouche.) *Oups*. Désolée, Anna.

Anna ne se donna pas la peine de répondre. Elle s'était juré que Cammie ne réussirait pas à la mettre en boule. Ben, se dit-elle, était beaucoup moins mature à l'époque où il sortait avec Cammie. Leur relation ne pouvait rivaliser avec ce qu'Anna et lui partageaient aujourd'hui.

Pourtant, elle ne put s'empêcher de détailler Cammie dans la rétroviseur. Ses jambes interminables, parfaitement modelées et bronzées. Sa minijupe taille basse mauve et argentée. Sa chaîne de taille à laquelle pendaient les initiales d'Adam. Sa blouse en dentelle blanche Gianfranco Ferré, juste assez déboutonnée pour révéler le haut de son soutien-gorge en dentelle mauve et argentée La Perla – et des kilomètres de décolleté. Cammie ne se distinguait pas par sa subtilité, jamais.

L'attirance sexuelle était un mécanisme biologique, raisonna Anna. Ou bien vous étiez attiré par quelqu'un, ou bien vous ne l'étiez pas. Si vous ne l'étiez pas, vous aviez beau l'apprécier d'un point de vue intellectuel, ça ne collerait jamais entre vous. Et si vous l'étiez, vous aviez beau savoir que cette personne n'était pas faite pour vous, vous continueriez quand même à vouloir la coincer dans un coin sombre. Ben avait été attiré par Cammie. Pourquoi ne le serait-il pas encore ? Par Cammie, ou par une autre fille qui serait tout ce qu'Anna n'était pas. Malheureusement, ce n'était pas ça qui manquait à Los Angeles – ou même à Princeton.

— … ce jean, Anna ? demanda Sam.

— Je te demande pardon ?

— Je disais, ma soi-disant belle-maman m'a raconté que le

jean Allen B que je porte en ce moment est vendu sur la chaîne de téléachat.

Anna fronça les sourcils.

— Et alors ?

— Et alors deux choses : un, parmi toutes les femmes qu'il aurait pu avoir, mon père en a épousé une qui regarde le téléachat ; deux, je ne vais pas tarder à retrouver mon jean sur une touriste à gros cul qui fait son shopping dans Montana Avenue. Ça craint !

— Ne dit-on pas que l'imitation est la forme la plus sincère de la flatterie ?

Sam lui jeta un regard noir.

— Tu plaisantes, hein ? (Elle tripota le décolleté du cache-cœur rouge Sandy Duftler dont les pans se croisaient sur sa poitrine.) Tu vois ce cache-cœur ? Je l'ai acheté il y a deux semaines. Le week-end dernier, je suis allée à une soirée, et Kirsten Dunst avait le même. Maintenant, si elle me voit avec, elle pensera que je l'ai copiée. Elle ne sera pas flattée : elle me trouvera juste pathétique. Du coup, je ne peux le porter qu'en dehors de L.A.

Anna éclata de rire. Cette obsession de la mode, elle trouvait ça hilarant. Et puis, ça l'empêchait de penser à Ben et au genre de filles par lesquelles il pouvait être attiré quand elle n'était pas là.

Cammie sortit son eau de parfum Prada de sa nouvelle besace Antigua à carreaux rose, vert menthe et turquoise et s'en aspergea généreusement.

— J'en ai apporté une bouteille pour Dee. C'est son préféré.

Anna se tordit le cou et sourit à Cammie. Même si elle n'arrêtait pas de râler depuis leur départ, la jeune fille aimait sincèrement son amie Dee.

— C'est gentil de ta part.

Dee avait été transférée à l'institut Ojai peu de temps après sa crise à Las Vegas, et elle y séjournait depuis. Mais d'après Sam, elle devait sortir dans trois semaines.

— Cam ? fit Sam. Je voulais te demander quelque chose.

— Je t'écoute.

— A propos du bal de promo. Je sais que c'est tellement sucré qu'il y aurait de quoi nous filer le diabète, mais ça pourrait être marrant, dit-elle très vite. Imagine Kevin Johnson, qui a plus de poitrine que moi : que va-t-il porter, une couche de sumo ou un smoking ? Et son petit ami le travelo ? Les possibilités de foutage de gueule sont infinies.

— D'accord, si tu veux, répondit Cammie en rangeant son gloss Stila dans son sac.

Même Anna haussa les sourcils de surprise. Deux jours plus tôt, Cammie avait juré qu'elle ne mettrait jamais les pieds au bal de promo. Et maintenant, la seule mention d'un des couples les plus étranges de leur lycée suffisait à la décider ?

— Attends un peu. Tu as vraiment dit oui ? s'étonna Sam.

— Bah, il n'y a pas de quoi en faire un plat, lâcha Cammie sur un ton qui se voulait désinvolte. Adam veut y aller.

Ah ah. Tout s'éclairait. Adam voulait y aller, et Cammie voulait faire plaisir à Adam. Anna avait toujours dit que ce garçon faisait ressortir le meilleur d'elle-même.

— Tu es facile à convaincre.

— Seulement quand je le décide.

Sam sourit.

— Je trouve ça chouette que tu acceptes de le faire pour Adam. D'habitude, les compromis, ce n'est pas ton truc.

— Je sais. (Cammie soupira.) On s'est disputés ce matin.

— A propos de quoi ?

— Laisse tomber.

Avec une expression fermée, elle tourna la tête vers la vitre.

Anna se fichait bien que Cammie ne veuille pas parler d'Adam : elle se réjouissait juste qu'ils n'aient pas rompu. Ça signifiait qu'elle n'aurait pas à subir le spectacle de Cammie se frottant contre Ben telle une chatte en chaleur sur la piste de danse. Du moins, en théorie. Sa propre façon de penser la fit frémir. *Tu es ridicule*, se morigéna-t-elle.

— Ça pourrait être fun, reprit Sam. Toi et Adam, Anna et Ben, Eduardo et moi…

— Eduardo a dit oui ? s'exclama Anna, surprise que son amie ne lui en ait pas parlé.

— Il faut vraiment que tu prennes l'habitude de lire tes mails, répliqua Sam. Je t'en ai envoyé un juste après l'avoir eu au téléphone. Il viendra avec le jet de son père.

— C'est super ! Je suis contente pour toi, se réjouit Anna, sincère.

— Merci. Je ne sais pas encore comment je vais jongler entre lui et le tournage de mon documentaire, mais j'ai l'habitude de gérer plusieurs choses à la fois. Je me débrouillerai.

Maintenant qu'Eduardo avait accepté de venir à leur bal de promo, Anna se demandait pourquoi Sam ne laissait pas tomber son film. Mais de toute évidence, ce qui avait démarré comme un prétexte pour inviter Eduardo à la soirée était devenu un projet qui lui tenait vraiment à cœur.

Dix minutes plus tard, Sam fit halte devant la guérite de pierre qui flanquait l'entrée principale de l'Institut Psychiatrique Ojai. Le vigile leur remit trois badges visiteurs. Si elle ne s'était pas arrêtée, expliqua-t-elle à ses amies, il aurait appuyé sur un bouton, et des pointes métalliques auraient jailli de l'allée pour crever les pneus de sa voiture. Elle était venue rendre visite à Dee assez souvent pour connaître la procédure par cœur.

— On dirait une résidence de vacances, commenta Anna tandis que le Hummer traversait un jardin paysagé dans le style britannique.

Aux pelouses verdoyantes succédèrent des tables de pique-nique, deux courts de tennis en terre battue, un terrain de basket et un autre de volley, un kiosque à musique et une scène en dur pour les concerts de plein air. Un chemin de gravier courait parallèlement à la route ; tous les cinquante mètres environ, Anna avisait des promeneurs solitaires ou en couple, qui agitaient systématiquement la main pour la saluer. Bientôt, elle se surprit à leur rendre la pareille.

— Si tu étais pensionnaire ici, ce geste te coûterait mille dollars par jour, déclara Sam. Ton évaluation par des professionnels, deux mille dollars par jour. Ton traitement, mille dollars par jour, jusqu'à ce que tu n'aies plus besoin qu'on te tienne la main et qu'on te lave le cerveau. Et ils n'acceptent pas les assurances médicales – ne me demande pas comment je le sais. Si tu prévois de devenir folle, c'est une bonne idée de faire fortune d'abord.

Le Hummer s'approcha du bâtiment principal : une structure basse en grès jaune, avec une allée circulaire qui faisait le tour d'une extravagante fontaine de style italien. Sam se gara dans le parking visiteurs entre une Porsche 917 et un autre Hummer.

— Un bon conseil : si tu croises quelqu'un de célèbre, fais comme si tu ne l'avais pas reconnu.

— Ça ne devrait pas être difficile. Je ne suis pas très calée en stars, grimaça Anna.

Elle avait eu du mal à décider si elle devait venir ou pas. Durant la brève période où elle avait côtoyé Dee, elle l'avait trouvée... bizarre. D'abord, Dee lui avait annoncé qu'elle était enceinte de Ben – ce qui s'était avéré un pur mensonge. Ensuite, Dee changeait de philosophie comme de chemise. Un jour, elle était jaïniste ; le lendemain, elle ne jurait que par le New Age selon Marianne Williamson, et le surlendemain, elle plongeait tête la première dans le mysticisme de la Kabbale juive. Qui était réellement la fille qui habitait ce corps délicat ? Anna l'ignorait, mais parce qu'elle se trouvait à Las Vegas quand Dee avait piqué sa crise, elle se sentait concernée par ce qui lui arrivait.

Sam, Cammie et elle descendirent de voiture. C'était une belle journée de printemps, avec une température voisine de vingt-cinq degrés et un ciel plein de nuages blancs moutonneux. Comme elles se dirigeaient vers l'entrée du bâtiment, Dee s'avança à leur rencontre.

— Salut les filles ! s'écria-t-elle de sa petite voix aiguë et perpétuellement essoufflée. Je suis contente de vous voir ! Vous m'avez teeellement manqué !

— Je suis venue la semaine dernière, lui rappela Sam en souriant.

— Je sais. Mais depuis, j'ai trouvé le temps long.

Dee les étreignit à tour de rôle. L'air embaumait le parfum des buissons de roses touffus qui encadraient les portes vitrées.

— Tu as l'air en forme, la complimenta Anna.

Depuis la dernière fois qu'elle avait vu Dee, celle-ci avait fait couper court ses cheveux blonds et raides. De petites mèches effilées sur ses tempes faisaient ressortir ses grands yeux bleus de poupée. Ses joues étaient roses, ses yeux pétillants, son sourire joyeux. Elle portait un short de coton blanc et un débardeur ABS bleu pâle. En fait, elle respirait la santé. Aucun inconnu n'aurait pu deviner laquelle des quatre filles était pensionnaire à l'institut.

Dee lui adressa un sourire serein.

— Merci.

— Alors, comment te sens-tu ?

Anna fit un écart sur la gauche pour laisser sortir un couple d'âge mûr. La mâchoire faillit lui tomber quand elle reconnut la comtesse de Beaune et son mari, le comte Guillemet. Quelques années plus tôt, elle les avait rencontrés pendant un séjour de ski qu'elle avait fait avec sa mère et sa sœur aux Deux Alpes. Mais par discrétion, elle ne se manifesta pas.

Dee n'eut pas autant de scrupules qu'elle.

— Salut, comte ! lança-t-elle au distingué gentleman en pantalon de velours noir et chemise de coton blanc. Le déjeuner était très mauvais aujourd'hui, pas vrai ?

— Parfaitement *dégueulasse*[1], en effet, acquiesça le comte avec un gentil sourire. Surtout quand on est habitué à manger chez Bernard Morillon[2]. Avec un peu de chance, le dîner sera meilleur. Nous partons en promenade.

— A plus tard. (Dee reporta son attention sur ses amies, comme si bavarder avec le comte et la comtesse de Beaune dans un institut psychiatrique californien était la chose la plus normale du monde.) Cammie, Anna, vous voulez visiter ? Sam connaît déjà, mais je ne pense pas que ça l'embêtera de refaire le tour.

— Qu'y a-t-il à voir ? interrogea Cammie d'un air blasé.

— Si ça ne te dit rien, tu peux nous attendre ici ou dans le hall, répliqua calmement Dee. Ça m'est égal.

Cammie rougit, et Sam éclata de rire

— Elle t'a bien eue !

1. En français dans le texte. *(N.d.T.)*
2. Chef du célèbre restaurant éponyme situé à Beaune. *(N.d.T.)*

— Ce n'était pas sympa, admit Cammie. Je suis désolée.

Dee les entraîna dans le hall qui avait été décoré dans des tons de bleus, avec du mobilier ultramoderne, par le célèbre designer John Saladino.

— Je me sens tellement bien, pépia-t-elle en passant près d'un piano à queue blanc sur lequel était posé un vase de gardénias. Ils ont mis un moment à comprendre que j'étais bipolaire.

— Moi aussi, ça m'énerve quand on ne sait pas par où me prendre, gloussa Cammie.

Dee écarquilla les yeux.

— Ce n'est pas une plaisanterie pour moi, Cammie. C'est ma vie.

Elle l'avait dit sur un ton si direct, si honnête qu'Anna eu du mal à reconnaître l'évaporée dont elle avait fait la connaissance quelques mois plus tôt. De toute évidence, Cammie fut aussi désarçonnée qu'elle, car elle ne trouva rien à répondre et baissa le nez d'un air penaud.

— Bref, il s'avère que l'équilibre chimique de mon cerveau est instable, reprit Dee. Le lithium n'arrangeait rien, donc, les docteurs ont voulu me mettre sous valpromide, mais ma mère a refusé de peur qu'il me pousse une barbe ou un truc dans le genre. Finalement, ils ont opté pour une molécule tellement nouvelle que je n'ai même pas retenu le nom, et c'est pour ça que je vais aussi bien. J'ai hâte de rentrer à la maison.

Cammie lui donna une accolade affectueuse.

— C'est un nouveau toi !

— C'est le vrai moi, corrigea Dee.

Elle ouvrit une porte sur leur droite et les précéda dans une immense salle commune qui abritait tous les jeux vidéo de la création, trois Xbox 360, deux tables de billard et un écran de télévision géant haute définition.

Puis elle les entraîna dans sa chambre, située dans un des pavillons extérieurs. Chacun d'eux était relié au bâtiment principal par un chemin de brique rouge qu'abritait une pergola. La chambre de Dee était grande, avec un lit une place recouvert d'un édredon en soie bleue et blanche Mark James. Son ordinateur portable était posé sur un bureau en bois Swedish Modern. Il y avait plusieurs plantes en pot, un mini-réfrigérateur, une reproduction du *Broadway Boogie Woogie* de Mondrian et une immense baie vitrée qui faisait face au Pacifique.

— C'est très joli, Dee, commenta Anna.

— Bah, ce n'est qu'une chambre, lâcha Cammie sur un ton dédaigneux. (Elle souleva ses cheveux pour s'éventer le cou.) Qu'est-ce qu'il fait chaud là-dedans !

— Tu es de mauvais poil parce que notre petite Dee ne tremble plus devant toi, fit Sam avec un sourire en coin.

Anna attendit la réplique de Cammie, mais il n'y en eut pas. Sam disait la vérité ; elles le savaient toutes.

— Ça ne te surprendrait pas autant si tu étais venue me voir plus souvent, susurra Dee.

— Je suis venue.

— Oui : deux fois.

— Tu sais que je déteste les hôpitaux. (Cammie repoussa ses boucles en arrière.) C'est ma fête aujourd'hui, ou quoi ? D'abord Adam, et maintenant toi ?

Anna fut surprise de voir des larmes perler au coin de ses yeux. Cammie était bouleversée, et pas parce qu'elle venait de se faire remettre à sa place par ses amies. Ça devait être à cause de sa dispute avec Adam.

— Ce n'est pas une tare d'avoir des sentiments, Cammie, ajouta Dee d'une voix apaisante. (Elle lui passa un bras autour des épaules.) Laisse-toi aller. Concentre-toi sur ta respiration. Pourquoi on n'irait pas au bar à jus de fruits ? Tout est gratuit.

Quelques minutes plus tard, les quatre filles étaient assises sur de confortables chaises capitonnées autour d'une table en bois ronde. Le bar à jus de fruits de la clinique avait été décoré comme un coffee house beatnik des années cinquante, avec des meubles dépareillés, des posters de Buffy Holly and the Big Bopper, des piles de livres et de jeux de société. Mis à part la serveuse qui avait préparé leurs cocktails framboise-mangue, l'endroit était désert.

— Dee, je voulais te parler de quelque chose, dit Sam en

remuant le contenu de son verre avec une paille coudée. Le bal de promo… C'est vendredi soir.

— L'an dernier, on s'est bien amusées, se souvint Dee, l'air nostalgique. On avait récolté de l'argent pour lutter contre quoi, déjà ? La sclérose en plaques ?

— Je crois que c'était plutôt le Sida, contra Cammie, qui avait fini de bouder.

Dee se rongea un ongle.

— Non. Le réchauffement de la planète. Ou peut-être la sécheresse en Afrique.

— Ce que je voulais dire, coupa Sam, c'est qu'on y va toutes cette année.

— Et c'est pour quelle grande cause, cette fois ?

— Aucune. C'est justement ce qui est bien, répondit Cammie.

Dee tendit un index vers Anna.

— Tu y vas avec Ben ?

Anna acquiesça.

— A une époque, j'étais jalouse de vous deux, avoua Dee. Ce que je pouvais être conne.

— Ce n'est pas grave, lui assura Anna.

Dee se tourna vers Cammie.

— Toi, tu y vas avec Adam. Et toi, Sam ?

Sam grimaça.

— Eduardo a appelé. Il viendra de Paris en avion.

— Vous allez bien vous amuser. (Les épaules de Dee s'affaissèrent.) Moi, je serai toujours coincée ici. (Elle finit son cocktail de fruits.) A moins que…

Anna croyait presque voir tourner les rouages dans la tête de Dee. La jeune fille pria ses amies de l'excuser et sortit en trombe.

Cinq minutes plus tard, elle était de retour.

— Je suis libre ! claironna-t-elle.

— Tu déconnes, s'émerveilla Cammie. Ils te laissent partir aussi facilement ?

— Pas libre pour de bon, rectifia Dee. J'ai demandé au docteur

Verheiden de me donner une permission de sortie d'une journée – ou plutôt d'une nuit – pour le bal de promo, et il a accepté !

Anna se souvint de son délire dans la chambre d'hôpital de Las Vegas, quand elle avait affirmé entendre des voix dans sa tête. Tout témoin de cette scène aurait eu du mal à croire qu'elle s'en remettrait un jour. Et pourtant, elle était là, plus normale qu'Anna l'avait jamais vue. Non seulement c'était une histoire encourageante, mais Anna sentait qu'elle allait bien s'entendre avec cette Dee-là.

Soudain, l'expression de la jeune fille s'assombrit.

— Que se passe-t-il ? Tu vas bien ? s'inquiéta Sam en se rapprochant instinctivement d'elle.

— Oui, oui. Mais… Avec qui vais-je y aller ? Je n'ai pas de cavalier.

Pas de cavalier. Bien sûr que non. Pourquoi n'y avaient-elles pas pensé plus tôt ?

— Et bien, on n'a qu'à y aller tous en groupe, suggéra joyeusement Anna.

Cammie la foudroya du regard.

— Tu te crois dans *Sauvés par le gong*, peut-être ? Ici, on est dans *Beverly Hills*. (Elle se tourna vers Dee.) Ignore le bonnet de nuit ringard assis à ma droite. Je vais te trouver un cavalier – et fais-moi confiance, ça sera le plus canon de toute la Californie du Sud !

Bal de promo égale sexe

Assis sur son lit, Ben triait les CD contenus dans une boîte en plastique qu'il avait ramenés de Princeton : un mélange de concerts pirates et de morceaux de rock alternatif téléchargés sur Internet, que Jack avait gravés pour lui.

Ça lui faisait bizarre d'être de retour à la maison. Il se sentait davantage chez lui à Princeton. Là-bas, il pouvait vraiment être lui-même, et pas juste le fils obéissant du « Chirurgien Esthétique des Stars ». Son identité n'avait pas de rapport psychologique complexe avec son enfance, les erreurs qu'il avait commises, la dépression de sa mère ou les problèmes de jeu de son père. Il était un homme libre et indépendant.

Ici, il se sentait d'autant moins à sa place que sa mère s'était lancée dans un grand projet de redécoration des lieux pour fêter l'inscription de son père aux Joueurs Anonymes. Sans même lui en parler, elle avait tout refait à neuf, sa chambre y compris. Disparus ses meubles en érable foncé et son tableau de liège couvert de souvenirs du lycée. L'atmosphère était désormais celle d'une résidence de vacances, probablement inspirée par la récente seconde lune de miel de ses parents à Round Hill, en Jamaïque.

Son nouveau mobilier était en bois très clair ; un édredon en coton blanc et une multitude d'oreillers de plumes blancs, coquille d'œuf, beige, ocre et cannelle recouvraient son lit. La moquette avait été arrachée pour dénuder le plancher de bois, sur lequel plusieurs tapis blancs avaient été jetés comme au hasard. Des paniers en bambou de tailles diverses contenaient toutes les babioles jadis épinglées sur son tableau en liège, qui résidait désormais dans une décharge de South Bay. Que sa mère ait procédé à tous ses changements sans lui demander son avis mettait Ben en rogne. Il avait bien raison, celui qui disait qu'on ne peut jamais rentrer à la maison !

Certes, il se réjouissait que son père ne perde plus la fortune familiale aux tables de jeu, et que sa mère semble être sortie de sa dépression avec l'aide d'un bon thérapeute et de médicaments soigneusement choisis. Ces vacances s'annonçaient bien plus faciles que l'été cauchemardesque qui avait suivi la fin de ses études secondaires. D'autant que son pote Jack était en ville. Jack le faisait beaucoup rire. C'était un coureur de jupons – mais un charmant coureur de jupons. Les filles qui l'appelaient « ce connard » étaient plus nombreuses que celles qui connaissaient son nom de famille. La plupart d'entre elles souriaient en l'insultant, mais il avait aussi brisé plus d'un cœur. Ben était bien placé pour le savoir : en général, c'était sur son épaule que les amoureuses éconduites venaient pleurer.

Mais le plus génial, c'est qu'il allait enfin pouvoir passer du temps avec Anna.

Il jeta son T-shirt de Princeton vert dans le panier à linge sale, puis s'allongea sur son lit et se remémora tout ce qu'Anna et lui avaient fait sur le nouveau yacht de son père. Qu'une fille aussi réservée et aussi sophistiquée puisse se déchaîner à ce point... Il trouvait ça foutrement sexy. Quand il était parti à la fac, il ne cherchait pas à nouer une relation sérieuse. Il existait tellement de filles, toutes superbes à leur façon – pourquoi se serait-il contenté d'une seule à ce stade de sa vie ? Pendant la première année, Jack et lui avaient accumulé un nombre impressionnant de conquêtes : des étudiantes qui, comme eux, voulaient juste prendre un peu de bon temps. Ça avait été une période fantastique, à laquelle il n'avait absolument pas prévu de mettre fin.

Puis il avait rencontré Anna dans l'avion, et tout avait changé. Le concept de monogamie lui posait toujours un problème, parce que c'était une forme d'engagement qui précédait de peu le « ensemble-jusqu'à-ce-que-la-mort-nous-sépare », et qu'il s'estimait bien trop jeune pour en arriver là. Mais Anna était irrésistible. Et plus il apprenait à la connaître, moins il pouvait échapper à son fascinant mélange d'innocence et d'expérience. Sans compter que, malgré la fortune de sa famille, elle n'était ni prétentieuse ni blasée, contrairement à la plupart des filles qu'il fréquentait. Elle ne s'encombrait pas d'artifices, ne se dissimulait jamais derrière des faux-semblants.

Du coup, l'idée de sortir avec d'autres filles avait perdu tout attrait pour lui. Les fois où il s'était disputé avec Anna, il avait eu l'impression qu'un nuage noir planait au-dessus de sa tête. Et quand ils s'étaient réconciliés, il avait eu si peur de tout gâcher qu'il s'était trop accroché ; il s'en rendait compte avec le recul.

Quelqu'un toqua à sa porte. Avant qu'il puisse répondre, le battant s'entrouvrit, et Maddy passa la tête à l'intérieur. Il se redressa.

— Salut.

— Oh, je tombe mal, excuse-moi. Tu étais en train de te déshabiller ; j'aurais dû…

— Respire, Maddy. (Il lui fit signe d'entrer.) Je suis torse nu, ce n'est pas bien grave.

— Mais c'est très appétissant.

Maddy portait le peignoir en soie qu'elle ne quittait plus que pour sortir de la maison – et rien en dessous, apparemment. Ben fit bien attention à garder les yeux rivés sur son visage tandis qu'elle s'asseyait dans la nouvelle chaise en rotin devant son bureau en bois blanchi.

— Tu es naturellement glabre, ou tu dois te raser la poitrine ? Tu ne t'épiles pas à la cire, quand même ? Est-ce que beaucoup de garçons sont comme toi ?

Sur certains points, Maddy n'avait pas changé. Elle était toujours aussi gentille, mais naïve. Heureusement – sinon, Ben aurait eu quelque difficulté à gérer la présence dans sa chambre d'une fille possédant ce genre de formes.

— Tu es venue m'interroger sur la pilosité masculine et le moyen d'y remédier ?

— Euh, non. En fait, je suis venue te parler de Jack.

— Je t'écoute.

— La nuit dernière, après vous avoir laissés à la marina, on a été faire un tour en voiture.

Et merde ! songea Ben. *J'aurais dû m'en douter.*

— Il est vraiment adorable, et drôle par-dessus le marché, poursuivit Maddy. On est allés manger une glace à Bethanee. Enfin, il a mangé une glace et il me l'a fait lécher. Elle était au chocolat, avec des noix de pécan, des cacahouètes et de tout petits bouts de guimauve...

— Et pour le tour en voiture ?

— Ah, oui. Désolée. (La jeune fille se tapota l'estomac.) J'adore être mince – enfin, plus mince qu'avant –, mais la nourriture me manque. Bref. On est tombés sur des filles de mon bahut. Au début de l'année, elles n'arrêtaient pas de se moquer de moi parce que j'étais obèse. Et elles continuent à me traiter de grosse même si j'ai maigri. Evidemment, elles font toutes du trente-quatre, alors j'ai l'air énorme à côté d'elles. Et puis, à cause de l'humidité de l'océan, mes cheveux étaient tout frisés. Et je ne portais pas de maquillage – j'aimerais bien, mais je ne sais pas le mettre. Je ne me suis jamais donné la peine d'apprendre, parce que avant, je ne voulais surtout pas qu'on me remarque. Ce qui était idiot : quand on pèse cent quarante kilos, les gens vous remarquent forcément. Donc, on croise ces filles et l'une d'elles me lance : « Jolie coiffure, Miss Piggy. »

— Salopes, lâcha Ben. Ignore-les.

— Non, attends, je ne t'ai pas encore raconté le meilleur. (Maddy se pencha en avant, les yeux brillants.) Pour les faire taire, Jack m'a embrassée devant elles !

Ben ne savait pas trop quoi en penser. D'un côté, Jack avait volé à sa rescousse de la plus galante des façons. De l'autre, Maddy était tellement naïve qu'elle s'était sans doute méprise sur ses intentions. Peut-être considérait-elle qu'ils étaient fiancés !

— Tu aurais dû voir leur tête, poursuivit la jeune fille. Jack est plutôt mignon. Pas aussi canon que toi, mais quand même.

— Et… ?

— Et, bon… Le bal de promo approche, et… Il a dit qu'il m'accompagnerait !

Ben réprima un grognement. Tout le monde savait que bal de promo égale sexe. Surtout Jack Walker.

Ben connaissait Maddy depuis toujours. Il la considérait un peu comme sa petite sœur. L'idée que quelqu'un puisse profiter de son innocence le révoltait – alors qu'il avait lui-même beaucoup de mal à ne pas la mater comme un vieux pervers quand elle se baladait avec ce peignoir. Peut-être avait-il le cœur trop tendre. Il prenait toujours parti pour le plus faible. De son point de vue, le monde en général – et Beverly Hills en particulier – était rempli de cruauté et d'égoïsme. Il avait grandi parmi des gens sans scrupules, et il ne voulait pas leur ressembler.

— Vous y allez en copains, pas vrai ?

— Oh, toi ! (Maddy éclata de rire.) Si tu savais comme je suis excitée ! Jack doit être quelqu'un de bien puisque c'est ton ami ; je sais que je peux lui faire confiance. Je voulais juste te dire merci.

Elle bondit vers son lit et l'étreignit avec force. Etait-ce juste son imagination, ou se serra-t-elle contre lui un peu plus longtemps que nécessaire ? Seule une mince épaisseur de soie séparait son ample poitrine du torse nu de Ben. Mal à l'aise, il se dégagea.

— C'est super, Maddy.

La jeune fille ne bougea pas.

— On en reparlera demain, d'accord ?

Comprenant qu'il voulait rester seul, Maddy se dirigea vers la porte, se retourna pour lui faire un signe de la main et disparut dans le couloir. Il se leva et referma la porte derrière elle.

Et merde. Maddy pensait que Jack devait être quelqu'un de bien parce qu'il l'avait choisi pour ami. Le problème, c'est qu'en matière de filles, Jack était tout sauf fiable. Maddy n'était pas prête à gérer une relation avec lui, et Ben ne voyait absolument pas ce qu'il pouvait y faire.

Son nouveau camarade de jeu

Cammie et son père étaient assis à l'une des tables de verre rondes, au piano-bar du Bel Air. L'*über*-agent Clark Sheppard était venu retrouver sa fille en sortant du bureau. Il portait un de ses traditionnels costumes gris faits-sur-mesure-à-Hong Kong, une chemise bleu clair et une élégante cravate lavande. A cette heure-ci, le bar affichait presque complet. Parmi les touristes en goguette et les acteurs désireux de se détendre après une rude journée de tournage, Cammie reconnut Vince Vaughn et deux de ses amis, qui regardaient le match des Dodgers à la télé fixée au-dessus du comptoir.

Elle était tellement déprimée que même les deux martinis Grey Goose aux airelles qu'elle venait de descendre coup sur coup n'avaient rien pu y faire. (Ce cocktail qui faisait fureur du côté ouest de L.A. consistait à ajouter très exactement sept airelles bien mûres dans un martini Grey Goose avant de le passer au shaker ; les secousses attendrissaient les baies sans les écraser.)

Après avoir planté Adam sur la plage, elle l'avait appelé pour s'excuser. Pas parce qu'elle avait jugé son initiative déplacée – elle n'avait pas changé d'avis sur ce point : il n'aurait pas dû parler à ses parents sans lui demander sa permission –, mais parce qu'elle avait mal réagi. Elle aurait dû s'expliquer calmement avec lui.

Comme d'habitude, Adam s'était montré ultra compréhensif. Il pensait toujours que ses parents étaient les mieux placés pour découvrir la vérité au sujet de sa mère, mais la décision appartenait à Cammie. Si elle ne voulait pas poursuivre les investigations, il s'inclinerait. Ils allaient toujours au bal de promo ensemble, pas vrai ?

Une partie de Cammie était satisfaite par cette réponse. L'autre partie souhaitait qu'Adam ait les couilles de la traiter d'emmerdeuse. Un jour, elle finirait par pousser le bouchon trop loin – à dessein, peut-être. Seigneur Dieu... Quel genre de fille pouvait faire ça ? Pourquoi s'obstinait-elle à provoquer des crises inutiles ? L'amour, le sexe et le danger étaient-ils intimement liés dans sa tête ? Elle n'arrêtait pas de se moquer de Sam parce que son amie voyait régulièrement le docteur Fred. Peut-être aurait-elle besoin de consulter, elle aussi.

Toute la journée, elle avait pensé à sa mère. Quand elle l'avait croisé le matin, son père n'avait pas fait la moindre allusion à l'anniversaire de sa défunte épouse. En rentrant d'Ojai, Cammie l'avait appelé à l'agence pour lui demander s'il voulait bien boire un verre avec elle en sortant du travail. Elle avait suggéré qu'ils se retrouvent au Bel Air, pensant qu'elle en profiterait pour visiter et réserver la meilleure suite de l'hôtel pour le soir du bal de promo.

La suite Mayer avait tout juste satisfait ses critères de confort minimum. Baptisée d'après le magnat du cinéma Louis Mayer, qui l'avait fait décorer dans le même style Art Déco que la suite de son film *Grand Hôtel*, c'était le genre d'endroit que les guides Zagat décrivent comme possédant « un charme désuet » – ce qui signifiait qu'il n'y avait pas de bidet dans la salle de bains et que la douche n'était munie que d'une seule pomme. Néanmoins, elle était située au dernier étage, et le Bel Air n'en avait pas de plus belle. Adam et Cammie pourraient toujours s'y réfugier quand ils seraient las de danser.

Prendre un verre avec son père... Cammie s'était attendue à ce qu'il la déçoive, et elle avait eu raison. Son menton orné d'une fossette tremblotait tandis qu'il lui racontait sa journée, évoquant les divers projets excitants que gérait son agence et les gens qui l'avaient harcelé cette semaine. Comme si elle s'en souciait. Pourquoi n'abordait-il jamais de sujets personnels ?

— C'était de la folie, s'exclama Clark Sheppard sans réaliser le manque d'intérêt de sa fille. J'étais là, avec Harvey en ligne d'un côté et le manager de Renee de l'autre, en train de dire à Harvey que je pouvais lui avoir Renee pour cinq millions de moins que sa cote, et de dire au manager de Renee qu'en plus de lui verser sa cote, Harvey lui filerait une habilleuse, une maquilleuse et un jet privé pour sa tournée promotionnelle.

Cammie finit son martini.

— Laisse-moi deviner : tu as trouvé un moyen de les contenter tous les deux.

Son père grimaça en faisant tourner le pied de son verre entre ses doigts.

— Rien ne me rend plus heureux que de baiser Harvey. Il m'a entubé tellement de fois...

Une sonnerie discrète l'interrompit. Il consulta l'écran de son portable.

— Une seconde, ma chérie. Je dois prendre cet appel.

Cammie haussa les épaules et chercha la serveuse du regard. Elle voulait un autre verre. Pendant ce temps, son père se lança dans une conversation qui se mua très vite en négociation serrée. Trois minutes plus tard, il marmonna un au revoir, referma son téléphone à clapet d'un geste coléreux et se leva.

— Je dois retourner à l'agence, aboya-t-il en jetant un billet de cinquante dollars sur la table. Harvey a encore fait des siennes. On se voit à la maison.

— Ça m'étonnerait, répliqua Cammie sur un ton égal.

— Que veux-tu dire ?

— Juste que tu ne rentreras pas avant minuit. Je connais le film par cœur.

Clark ricana.

— Tu pourrais remettre ta tentative de culpabilisation à une autre fois, Camille ?

— Aujourd'hui, c'était l'anniversaire de maman.

Un silence. Il se rassit lourdement.

— Alors, c'est pour ça, tout ce cinéma...

— Tu avais oublié. Ça me surprend pas.

— Et merde. (Il passa une main dans ses cheveux argentés.) J'ai déjà du mal à retenir les dates d'anniversaire des vivants, Cam. Tu le sais bien.

La jeune fille détourna les yeux.

— Oui.

— Que voulais-tu que je fasse : que je lui envoie une carte ? (Il se pencha vers elle.) Ta mère sera toujours dans mon cœur. Mais je suis marié avec quelqu'un d'autre à présent. Ma vie continue. Il faut que j'avance.

Cammie sentit son estomac se nouer.

— Je n'ai pas dû recevoir le mémo qui me demandait d'en faire autant, grinça-t-elle.

— Ecoute, je sais que c'est dur pour toi. (Son père se releva.) Si je rentre à une heure décente, je viendrai te voir, et on parlera. D'accord ?

— … M'en fous.

— « M'en fous », répéta-t-il d'un air dégoûté. Tu as quoi, douze ans ? Tu ne peux pas trouver un meilleur moyen de me communiquer ton mépris ?

Cammie le fixa froidement.

— Que penses-tu de « va te faire foutre » ? Tu préfères ?

— Excuse-moi de gagner notre vie.

Furieux, son père s'éloigna.

Dieu qu'elle adorait ces moments chaleureux en famille. Après toutes ces années, elle était vraiment stupide de continuer à espérer que Clark Sheppard deviendrait un père décent. Et encore plus stupide de se sentir blessée quand il s'avérait qu'elle s'était mis le doigt dans l'œil.

La jolie serveuse au nez retroussé et aux cheveux auburn coupés net sous le menton déposa un autre martini aux airelles devant elle.

— De la part du gentleman assis au comptoir, dit-elle en lui tendant une serviette. Il vous a écrit un mot là-dessus.

Cammie déplia la serviette. *Vous êtes la plus jolie fille de toute la salle. Accepteriez-vous de prendre un verre avec moi ?* C'était une entrée en matière éculée, mais qui la ravissait toujours autant.

Pour remonter le moral d'une fille, rien de tel que la complimenter sur son physique. Elle portait une tunique en soie et dentelle jaune canari Twelfth Street par Cynthia Vincent, dont l'ourlet asymétrique effrangé dissimulait tout juste son string La Perla. La décence aurait voulu qu'elle enfile un pantalon dessous, mais la décence était le dernier de ses soucis. Elle préférait montrer ses longues jambes bronzées et ses sandales dorées Michael Kors à semelle de liège compensée.

Elle jeta un coup d'œil paresseux vers le comptoir. Un acteur d'environ vingt-cinq ans, qui avait tourné avec Orlando Bloom dans ce film situé en plein cœur du désert. Et, à côté de lui, un autre acteur qui lui sourit en agitant la main. Elle se souvenait vaguement l'avoir vu dans une série télé où il jouait un jeune docteur rebelle. Ses cheveux couleur de sable étaient courts et bouclés ; il portait un T-shirt gris à manches courtes sur un T-shirt vert olive à manches longues, plus un Levis. Très Justin Timberlake.

Cammie porta le martini à ses lèvres en lui rendant l'ombre d'un sourire. Prenant cela pour une invitation, il saisit son propre verre et la rejoignit à sa table.

— Salut, dit-il en se glissant dans une des chaises violettes capitonnées. Je suis…

— Je sais qui tu es, coupa Cammie. Tu aimes jouer au docteur ?

Elle avait fait exprès de lui poser une question à double sens.

— Je suis plutôt doué pour ça, grimaça-t-il. Et toi, tu es… ?

— Cammie Sheppard.

Il acquiesça.

— J'avais reconnu ton père. Je pensais que tu étais une de ses clientes. (Il but une gorgée de ce qui ressemblait à un whisky avec glace.) Donc… Clark Sheppard a une fille.

— Nous venons juste de l'établir.

Il l'étudia un moment.

— Tu es vraiment sensationnelle, tu sais.

Cammie sirota son martini et ne répondit pas. C'était un jeu qu'elle connaissait bien et qu'elle adorait. L'art du flirt. La satisfaction jouissive de susciter le désir d'un homme. Bref, tous les bons côtés d'une aventure illicite sans les inconvénients.

Ils bavardèrent un moment. Le jeune acteur vivait dans le quartier et traînait souvent au bar du Bel Air, dont il aimait l'ambiance Vieil Hollywood. Quand vint son tour, Cammie mentit et raconta qu'elle était en première année à l'USC[1], juste pour le fun. Manque de bol, le jeune acteur avait étudié là-bas, et il voulut savoir si elle connaissait ses anciens amis. Il entreprit de lui en dresser la liste – comme si ça pouvait l'intéresser ! Cette conversation ennuyait monumentalement Cammie. A l'instant où elle allait envoyer paître le jeune acteur, celui-ci mentionna qu'il avait du hasch thaï « qui tuait » ; un de ses potes le lui avait ramené d'un voyage à Phuket. Avait-elle envie de goûter ?

Cammie n'eut pas à réfléchir longtemps. La réalité était tellement pourrie ; elle ne voyait aucune raison de ne pas se mettre la tête à l'envers. Le jeune acteur suggéra qu'ils fument dans les toilettes du premier étage, qui n'abritait que des salles de conférence toutes vides à dix heures du soir.

Il avait raison. Le vestiaire aux carreaux noir et blanc vintage était désert. Ils ne prirent même pas la peine d'allumer : le clair de lune entrait à flots par les fenêtres du vestiaire. Ils s'assirent ensemble sur le canapé de velours rouge qui faisait face aux lavabos. Le jeune acteur sortit un gros joint de sa poche, l'alluma et aspira une énorme bouffée de hasch avant de le passer à Cammie.

— Putaaaain, comme c'est bon, râla-t-il.

Cammie tira une taffe avant de rendre le joint à son nouveau camarade de jeu. Son revirement d'attitude fut instantané. Pourquoi se prendre la tête avec son père ? Il était ce qu'il était ; il ne changerait jamais.

Quand il ne resta du joint qu'un mégot en carton brûlant, le jeune acteur tendit la main pour le récupérer. D'une pichenette négligente, Cammie le projeta dans la poubelle.

— Excellent, se félicita-t-elle. J'avais bien besoin d'un petit remontant.

Une lueur intéressée passa dans les yeux vitreux du jeune acteur.

— Ah ouais ?

1. Université du Sud de la Californie. *(N.d.T.)*

Il se pencha vers elle et l'embrassa.

Bah, qu'est-ce que ça pouvait bien faire ? Ce n'était qu'un baiser. *Embrasser n'est pas tromper*, songea Cammie en le lui rendant. Le jeune acteur ne se débrouillait pas mal, mais ce n'était pas Adam. *Mon Dieu. Je deviens tellement sentimentale que ça me donne envie de vomir.* Elle le repoussa doucement.

— Ça ne va pas être possible.

Le jeune acteur haussa les épaules.

— Ça valait le coup d'essayer. Quoi que… Ton père est un vrai fils de pute. Si je couchais avec toi, il serait bien capable de me faire descendre.

Tous deux trouvèrent ce commentaire hilarant. Ils rirent jusqu'à manquer de souffle, puis redescendirent au bar. Cammie embrassa une dernière fois le jeune acteur sur les lèvres et s'en alla – défoncée et plus qu'à moitié soûle, mais bêtement fière d'elle. Elle ne s'était pas envoyée en l'air avec lui juste pour se prouver qu'elle pouvait séduire n'importe quel mâle hétéro non aveugle, fût-il canon et célèbre.

Adam avait peut-être raison. Elle était sans doute en train de changer.

Une toge-party pour fêter la fin de nos études

Cammie avait déjà passé sa commande à Stephen, le nouveau cuisinier que son père et Patricia testaient pendant toutes les matinées de la semaine en cours avant de virer Ricardo, l'actuel cuisinier qui préparait leur dîner quatre jours par semaine et trois de leurs repas le week-end. Elle avait réclamé par l'interphone deux œufs bruns organiques à la coque, un croissant avec une tranche de brie fondue sur le dessus, un petit verre de jus de pamplemousse fraîchement pressé et une chope de café de Sumatra avec deux cuillères de crème fraîche et un sachet de Canderel.

Quand elle descendit à la cuisine un quart d'heure plus tard – prête pour le lycée avec sa jupe à fleurs verte et blanche style sarong, de chez Notice, et sa brassière blanche Hot Kiss –, elle fut ravie de voir que son petit déjeuner était déjà servi sur la nouvelle table Thomas Bell au plateau formé de carreaux noirs et de carrés de verre blanc. Elle prit place dans l'une des six chaises en fer forgé à l'assise rembourrée. Stephen s'affairait devant le fourneau doté de trois fours et d'une dizaine de brûleurs à gaz. Son père, Patricia et sa haïssable demi-sœur Mia – une gamine de quatorze ans, née du premier mariage de Patricia, qui vivait avec eux depuis quelques mois – étaient déjà en train de manger.

Le père de Cammie portait son costume gris habituel et lisait le *Los Angeles Times* (petit truc pour distinguer les agents des producteurs à Hollywood : les premiers sont toujours en costume, les seconds toujours en jean). Patricia avait ressorti sa robe Monique en soie mauve à motif cachemire et lisait le *Hollywood Reporter*. Penchée sur un manuel de physique, Mia apprenait la leçon qu'elle avait négligée la veille au soir. Cammie constata avec satisfaction qu'elle portait ses propres vêtements.

— 'Jour, grogna son père en daignant à peine lever les yeux de son journal.

Ni Patricia ni Mia ne la saluèrent. Ça n'avait rien d'étonnant. Sa belle-mère et elle n'étaient pas en très bons termes, et Mia et elle ne se parlaient plus depuis qu'elle avait surpris sa demi-sœur avec son bustier lacé noir Dolce & Gabbana flambant neuf sur le dos, quelques jours auparavant. Pour se venger, elle avait été fouiller dans la penderie de Mia et, à l'aide d'un sécateur pris dans la cabane à outils du jardinier, avait fait des confettis de son blouson en cuir préféré.

Cammie but son café en se remémorant la soirée de la veille. D'accord, elle avait un peu flirté avec Docteur Rock'n'roll. Mais elle était restée fidèle à Adam, et, plus important encore, elle était restée fidèle à elle-même. Son père était plongé dans le cahier Art de Vivre ; il lisait la critique du dernier Martin Scorsese qui ne remporterait pas d'Oscar aussi bon soit-il. De même pour la discussion qu'il lui avait promise. Il ne s'en rappelait même pas.

Cammie saisit le reste du journal abandonné sur la table et parcourut les gros titres. Le maire devait rencontrer le gouverneur à Sacramento. Youpi. Les Russes avaient envoyé d'autres cosmonautes à la Station Spatiale Internationale. Double youpi. Le prix de l'essence avait atteint de nouveaux sommets en Californie. Bâillement. Le Grand Hôtel Bel Air avait été ravagé par les flammes. *Et un bal de promo qui part en fumée, un !* songea-t-elle, plus soulagée que déçue.

Elle agita le journal sous le nez de son père.

— Tu as vu ça ?

Clark jeta un coup d'œil à la une.

— Oui. Dommage, hein ? Quand je pense qu'on y était hier soir...

Cammie parcourut rapidement l'article. L'incendie n'avait pas fait de victimes, mais l'hôtel était en cendres. En l'absence de sprinklers, il s'était consumé comme un fétu de paille. Le feu avait apparemment démarré dans la poubelle des toilettes du premier étage, avant de se propager à…

Catastrophe.

Elle était montée aux toilettes du premier étage avec son nouveau camarade de jeu. Elle se souvenait vaguement avoir jeté le mégot brûlant à la poubelle avant qu'il l'embrasse. Avait-elle pensé à l'éteindre d'abord ?

Double catastrophe. Elle était une putain de criminelle.

— Cammie ?

Elle leva les yeux du *Times*. Mia la fixait.

— Tu n'as pas l'air dans ton assiette.

— Merci. Moi aussi, je t'adore, railla Cammie pour masquer son atterrement.

Oh mon Dieu, je suis responsable de la destruction d'un site légendaire ! Une légende qui sentait la naphtaline, certes, mais c'était toujours mieux que d'empester le brûlé.

Cammie se mordilla la lèvre inférieure sans se soucier d'avaler son gloss Tarte. Les pompiers et les enquêteurs de la police pouvaient-ils remonter jusqu'à elle ? Probablement pas. Docteur Rock'n'roll n'oserait rien dire : il préférerait se taire que d'avouer ce qu'il était en train de faire avec elle dans les toilettes.

Mais même si personne ne découvrait qu'elle était responsable de l'incendie, elle le saurait, elle. Et cela lui inspirait un sentiment étrange – un sentiment inconnu jusque-là.

De la culpabilité.

— Excusez-moi, mademoiselle Camille, appela une des domestiques en entrant dans la cuisine.

Comment s'appelait-elle, déjà ? Svetlana, ou quelque chose comme ça. Elle semblait capable de casser des briques à mains nues.

— Une de vos amies est à la porte. Sam Sharpe.

Miséricorde ! Sam avait tout découvert. La police devait déjà être sur sa piste, elle aussi. Cela signifiait-il qu'elle recevrait son diplôme de fins d'études secondaires en prison ?

Cammie ouvrit la porte sur un soleil éblouissant. Sam se tenait devant elle, vêtue d'un jean et d'un T-shirt moulant Roberto Cavalli. A la main, elle tenait le *Los Angeles Times* qu'elle agita sous le nez de son amie.

— Tu as vu ça ?

— Evidemment.

Plusieurs serins s'envolèrent de l'énorme mangeoire que Svetlana avait érigée à droite de la porte.

— Qu'est-ce qui t'amène ici de si bon matin ? Tu es venue observer les oiseaux ?

— Je n'étais pas d'humeur à me coltiner un petit déj' en famille, répondit Sam. (Du menton, elle désigna le journal.) Quel genre de crétin peut bien jeter un mégot allumé dans une poubelle ?

Cammie sentit le rouge lui monter aux joues.

— Quelqu'un qui déteste les vieux hôtels ringards ? lâcha-t-elle sur un ton qui se voulait désinvolte. De toute façon, qu'est-ce que ça peut bien faire ?

— Le bal de promo est foutu, se lamenta Sam.

Cammie mit sa main en visière pour se protéger contre le soleil.

— C'est ce que je dis depuis le début. On n'a qu'à faire autre chose. Aller à Rio en jet, par exemple.

— Ton petit ami voulait assister à cette soirée, lui rappela Sam. Ne crois pas t'en tirer à si bon compte : je vais tout arranger. J'ai déjà appelé les prom-prom girls. Elles voulaient faire ça dans le gymnase du lycée, avec des guirlandes en papier accrochées aux paniers de basket et une boule disco au plafond. J'ai eu un mal fou à les en dissuader.

Cammie souleva ses cheveux. Il faisait tellement chaud ! Deux minutes sur le pas de la porte et elle ruisselait déjà.

— C'est gentil de t'en occuper. Je ne te savais pas si attachée aux traditions.

— Ce n'est pas une question de tradition, mais de... Attends un peu. Je t'ai parlé de mon film, pas vrai ?

— Non. Quel film ?

— Un documentaire qui devrait lancer ma carrière de réalisatrice.

— Quel rapport avec notre bal de promo ?

— Essaie d'imaginer tous les LIP du lycée de Beverly Hills en train de se préparer pour cette soirée, de chercher désespérément le moyen de se faire inscrire sur la liste VIP. Mon propos, c'est un commentaire sur la hiérarchie sociale dans le milieu des ados riches et célèbres, expliqua Sam avec animation. Le bal de promo est un microcosme parfait pour observer leurs rapports. J'ai promis aux LIP que je les aiderais à tout organiser et à faire venir les VIP.

— Et en tant que LIP, ils ne se rendent pas compte du désespoir qui suinte par tous leurs pores – mais la caméra, elle, ne verra que ça, acheva Cammie d'un air approbateur.

En vérité, c'était très astucieux de la part de Sam.

— Jazz et Fee pensent qu'elles vont devenir des stars de cinéma, gloussa Sam.

Cammie sourit.

— Tu viens de prouver que tu es un génie maléfique, et donc digne de mon amitié.

— J'ai pensé étendre le concept à d'autres bals de promo, histoire de montrer comment ça se passe dans des endroits et des milieux différents.

— Tu veux interroger Mia ? Elle va à l'école dans la Vallée – autant dire, sur une autre planète que la nôtre.

Sam secoua la tête.

— J'ai trop de choses à faire ; je ne peux rester qu'une minute.

— Tu as déjà une idée de l'endroit où tu pourrais déplacer la soirée ?

— Oui. Tu sais que mon père est en train de tourner un remake de *Ben-Hur* ?

— Evidemment.

Toute la ville en parlait. La moitié des gens du métier étaient consternés à l'idée que Jackson Sharpe massacre un classique du genre ; l'autre moitié avait hâte de voir ce que donnerait un péplum réalisé avec les moyens techniques et financiers du XXIe siècle.

— Il a fait construire une réplique du Colisée à la sortie de Palmdale pour la grande course de chariots. Et il n'a pas prévu de tourner là-bas le soir du bal de promo. Donc, les producteurs veulent bien nous laisser squatter – il les a appelés ce matin pour le leur demander.

— Une toge-party pour fêter la fin de nos études secondaires ? (Cammie plissa le nez.) Ça ne fait pas un peu *Animal House*[1] ?

Sam éclata de rire.

— Tu t'habilleras comme tu veux. Moi, je trouve ça génial de juxtaposer deux décadences débridées – celle de la Rome antique et celle de notre bal de promo. C'est tellement parfait que j'ai envie de m'embrasser !

Cammie acquiesça.

— J'avoue que sur ce coup-là, je suis impressionnée.

— Assez pour me donner un coup de main vendredi soir ? demanda Sam. J'ai un million de trucs à faire et quasiment pas de temps pour les faire.

Cammie réfléchit. Elle se sentait vraiment coupable d'avoir fait brûler le Grand Hôtel Bel Air. Aider Sam, ce serait un peu faire pénitence. Elle aurait aimé pouvoir l'expliquer à son amie, qui appréciait l'ironie plus que n'importe quelle autre personne de sa connaissance. Mais comme elle ne pouvait pas, elle se contenta de dire oui.

1. Film mettant en scène une bande de joyeux drilles qui sévit sur un campus américain. *(N.d.T.)*

Euh, c'est mon peignoir

— Le décor de la course de chars de *Ben-Hur*, conclut Anna.

Elle venait de raconter à Ben les dernières péripéties survenues dans la saga du bal de promo, telles que Sam les lui avait relatées le jour même au lycée. En formation pour son job d'été, Ben n'avait ni lu le journal ni écouté les infos. Il était venu la chercher à huit heures pour aller dîner. Il portait un jean baggy Lucky – très discret, donc très sexy – et un polo Lacoste bleu ciel. Comme ils avaient décidé de faire décontracté, Anna avait opté pour un jean, un T-shirt blanc et son gilet en flanelle grise préféré.

— Un décor de cinéma pour un bal de promo, s'émerveilla Ben en guidant sa BMW noire vers l'échangeur qui permettait de passer de la 405 à la 101 nord. Ça, c'est du Sam tout craché.

— Jamais à bout de ressources, acquiesça Anna.

Le soleil se couchait à peine ; à l'horizon, le ciel se parait de couleurs spectaculaires – le côté positif de la pollution rampante à Los Angeles.

— J'aimais bien ce vieil hôtel, lança Ben en changeant de file. Une cliente de mon père descendait là-bas chaque fois qu'elle venait tourner un film. Quand j'avais une quinzaine d'années, elle m'a refilé la clé de sa suite en douce et invité à lui rendre visite le soir même.

Anna grimaça.

— Dis-moi qu'elle avait moins de trente ans.

— Malheureusement, elle en était loin.

— Maintenant, dis-moi que tu as refusé.

Les yeux pétillant de malice, Ben posa la main droite sur son cœur.

— J'ai l'air du genre de type qui se vante de ses conquêtes ?

Anna le dévisagea.

— Non, mais tu as l'air extrêmement content de toi.

— Ce que tu peux être facile à taquiner ! Evidemment que j'ai refusé. (Un embouteillage – après tout, c'était à peine la fin de l'heure de pointe – força Ben à freiner.) Sam est vraiment douée pour obtenir ce qu'elle veut. La moitié des lycées de la ville organisent leur bal de promo vendredi soir, et l'autre moitié samedi. Tous les endroits décents sont réservés depuis des mois.

— C'est pareil à New York. Où allons-nous ? interrogea Anna.

— Nulle part, si la circulation ne se débloque pas.

— Je ne m'attendais pas à ce que tu m'emmènes dans la Vallée.

— Tu ne vis pas ici depuis assez longtemps pour snober la vallée de San Fernando.

— Le pays des masses laborieuses ? plaisanta Anna. C'est comme ça que Cammie l'appelle. Je ne suis pas snob, et tu le sais bien. Mais ça ne répond pas à ma question.

— De quelle couleur est ta robe de bal ?

— Pourquoi me demandes-tu ça ?

Ben éclata de rire.

— J'essayais de changer adroitement de sujet pour ne pas devoir te répondre.

— Donc, tu ne veux pas que je sache où nous allons.

— Exactement. Disons juste que ce soir, tu auras l'opportunité d'essayer quelque chose de nouveau pour toi.

Un vieil homme en haillons, portant un sac en plastique sur son épaule, marchait le long du trottoir qui bordait la voie express.

— Pauvre bougre, murmura Ben.

Anna secoua la tête.

— C'est bizarre. Ma mère se démène pour un tas d'œuvres de bienfaisance, mais elle ne choisit que des causes chic : les musées, l'orchestre symphonique, le ballet… Si elle croisait cet homme en train de mendier dans la rue, elle ne le verrait même pas.

Ben lui jeta un coup d'œil, puis reporta son attention sur la route.

— Tu ne lui ressembles pas du tout, tu sais.

Elle sourit.

— Tu vas peut-être me trouver affreuse, mais c'est la chose la plus gentille que tu m'aies jamais dite.

Depuis qu'elle avait rencontré Ben dans l'avion, elle adorait son assurance : elle trouvait que ça le rendait sexy. Mais ce qui la faisait craquer par-dessus tout, c'était son absence totale d'arrogance, sa gentillesse sincère. Il se souciait réellement des autres et détestait qu'on leur fasse du mal.

Elle ouvrit la console où il rangeait ses CD. Elle savait déjà que Flogging Molly serait sur le dessus, parce que c'était son groupe préféré du moment. Mais elle avait envie d'écouter autre chose.

— Ani DiFranco ? Qui c'est ?

— Une chanteuse de rock alternatif. Elle était assez connue à la fin des années quatre-vingt-dix. (Du menton, Ben désigna le CD.) C'est à Maddy. Elle voulait que je l'écoute. (Il mit son clignotant et se rabattit dans la file de droite, puis prit la sortie de Coldwater Canyon vers Studio City.) Son bal de promo aura lieu le lendemain du tien.

Maddy. Ces derniers temps, Anna ne pouvait pas avoir une seule conversation avec lui sans qu'il mentionne la jeune fille.

— C'est bien, commenta-t-elle en s'efforçant de réprimer son aigreur – car elle avait l'impression que Maddy s'intéressait à son petit ami d'une manière beaucoup plus qu'amicale.

— Elle y va avec Jack, poursuivit Ben.

Dieu merci.

— C'est super ! s'exclama Anna, sans se forcer cette fois.

Elle vit son petit ami froncer les sourcils.

— Non ?

Ben gonfla les joues et souffla.

— Ecoute, Jack est un de mes meilleurs potes, mais… (Il

hésita.) Tu te souviens de l'époque où je sortais avec plein de filles, et où je t'ai dit que tous les hommes étaient des salauds ?

— Comment aurais-je pu oublier tant de poésie ? plaisanta Anna.

— Et bien, Jack... Jack est un assez bon exemple de coureur de jupons impénitent.

Il tourna à gauche dans Ventura Boulevard, l'artère principale de la Vallée. Elle était aussi encombrée que la 101.

— Tu t'inquiètes pour Maddy, devina Anna.

— Evidemment ! C'est la dernière des innocentes, je te jure. Elle n'est pas de taille à se défendre contre Jack Walker.

Anna remit le CD d'Ani DiFranco dans la console.

— Tu devrais te détendre. Maddy a déjà fait des choses beaucoup plus difficiles qu'aller à un bal de promo avec Jack. Elle est venue s'installer dans une ville inconnue...

— Toi aussi.

— Mais je ne me suis pas fait poser un anneau gastrique.

— Les gamins de son lycée continuent à se moquer d'elle, tu sais. C'est fou ce que les gens peuvent être cruels.

— Je trouve ça génial que tu te comportes comme son grand frère, mais je pense vraiment que Maddy est solide. Et peut-être prête à vivre des expériences nouvelles.

— Peut-être, lâcha Ben sur un ton dubitatif.

Il tourna à droite et s'arrêta près d'une guérite de voiturier, devant un bâtiment de bois sombre. SWINGERS[1], annonçait l'enseigne en lettres d'or.

Non. Impossible. Anna avait lu quelque part que la Vallée était la capitale de l'industrie du porno. Ben l'avait amenée dans un club d'échangistes ? C'était ça, la chose nouvelle qu'il voulait lui faire essayer ? Comment avait-il pu... ?

Elle croisa les bras sur sa poitrine.

— Il est hors de question que je rentre là-dedans.

Ben ouvrit de grands yeux innocents.

— Où est le problème ?

1. En anglais, *swingers* signifie « échangistes ». *(N.d.T.)*

Le voiturier en uniforme noir s'approcha pour ouvrir la portière d'Anna. Elle agrippa ses accoudoirs comme pour signifier qu'elle ne bougerait pas de la voiture.

— Tu le sais très bien ! Et tu as le culot de traiter Jack de salaud ?

Ben haussa les épaules d'un air perplexe.

— On peut partir si tu y tiens vraiment. Je pensais juste que ça serait sympa de s'entraîner au swing avant ton bal de promo.

Oh. Il ne s'agissait pas d'une pratique sexuelle répugnante, mais de danse.

Anna donna un léger coup de poing dans l'épaule de son petit ami.

— Très drôle !

Ben rejeta la tête en arrière et rit si fort que des larmes coulèrent au coin de ses yeux.

— Si tu voyais ta tête !

— Tu... Tu..., bégaya Anna.

— Je suis désolé, d'accord, dit-il en reprenant son souffle.

Anna n'était pas en colère. Maintenant qu'elle savait que c'était juste une plaisanterie, elle trouvait ça hilarant.

— Attends un peu, Ben Birnbaum. Ça va se payer, lui promit-elle avec son sourire le plus éblouissant.

Ben sortit de la douche. Il riait encore de la réaction d'Anna quand il s'était garé devant le Swingers. Sa petite amie paraissait si réservée, si sophistiquée ; ça l'amusait beaucoup de briser sa façade de maturité et d'élégance. Il avait vu une facette d'elle que peu de gens devaient connaître : celle qui était capable de s'abandonner à la passion et de lui faire perdre la tête.

Et ce n'était pas la seule chose qui l'attirait chez elle. Anna était sensible, cultivée, intelligente. Tous deux trouvaient leur parent du même sexe désespérément superficiel. Tous deux voulaient protéger les gens qu'ils aimaient. Dans le fond, ils avaient beaucoup de choses en commun. Et puis, Ben ne s'ennuyait jamais avec Anna. Elle ne cessait de le surprendre, aujourd'hui encore. Il s'était avéré qu'elle savait déjà danser le swing : elle avait pris des leçons dans le cadre d'un rallye, où les enfants de la haute bourgeoisie new-yorkaise apprenaient à se conduire dans la bonne société. Elle lui avait raconté toutes les bêtises qu'elle avait faites là-bas avec sa meilleure amie Cyn.

Ben tendit la main pour saisir le peignoir en éponge blanche accroché derrière la porte de la salle de bains. La patère était vide. *Hein ?* Pourtant, il le mettait toujours là. Tant pis. Il enroula une serviette autour de sa taille et se dirigea vers sa chambre. Usher hululait dans la chambre de Maddy. Comme la porte était entrouverte, Ben vit que la jeune fille n'était pas seule. Elle dansait le slow avec Jack. Leurs corps étaient aussi près qu'ils pouvaient l'être sans se toucher.

Le mystère du peignoir disparu était résolu : il se trouvait sur le dos de Maddy.

— Hé, appela Ben.

Maddy et Jack pivotèrent vers lui.

— Salut, mon pote. Comment ça va ? lança Jack. Maddy voulait s'entraîner pour son bal de promo.

Ben ne savait pas trop comment réagir.

— A la base, Jack était venu pour te voir, expliqua précipitamment la jeune fille en baissant le volume de son lecteur de CD. Mais tu n'étais pas là. Et j'ai pensé que je n'avais pas beaucoup d'entraînement en matière de danse – parce que jusqu'à cette année, aucun garçon n'arrivait à faire le tour de ma taille avec ses bras. Alors…

— Euh, c'est mon peignoir que tu portes, fit remarquer Ben.

— Je suis désolée. Mais le mien est au sale, et j'étais sûre que ça ne t'embêterait pas. (Maddy fit mine de défaire la ceinture.) Tu veux le récupérer ?

— Non, ça ira. (Ben se tourna vers son ami.) Jack, je suppose que tu allais rentrer, dit-il sur un ton entendu. Je vais te raccompagner.

— Si tu veux. (Jack embrassa Maddy sur la joue.) Je t'appelle, d'accord ?

— D'accord.

Les deux jeunes gens redescendirent au rez-de-chaussée. Mais arrivé devant la porte d'entrée, Ben se plaça face à Jack pour lui bloquer le chemin.

— Tu peux m'expliquer ce que tu fiches avec elle ? gronda-t-il.

Surpris, Jack leva les mains.

— Ouah, pas la peine de t'énerver. Il n'y a rien de spécial entre nous.

— Ça n'en avait pas l'air tout à l'heure, répliqua sèchement Ben.

— Tu te fais des idées, mon pote.

— Ecoute, Maddy a la maturité sociale d'une gamine de quatorze ans, pas plus. Ne joue pas avec elle, Jack. Je suis sérieux.

Jack haussa les sourcils.

— Tu me crois vraiment capable de lui faire du mal ?

Ben le fixa sans ciller.

— N'oublie pas à qui tu parles. Je sais exactement de quoi tu es capable avec les filles.

— Tu ne veux même pas envisager qu'on puisse juste être amis ?

— Dernier avertissement, Jack. Fiche-lui la paix.

Jack eut un geste excédé.

— Très bien. Pense ce que tu veux. Je me casse.

Après son départ, Ben resta planté derrière la porte, passant ses options en revue. Il envisagea d'aller voir Maddy pour tout lui révéler, mais décida qu'il valait mieux s'abstenir. Demain, il trouverait un moyen de lui expliquer la dure loi de la vie. Ou… Idée géniale ! *Anna* trouverait un moyen de lui expliquer. Ça passerait sûrement mieux venant d'une fille.

Les prom-prom girls

Bien entendu, Sam n'avait encore jamais invité Jazz, Fee ni aucun membre de la liste LIP chez elle. Mais elle avait décidé que sa maison était l'endroit parfait pour effectuer les entretiens préliminaires au tournage de son film. Elle voulait que ses sujets soient éblouis et intimidés. Ainsi, ils en feraient des tonnes et paraîtraient encore plus pathétiques à l'écran.

Certes, c'était assez cruel de sa part, mais elle voulait que son documentaire obtienne l'approbation des critiques – et pour ça, il fallait qu'il soit le plus grinçant possible. Les professionnels adoraient le vitriol. C'est pour ça que *The opposite of sex*[1] s'était fait encenser et *Le temps d'un automne* descendre en flèche, même si le film de Mandy Moore avait rapporté bien plus de fric que celui de Christina Ricci. Sam culpabilisait un peu de manipuler les prom-prom girls de la sorte, mais personne n'avait jamais dit que l'art était facile. Et puis, les documentaires à succès faisaient toujours apparaître leurs protagonistes sous leur plus mauvais jour. Il suffisait de voir ceux de Michael Moore pour le comprendre.

Parker Pinelli était la personne la plus indiquée pour aider Sam dans son projet. Doté d'une ressemblance frappante avec feu le grand James Dean, Parker était de loin le garçon le plus canon du lycée de Beverly Hills. Il avait également joué de petits rôles au

1. Le film est sorti en France sous son titre original. *(N.d.T.)*

cinéma – rien de marquant, à part peut-être le baiser qu'il avait échangé à l'écran avec une certaine héritière blonde chouchou des médias, mais totalement dénuée de talent, juste avant qu'elle se fasse écraser par un bus. Du moins, dans le film.

Quoi qu'il en soit, Parker appartenait à la liste VIP. Sam était la seule à savoir que, contrairement aux suppositions de leurs camarades, il n'était pas aussi riche qu'un VIP. En fait, il n'était même pas aussi riche qu'un LIP : il était totalement fauché. Elle avait appris la vérité durant leur voyage à Las Vegas, et juré de n'en souffler mot à personne. Depuis, elle voyait Parker d'un tout autre œil. Jusque-là, elle l'avait considéré comme un aspirant acteur parmi tant d'autres – un peu plus friqué et mignon que la moyenne, mais tout aussi dépourvu de talent. Le jeune homme l'avait détrompée en exécutant une arnaque qui aurait rendu jaloux le personnage de Leonardo DiCaprio dans *Arrête-moi si tu peux*. Il était bien plus complexe et bien plus doué qu'il n'en avait l'air.

La propriété de Jackson Sharpe à Bel Air s'étendait sur quatre hectares. Le père de Sam l'avait payée sept millions de dollars (son cachet pour *Blue raider*, dans lequel il jouait une sorte de Robin des Bois qui libérait un village mexicain de l'emprise de conquistadors maléfiques, s'était monté à vingt-deux millions sans le pourcentage sur les recettes). Elle avait jadis appartenu à William Shatner, qui l'avait revendue après *Star Trek* mais avant Priceline[1].

La première chose que Jackson avait faite, c'est de démolir la villa à huit chambres pour reconstruire une maison deux fois plus grande, dont l'extérieur avait été totalement repompé sur un château suisse qui lui avait tapé dans l'œil pendant qu'il filmait le thriller *The Zurich Way*. Le château original s'enorgueillissait d'une allée qui serpentait entre des bosquets de cèdres, aussi avait-il importé des milliers de cèdres du Liban. Le château original était séparé de la route par des haies, aussi avait-il fait planter

1. Priceline est un site Internet pour lequel l'ex-capitaine Kirk a tourné de nombreuses publicités ; son cachet lui a été versé entièrement sous forme d'actions. *(N.d.T.)*

des arbustes à croissance si rapide que les touristes n'avaient eu aucune chance d'apercevoir de loin le héros de films d'action chouchou de l'Amérique.

Si la maison était assez impressionnante avec ses blocs de granit taillés à la main, ses immenses fenêtres hautes de deux étages et son allée encerclant une fontaine conçue par l'architecte I.M. Pei, le terrain alentour l'était plus encore. Durant sa phase « golfeur », Jackson avait fait installer trois parcours de trois tees chacun pour pouvoir jouer jusqu'à neuf trous sans sortir de chez lui. Il y avait également deux courts de tennis – un en gazon, un en terre battue –, plus une piscine olympique. Récemment, le bassin avait été vidé et le fond carrelé avec une mosaïque représentant un colibri en l'honneur de la seconde fille de Jackson (et demi-sœur de Sam), Ruby Colibri Sharpe. En outre, la propriété abritait trois maisons d'invités et un verger.

Sam avait tout préparé pour l'arrivée de Jazz et de Fee. Un domestique en veste blanche, qui servait également d'adversaire à Jackson lorsque celui-ci était d'humeur à jouer au tennis, prit les clés de l'Audi rouge de Fee. Le nouveau maître d'hôtel – Roger, un grand Anglais cadavérique jusque-là employé par une très célèbre romancière qui avait touché le jackpot grâce à sa série sur un jeune apprenti sorcier – se chargea d'accueillir les deux filles. Conformément aux instructions données par Sam, il ne leur fit pas traverser mais contourner la maison. Puis il les précéda dans l'escalier de pierre qui conduisait au bar du premier étage (meubles en acier ultramodernes signés O'Malley et Clarkson, système audio dernier cri). Le bar était rattaché à la piscine d'intérieur, dans laquelle se jetait une cascade. Un purificateur ionique éliminait tous les relents de chlore qui auraient pu s'infiltrer par la porte vitrée.

— Salut, lança Sam lorsque Roger fit entrer Jazz et Fee.

Elle était assise sur le canapé blanc Pampas avec Parker, qui avait posé ses pieds sur la table basse Louis XVI. Le jeune homme leva son verre pour saluer les nouvelles venues. L'équipement vidéo était déjà prêt, les caméras braquées sur une paire de tabourets de bar des années cinquante.

— Salut, répondit Fee, qui semblait extrêmement nerveuse. Oh, Parker, salut. Sam ne nous avait pas dit que tu serais là.

— Cet endroit est fabuleux, ajouta Jazz en tripotant les bagues de sa main gauche.

Alors, Sam sut qu'elle avait réussi à les déstabiliser.

— Vous êtes très en beauté, commenta Parker en faisant tinter ses glaçons dans son verre.

Il n'aurait pas pu trouver mieux à dire. Le visage des deux filles s'illumina. En réalité, Sam voyait qu'elles avaient fait beaucoup trop d'efforts – et qu'elles ne savaient absolument pas ce qui leur allait. Une erreur classique. Jazz portait un jean Earls hyper moulant et une blouse paysanne Chloé qui révélait un ventre couleur de rouille. Voilà ce qui arrive quand on force trop sur l'autobronzant. Elle avait doublé sa dose habituelle de maquillage, si bien qu'on aurait pu faire du patin à glace sur son épaisse couche de gloss LipFusion. Quant à Fee, elle arborait une tunique indienne turquoise APC, ornée de perles et de petits bous de miroir, qui pendouillait lamentablement sur sa silhouette de poteau et lui arrivait tout juste au ras des fesses. *Pourvu qu'elle n'ait pas oublié sa culotte*, songea Sam. Une douzaine de colliers – soit au moins onze de trop – pendait à son cou.

— Que voulez-vous que Roger vous apporte à boire ? demanda Sam en désignant les tabourets de bar à ses invitées. Manhattan ? Rhum cubain-Coca ? Ou peut-être un Chassagne-Montrachet 1982 ?

— Euh… Une coupe de champagne, ce sera parfait, bredouilla Jazz en promenant un regard émerveillé autour d'elle.

— Roger, deux mimosas, ordonna Sam en souriant aux deux filles. Et un Coca light pour moi. Après tout, je travaille.

— Oui, mademoiselle Sharpe, répondit le maître d'hôtel sur un ton solennel.

— Ouah, Jazz, mate un peu la vue.

Fee désigna la baie vitrée qui surplombait Los Angeles.

— Vous devriez la voir de nuit, susurra Sam. Ça ne vous dérange pas si je commence à filmer ?

— Non, non.

— Super.

Elle n'eut même pas à se lever du canapé. Tandis que Roger apportait les verres des deux filles, Sam saisit la télécommande posée sur la table basse et la pointa vers les caméras, qui se mirent automatiquement en marche.

— C'est vraiment très cool, s'extasia Jazz en buvant une gorgée de son cocktail.

Sam haussa les épaules d'un air blasé.

— Alors, vous êtes au courant pour notre nouvelle salle de bal ?

Les yeux de Fee se mirent à briller.

— J'étais effondrée quand j'ai lu que le Bel Air avait brûlé. Je me suis mise à pleurer à la table du petit déjeuner.

— Moi aussi, acquiesça Jazz. Elle m'a appelée tout de suite. J'ai pensé qu'on était foutues !

Fee secoua la tête.

— Je n'arrive toujours pas à croire que tu aies pu nous obtenir le décor du Colisée de *Ben-Hur*.

— Oui, mais ça pose tout un tas de problèmes, fit modestement remarquer Sam. Vous avez parlé au traiteur ? Il va falloir qu'il amène sa propre cuisine. Il faut contacter une compagnie de transports en commun pour mettre des navettes en place. Et chercher un endroit où organiser l'after. Le Château Marmont ou Breakers on the Beach, ça serait bien. Surtout pas le Century Plaza. Dites que vous bossez avec moi, ça devrait vous aider. Quoi d'autre ?

Pendant les dix minutes suivantes, Jazz et Fee – avec leur façon de finir les phrases l'une de l'autre, on aurait pu les considérer comme une seule personne – récitèrent à Sam la liste des modifications qu'elles avaient déjà effectuées pour s'adapter au changement de lieu. Même si elle n'en laissa rien paraître, Sam fut impressionnée par leur efficacité. En revanche, elle avait du mal à comprendre qui étaient vraiment ces deux filles. Et elle savait que pour faire un bon documentaire, elle devait entrer à l'intérieur de leur tête.

— Très bien. Tout ça est parfait, les félicita-t-elle. (Puis, afin de recadrer la discussion, elle lança d'un air complice :) Laissez-moi deviner – vous pensez à ce bal de promo depuis toujours, pas vrai ?

— Oui, gloussa Jazz. Pour te dire la vérité, j'ai commencé à découper des photos de robes de bal quand j'étais en primaire. Je les colle dans un petit classeur.

— Elle fait la même chose avec les robes de mariée qui lui plaisent, révéla Fee.

Jazz enroula une mèche de cheveux autour de son index.

— J'aime être préparée et bien organisée. Ma mère a grandi dans une communauté hippie. Elle n'est pas allée à son bal de promo, et elle s'est sauvée pour épouser mon père – en jean. Moi, je veux quelque chose de différent.

Ça, c'était intéressant. Sam avait un faible pour tout ce qui touchait aux mères depuis que la sienne avait disparu de sa vie. Jack et elle avaient divorcé quand leur fille avait neuf ans.

— Et ta mère, elle en pense quoi ? interrogea Sam.

Jazz fit tournicoter sa mèche de plus belle.

— Elle est partagée. D'un côté, elle méprise tout ce qui est matériel. De l'autre, elle m'aime et elle veut mon bonheur.

Sam sentit sa gorge se nouer. Ça devait être génial d'avoir une mère comme ça. Mais peut-être se faisait-elle des films. A Beverly Hills, les choses étaient rarement ce qu'elles semblaient sous les paillettes et les retouches photographiques.

Elle donna un léger coup de coude à Parker : le signal convenu pour que le jeune homme rejoigne les deux filles devant les caméras. Parker s'approcha de Jazz, lui prit la main et l'embrassa.

— C'est très beau, ce que tu viens de dire. (Il la fixa d'un regard pénétrant.) Ton cavalier doit être ravi d'avoir une petite amie aussi romantique, aussi passionnée…

Sam connaissait le pouvoir hypnotique des yeux de Parker. Jazz fixa le jeune homme sans répondre ni bouger.

— Et qui est l'heureux élu ? insista Parker.

— Euh… Jeremy Knowles. En fait, on ne sort pas vraiment ensemble. C'est le secrétaire du bureau des élèves.

Parker ignorait la composition du bureau des élèves, et il

s'en fichait comme d'une guigne – Sam en aurait mis sa main à couper. Pourtant, il hocha la tête d'un air désapprobateur.

— Je ne suis pas certain qu'il soit assez bien pour toi, Jazz.

— Et toi, avec qui vas-tu au bal de promo ?

— Et bien... Je sortais avec une fille, mais...

Parker déglutit et détourna les yeux comme s'il allait se mettre à pleurer.

— Tu peux nous raconter, tu sais, dit Fee en se penchant inconsciemment vers lui.

Parker fit mine d'hésiter.

— C'est une actrice... Je croyais qu'elle tenait vraiment à moi, et puis l'autre jour, je l'ai surprise dans un bar à la mode en train d'embrasser... Je ne suis pas une balance, alors disons juste, un type qui joue dans une très mauvaise série télé.

Fee lui saisit le bras.

— Jesse McCartney ? Chad Michael Murray ?

Parker secoua la tête.

— Je ne peux rien dire. Bref. Ça m'a...

— ... Brisé le cœur ? acheva Jazz à sa place.

Sam vit briller des larmes dans ses yeux. Sa première réaction fut : *C'est génial !* Sa seconde : *Je suis un monstre de les manipuler ainsi.* Mais elle n'éteignit pas les caméras pour autant.

— Je suis désolée qu'elle t'ait fait du mal, Parker, dit gentiment Jazz.

Le jeune homme hocha la tête d'un air lugubre.

— Si seulement tu n'avais pas déjà un cavalier...

Fee hoqueta.

— Oh, mon Dieu. Tu veux dire que tu l'inviterais au bal de promo ?

— Parker ! s'exclama Sam avec une indignation feinte.

Parker leva les mains.

— Pardon. C'était totalement déplacé. J'ai besoin de prendre l'air. Je reviens tout de suite.

Il sortit du bar, et Sam continua à cuisiner les deux filles. Elle était fascinée de les entendre raconter des choses aussi intimes juste parce qu'une caméra était braquée sur elles.

Une nouvelle idée lui traversa l'esprit. Quel meilleur moyen d'obtenir des confessions croustillantes que de demander aux prom-prom girls de se filmer entre elles ? Cela doublerait le nombre de ses cameramen, et donc le kilométrage de pellicule disponible pour le montage final. Coiffure, maquillage, habillage, rencontre avec le traiteur et les musiciens... Les possibilités seraient infinies. Et elles pourraient également filmer leurs amies.

Quand elle émit cette suggestion, Jazz et Fee furent si excitées qu'elles se jetèrent sur elle pour la serrer dans leurs bras et lui exprimer leur ravissement de participer au tournage des deux côtés de la caméra.

— Je mentionnerai vos noms dans le générique, promit Sam.

Après ça, les deux filles se mirent à parler en même temps dans leur hâte de tout lui révéler de leur vie. Leurs amours, leurs chagrins, leurs espoirs, leurs secrets de famille... C'était à la fois malsain et fascinant – un rêve de voyeur.

— Mes parents se disputent tout le temps, confessa Fee. Ma mère est persuadée que mon père la trompe avec les actrices qu'il coache...

Le portable de Sam sonna, interrompant la diarrhée verbale de Fee. Elle consulta le numéro affiché sur l'écran.

— Excusez-moi une seconde. C'est mon père. Il m'appelle tout le temps.

C'était un gros mensonge, mais qui l'aiderait à éblouir les prom-prom girls. Elle appuya sur un bouton et porta le téléphone à son oreille.

— Allô ?

— Salut, ma chérie, tonna la voix chaude de Jackson Sharpe.

— Salut. Comment se présente ton film ? interrogea Sam.

— Fantastiquement bien, exulta son père. Je te jure que les gens oublieront Heston. Mais il y a un petit problème. On a pris du retard, donc, il va falloir qu'on tourne vendredi soir. Je sais que tes amis et toi avez besoin du plateau pour votre bal de promo ; j'ai fait en sorte que vous l'ayez samedi soir.

La main de Sam se crispa sur son portable. C'était une très mauvaise nouvelle. Elle avait tout arrangé pour vendredi soir : la location de limousines, le traiteur, les suites d'hôtel. Elle s'était donné tant de mal – et à présent, ses préparatifs tombaient à l'eau. Mais Jazz et Fee ne devaient pas savoir combien elle était paniquée.

— C'est parfait, papa.

— Tant mieux. Il faut que j'y aille, ma chérie. On me réclame au maquillage. Bye.

Sam raccrocha et adressa un sourire éblouissant à ses invitées.

— J'ai une excellente nouvelle. Nous avons vingt-quatre heures de plus pour préparer le bal de promo !

C'était le genre de crise qui faisait ressortir le meilleur chez Sam. Toute autre organisatrice de bal de promo obligée de changer la date de sa soirée avec un préavis de quatre jours à peine aurait probablement rejoint Dee à l'Institut Psychiatrique Ojai, et n'en serait pas ressortie avant la Toussaint suivante. Opérer le changement requerrait la précision et la minutie nécessaires pour délivrer des otages dans un pays en pleine guerre civile. Par chance, le général Samantha Sharpe possédait les moyens financiers et la puissance de feu nécessaires pour mener cette opération à bien. Elle distribua ses ordres aux prom-prom girls, qui les transmirent à leurs assistantes.

— Faites le nécessaire. Quel qu'en soit le prix.

Un e-mail détaillé fut envoyé à chacune des personnes qui avait acheté un billet. Les photographes, les fleuristes, les traiteurs, les chauffeurs de limousine, les voituriers, les femmes de ménage, les concierges d'hôtels et les vigiles furent informés du changement de date, et se virent offrir une jolie augmentation pour reporter leurs services de vingt-quatre heures. Ceux qui avaient déjà des engagements le samedi soir – par exemple, le bal de promo du Lycée de Reseda – furent encouragés à les confier à un sous-traitant pour venir quand même au Colisée. Après tout, ils n'avaient aucune envie de s'aliéner quelqu'un d'aussi puissant que Jackson Sharpe, pas vrai ?

Au final, Sam parvint à régler tous les problèmes à l'exception de deux. Elle ne trouva pas d'endroit disponible pour organiser l'after. Tant pis : les gens se débrouilleraient seuls. Pour ce qui était d'elle et de ses amis, Cammie avait déjà proposé Hermosa Beach, où l'agence de son père tournait une série télé.

Elle appela Eduardo dès qu'elle eut mis les prom-prom girls à la porte. Malheureusement, son petit ami ne pouvait pas faire grand-chose. Il viendrait à Los Angeles pour passer deux jours avec elle, mais il devrait partir le samedi matin comme prévu. Après tout, ses parents ne pouvaient pas changer la date de leur anniversaire de mariage ! Il se confondit en excuses, au point que Sam finit par croire que ça le peinait plus qu'elle.

Cette déprimante conversation transatlantique une fois terminée, elle sortit sur la terrasse en bois d'ipé pour finir la bouteille de Cristal qui avait servi à confectionner les mimosas de Jazz et de Fee. Elle fut surprise d'y trouver Parker en train d'admirer la vue.

— Tu es toujours là ?

— Je pensais que tu aurais besoin d'un ami après ce coup de téléphone.

Parker et elle avaient discuté brièvement avant qu'elle appelle Eduardo ; le jeune homme savait déjà de quoi il retournait.

— Et merde, soupira-t-elle en portant la bouteille de champagne à ses lèvres. Je savais que tout marchait trop bien.

— Il vient quand même, mais il ne pourra pas assister à notre bal de promo ?

Sam acquiesça.

— Et ça ne te suffit pas ?

Elle lui tendit la bouteille de Cristal à moitié vide.

— Non. Je veux tout. Comme toi. (Tandis que Parker buvait au goulot, elle poussa un soupir.) Tu as été génial avec les prom-prom girls.

Du dos de la main, le jeune homme s'essuya la bouche.

— Merci.

Sam le dévisagea avec attention.

— Et dire qu'il n'y a pas si longtemps, je te prenais pour un mauvais acteur !

Il grimaça un sourire en coin.

— Vraiment ?

— En fait, tu es tellement doué que tu as réussi à faire croire à tout le monde que tu étais quelqu'un que tu n'es pas. Dans cette ville, ce n'est pas un mince exploit.

Parker rendit la bouteille de champagne à Sam.

— Puisque Eduardo ne peut pas t'emmener, tu devrais y aller avec moi, suggéra-t-il.

Aller au bal de promo avec un garçon aussi sexy ? Entre son air ténébreux et sa moue boudeuse, Parker possédait un pouvoir de séduction presque indécent. Sam avait lu quelque part que les êtres humains avaient du mal à faire la distinction entre apparence et moralité : en d'autres termes, qu'ils associaient instinctivement la beauté à la bonté et la laideur à la méchanceté. En regardant Parker dans les yeux, elle comprenait très bien pourquoi. Elle dut s'écarter de lui pour reprendre ses esprits.

— Tu essaies de m'embrouiller, Pinelli ?

— Tu es à peu près la seule personne que je n'essaie pas d'embrouiller, Sharpe, et tu le sais très bien. Mais tu viens juste de perdre ton cavalier, et moi, je n'ai pas de cavalière.

Sam réfléchit un moment. De toute façon, elle devait aller au bal de promo pour tourner son documentaire, et Parker avait accepté de l'aider. Ce serait logique qu'ils s'y rendent ensemble. Et puis, ça ne la dérangeait pas d'être vue au bras d'un mec aussi canon. Que les prom-prom girls se posent toutes les questions qu'elles voudraient !

— On y va en copains, rien de plus, dit-elle sur un ton hésitant.

Parker passa négligemment un bras autour de ses épaules.

— Bien entendu. Alors, tu es partante ?

Sam acquiesça.

— Je suis partante. Allez, viens, on a encore du pain sur la planche.

Branchés et aspirants branchés

Le temps que Ben rentre chez lui après son service au Trieste, un début de migraine lui martelait les tempes. Le travail en lui-même n'était pas difficile, mais il avait dû endurer le beat de la musique techno en continu pendant huit heures. Il avait bossé à l'entrée comme videur, ce qui était plutôt ironique pour quelqu'un n'ayant pas l'âge de rentrer en boîte – sauf avec une fausse pièce d'identité. Le manager avait décidé de lui faire tester tous les postes : c'était, selon lui, le meilleur moyen pour qu'il découvre comment fonctionnait un night-club et soit éventuellement apte à le gérer.

Le Trieste était l'endroit le plus hype du moment. A dix heures du soir, branchés et aspirants branchés faisaient déjà la queue tout le long d'Hollywood Boulevard, espérant qu'un signe de tête de Ben leur donnerait accès au sanctuaire intérieur. Bien entendu, les gens importants n'étaient pas obligés d'attendre, et le boulot d'un videur consistait aussi à les repérer du premier coup d'œil.

Ce n'était pas toujours facile. La plupart des réalisateurs avaient une gueule de bagnard, et beaucoup d'acteurs étaient méconnaissables sans leur maquillage. Par chance, Ben faisait équipe avec Lenny Lucci, un Italien chauve de plus de deux mètres qui officiait à l'entrée des meilleures boîtes d'Hollywood depuis près de vingt ans. En plus de son boulot de videur, Lenny bossait à mi-temps comme cascadeur sur des tournages. Du coup, il connaissait tout le monde. Quand Ben ne savait pas s'il devait laisser entrer quelqu'un, il le consultait du regard. Comme Dieu, Lenny ne commettait jamais d'erreur.

Ceci mis à part, Ben était libre de refouler qui il voulait. Lenny lui avait très clairement exposé ses règles divines. Toujours laisser passer les jolies filles seules. Laisser parfois passer les beaux gosses seuls. Bloquer cinquante pour cent des couples, car les couples sont ennuyeux.

Détenir le pouvoir de faire réussir ou capoter la soirée d'une minette toute pomponnée – cheveux longs, jupe courte, haut moulant – lui avait d'abord donné le vertige, Ben devait l'admettre. Mais très vite, ça l'avait perturbé en lui rappelant la fameuse hiérarchie sociale du lycée de Beverly Hills. Prenez Maddy, par exemple. Si elle avait fait la queue et s'il ne l'avait pas connue, jamais elle n'aurait pu entrer. Ses cheveux frisottés, son visage pâle et innocent, sa totale absence de style… Même mince, elle serait restée sur le trottoir. Ça lui donnait mal au cœur rien que d'y penser.

Ben se glissa à l'intérieur de la maison. Penser à Maddy lui fit penser à Jack – et sa bonne humeur s'évapora instantanément. Son ami profitait de l'innocence de Maddy, il en était sûr. S'il faisait du mal à la jeune fille, Ben se sentirait responsable. Il n'avait même pas eu l'occasion d'en parler avec Anna aujourd'hui.

Il monta l'escalier sur la pointe des pieds. Comme il longeait le couloir, il vit que la porte de la chambre de Maddy était grande ouverte et la lumière allumée. Il passa la tête à l'intérieur pour souhaiter une bonne nuit à la jeune fille, mais celle-ci n'était pas là. Quelque chose, en revanche, attira l'attention de Ben. L'économiseur d'écran de son ordinateur portable la montrait en train de se vautrer sur son lit, nue à l'exception d'un peignoir stratégiquement déployé. Le peignoir de Ben.

C'était Jack qui avait pris cette photo ; Ben en était sûr.

— Coucou.

Il fit volte-face. Plantée dans le couloir derrière lui, Maddy lui souriait. Pour une fois, elle ne portait pas ses vêtements : juste un maxi sweat-shirt bleu et or de l'Université du Michigan.

— Tu es en colère contre moi à cause des photos, supposa-t-elle.

— Non. Par contre, si je tenais Jack, il passerait un sale quart d'heure. C'est vraiment un enfoiré.

— Pas du tout, protesta Maddy, les yeux écarquillés. Il est adorable avec moi.

Parce qu'il veut quelque chose de bien précis. Comment puis-je le lui faire comprendre ? se désespéra Ben.

Pour gagner du temps, il proposa à la jeune fille de descendre avec lui à la cuisine, de prendre une boisson et d'aller la boire sur la terrasse de derrière. Cinq minutes plus tard, ils étaient assis dans les deux fauteuils à bascule en chêne que les Birnbaum avaient achetés à Nashville. La nuit était si calme qu'ils entendaient le chant des criquets.

— Tout est tellement joli ici, murmura Maddy. (Elle but une gorgée de son Coca light.) J'aimerais rester pour toujours.

Misère. Ben engloutit la moitié de sa Corona pour se donner du courage.

— Mad, je ne veux pas te faire de peine, mais… Ce qui se passe entre Jack et toi – ce n'est pas ce que tu crois.

— C'est ton ami. Je sais que je peux lui faire confiance.

Elle semblait tellement convaincue que Jack était quelqu'un de bien ! D'un geste las, Ben se passa une main sur la figure. Ça craignait un max. Quel cliché ! L'innocente gamine du Midwest qui vient à Hollywood et tombe dans les filets d'un manipulateur plus âgé… Le seul détail qui dérogeait à la règle, c'est que Maddy ne voulait pas devenir actrice.

— Dis-moi la vérité, Mad. Combien de photos de toi Jack a-t-il prises ?

— Quelques-unes, marmonna la jeune fille en fixant le bois d'ipé de la terrasse.

La situation dégénérait à la vitesse grand V, mais peut-être était-il encore temps de redresser la barre pour éviter un naufrage.

— Je sais que tu l'as invité à ton bal de promo samedi soir. Je ne crois pas que ce soit une très bonne idée.

— Quoi ? s'exclama Maddy. Tu préfères que je me retrouve sans cavalier ?

— Ça serait toujours mieux que de te faire accompagner par Jack, opina Ben avec raideur. Tu pourrais... y aller avec des amies, peut-être ?

— C'est ce que je faisais quand je pesais cent quarante kilos. Et je détestais ça, tu comprends ? Je faisais comme si ça ne me dérangeait pas, comme si j'avais juste envie de m'amuser avec mes copines, mais à l'intérieur, je souffrais le martyre ! Je rêvais qu'un mec mignon me fasse danser – et aujourd'hui, mon rêve peut devenir réalité.

Si Jack emmenait Maddy à son bal de promo, qui pouvait prédire ce qui se passerait ensuite ? Maddy planerait si haut qu'elle le laisserait probablement faire... tout ce qu'il voudrait.

Une petite minute. Il y avait peut-être moyen d'y remédier. Le bal de promo d'Anna était le vendredi soir, et celui de Maddy, le samedi. Ça pouvait fonctionner. Anna était la fille la plus compréhensive du monde. Elle approuverait sûrement qu'il tente d'aider la pauvre Maddy.

— Et si tu avais un autre cavalier ? lança-t-il brusquement. Moi, par exemple ?

— Toi ? s'écria Maddy. Tu m'emmènerais au bal de promo ?

— Bien sûr. En copain, se hâta de préciser Ben. Mais... Oui.

— Ce serait génial ! (La jeune fille se rembrunit.) Jack risque de mal le prendre, non ?

— Je m'occupe de Jack, lui promit Ben. (Il posa sa bière.) Ça, ce sera du jamais vu : deux bals de promo le même week-end. J'ai intérêt à ne pas tacher mon smoking le premier soir.

Impulsivement, Maddy bondit hors de son fauteuil à bascule, se jeta au cou de Ben et l'embrassa sur la joue gauche.

— J'ai tellement de chance de t'avoir !

Ben se dégagea gentiment et se leva. Maddy se redressa. Ses yeux brillaient au clair de lune.

— Et maintenant, allons nous coucher.

Ils rentrèrent dans la maison.

— Une dernière chose, Mad...

— Oui ?

— J'ignore ce que tu avais l'intention de faire avec ces photos, mais il vaudrait peut-être mieux que tu les effaces de ton disque dur, suggéra Ben.

La jeune fille se mordit la lèvre inférieure.

— Tu trouves que ça n'est pas une bonne idée de les garder ?

— Pas toi ?

Elle haussa les épaules.

— Je trouve que c'est une très mauvaise idée. Efface-les, et tu dormiras plus tranquille, promit Ben.

Et moi aussi, ajouta-t-il en son for intérieur.

Le mot en A

Sam se pencha vers Eduardo, qui l'embrassa sur la tempe. C'était si bon de le revoir ! Il était arrivé de France à bord du jet de son père, un Cessna Citation ISP flambant neuf – le modèle que Jackson Sharpe avait envisagé d'acquérir avant d'opter pour un Gulfstream quelques mois plus tôt.

Pendant tout l'après-midi, elle l'avait attendu en trépignant d'impatience et de nervosité. Des visions de bombes anatomiques européennes entièrement nues dansaient dans sa tête – et elles dansaient toutes pour Eduardo. Elle devait trouver une tenue parfaite pour qu'il soit content d'être avec elle plutôt qu'avec une de ces filles nommées Françoise.

Elle avait essayé une douzaine de hauts et presque autant de bas, mais aucun ne l'avait satisfaite. Un à un, ils avaient rejoint la pile qui grandissait sur le sol de son vaste dressing. Enfin, elle avait arrêté son choix sur une nuisette de jour Roland Mouret, dont le tulle noir et fuchsia tombait en plis gracieux qui s'arrêtaient juste en dessous de ses hanches haïes, et un jean indigo bootcut Valentino.

Tandis qu'elle s'habillait, une domestique lui avait apporté deux douzaines de roses rouges à longue tige dans un vase en cristal Tiffany. Elle s'était jetée sur la carte qui accompagnait le bouquet. *En attendant de te tenir dans mes bras – Eduardo.*

Prenez ça, salopes de bombes anatomiques européennes entièrement nues! Le soulagement et la joie l'avaient submergée…

l'espace d'une bonne nanoseconde. Après quoi, sa nervosité et ses doutes étaient revenus à la charge.

Eduardo avait déposé ses bagages à son bungalow de l'Hôtel Beverly Hills avant de passer la prendre dans sa Porsche 911 Carrera platine de location. Sam savait qu'il ne serait pas impressionné par la propriété de son père. Il appartenait à l'une des plus riches familles d'Amérique du Sud, et disait se moquer totalement qu'elle soit la fille de Jackson Sharpe. Le plus beau, c'est qu'elle le croyait.

Il avait appuyé sur la sonnette. Un instant plus tard, elle s'était retrouvée dans ses bras, se demandant pourquoi elle avait autant paniqué à l'idée de le revoir. Eduardo portait une tenue décontractée : T-shirt noir et pantalon Randolph Dukes assorti. Une fois de plus, sa beauté avait coupé le souffle de Sam. Un mètre soixante-quinze. Une peau cuivrée et très douce, tendue sur des muscles puissants. Des cheveux noirs et des yeux qui l'étaient plus encore. Il était largement aussi séduisant que n'importe quel acteur d'Hollywood. Et pour une raison que Sam ne s'expliquait toujours pas, il ne voulait qu'elle.

A présent, ils étaient assis côte à côte sur un tapis persan au Mor Bar de Santa Monica, où ils se buvaient des yeux depuis presque deux heures. A la grande surprise de Sam, Eduardo avait réservé une table. Son père – un politicien péruvien très respecté, qui descendait d'une famille noble espagnole – lui avait recommandé cet endroit pour son romantisme. Sam n'osait pas poser la question de peur que son petit ami se fasse des idées, mais il lui semblait bien qu'il avait parlé d'elle à son père.

L'atmosphère du club chichement éclairé embaumait les épices nord-africaines. Tous les clients ôtaient leurs chaussures avant de s'asseoir sur les tapis ou de s'allonger parmi les coussins de velours rouges. Sur chaque table basse en marbre trônait un narguilé. Sam et Eduardo n'y avaient pas touché, mais ils avaient englouti un véritable festin méditerranéen : feuilles de vigne, couscous, pita parfumée au thym, hoummous, caviar d'aubergines et ragoût d'agneau. Tous les plats étaient conçus pour qu'on les mange avec les doigts. Les deux jeunes gens les avaient arrosés avec le vin marocain qu'Eduardo avait commandé en fin connaisseur : un Coteaux de l'Atlas rouge premier cru 1999 – rouge rubis avec un arrière-goût de vanille.

Sam avait dévoré la moitié des feuilles de vigne, qui étaient délicieuses, et s'était arrêtée là jusqu'à ce qu'Eduardo lui tende un morceau d'agneau. Tandis qu'elle se pelotonnait contre son petit ami pour lui manger littéralement dans la main, elle aperçut le couple installé à la table voisine. L'homme était à moitié vautré sur la femme, qu'il embrassait à pleine bouche. Il avait remonté sa jupe jusqu'à sa taille, révélant un minuscule string de dentelle, et lui pelotait allégrement la fesse gauche. Ce qui n'avait l'air de faire ciller personne.

Eduardo suivit le regard de Sam.

— Très grossier, commenta-t-il avec son léger accent, en fourrant un morceau de pita dans la bouche de la jeune fille. Pas du tout mon style.

Sam mâcha et avala.

— Pas le mien non plus.

Seules les filles que la cellulite a oubliées peuvent se permettre d'être exhibitionnistes.

Eduardo posa une de ses grandes mains chaudes sur la joue de Sam.

— T'ai-je déjà dit que tu étais magnifique ce soir ?

— Ça doit être à cause de l'éclairage tamisé, plaisanta la jeune fille.

Il plongea son regard dans le sien.

— Samantha. Pourquoi refuses-tu d'accepter ta propre beauté ?

Ce genre de conversation la mettait toujours très mal à l'aise. Elle ne savait pas quoi répondre. Ce n'était pas dans son intérêt d'avouer qu'il était le seul garçon qui l'ait jamais trouvée belle. Si elle le lui disait, il risquait de se rendre compte que tous les autres avaient raison, finalement.

Le trio de musiciens juché sur une petite estrade se mit à jouer un morceau de blues en clé mineure. Eduardo se leva gracieusement et tendit la main à Sam.

— Tu veux danser ?

Il posa une main dans le creux de ses reins pour la guider vers la petite piste sur laquelle évoluaient déjà deux autres couples. Sam se laissa aller dans son étreinte avec un soupir de bonheur. Pendant une minute ou deux, elle se balança au son de la musique, les yeux clos et la joue pressée contre la poitrine du jeune homme.

— Ça me rend triste de penser que je ne pourrai pas te tenir dans mes bras le soir de ton bal de promo, murmura Eduardo.

Le bal de promo. Malédiction.

— Tu ne peux pas modifier tes plans ?

Il se rembrunit.

— C'est l'anniversaire de mariage de mes parents.

Sam sourit tristement.

— Je comprends.

— Dans ma famille, le sang est plus important que tout. Manquerais-tu l'anniversaire de mariage de tes parents ?

C'était sûrement une questions rhétorique, aussi se garda-t-elle bien d'y répondre. Mais l'ironie de la situation ne lui échappait pas. Elle avait raté la baby shower de Poppy, et aurait sauté de joie en apprenant que son père et sa belle-mère divorçaient.

— Je devrais peut-être laisser tomber le bal de promo et t'accompagner à Mexico, suggéra-t-elle.

Ces mots n'avaient pas plus tôt franchi ses lèvres qu'elle s'en voulut de les avoir prononcés. Il semblait qu'elle s'invitait à rencontrer la famille d'Eduardo, ce qui n'avait pas du tout été son intention.

— Jamais je ne pourrais te demander de louper ton bal de promo ! se récria son petit ami.

Ouf, je l'ai échappée belle ! Il n'avait pas relevé sa gaffe monumentale. Et de toute façon, même si elle se moquait du bal de promo, Sam tenait à réaliser son documentaire. Son talent de réalisatrice était ce qui la rendait différente, unique, spéciale… Ou qui la rendrait telle un jour – le plus tôt serait le mieux. A ses yeux, il n'existait rien de plus pathétique que les enfants de stars qui basaient leur célébrité sur le seul talent de leurs parents.

— Tu vas y aller avec ton amie Anna ?

— Anna a un cavalier, expliqua Sam, cédant à la tentation de s'apitoyer sur son sort.

La musique s'acheva, et Eduardo la tint à bout de bras pour pouvoir la regarder dans les yeux.

— Mais c'est terrible, s'alarma-t-il. Je vois bien que tu es triste. Que puis-je faire pour t'aider ?

Il semblait si préoccupé que Sam voulut le rassurer.

— Ça ira, affirma-t-elle. Je me débrouillerai.

— Tu iras quand même ? insista Eduardo.

— Oui.

— Avec tes autres amis, peut-être ? Je ne supporterais pas de te savoir seule.

Sam était déchirée. Une partie d'elle voulait lui parler de Parker. Elle doutait qu'Eduardo se mette en colère – après tout, il n'y avait pas de quoi. Mais elle ne pouvait se résoudre à prononcer les mots, peut-être parce qu'elle se souvenait de la jalousie qui l'assaillait chaque fois qu'elle se trouvait à plus de cent mètres de lui.

— J'ai des tas d'amis, se contenta-t-elle de répondre. Ne t'en fais pas pour moi.

Ils revinrent vers leur table pour finir leur festin. Sam laissa Eduardo la nourrir. Etre avec un garçon qui voulait qu'elle mange ne cessait de l'émerveiller. Il porta un verre de vin à ses lèvres pour l'aider à faire descendre une bouchée de feuilles de vigne et enchaîna avec un baiser. Puis il trempa son doigt dans le vin et le fit courir le long du décolleté de sa nuisette de jour. Sam ferma les yeux pour savourer cette caresse.

— J'ai une surprise pour toi, chuchota Eduardo.

— Quoi ? demanda-t-elle, béate.

— Dans un mois, je reviendrai à Los Angeles pour y passer le reste de l'été.

Elle rouvrit brusquement les yeux.

— Vraiment ?

Eduardo acquiesça.

— Je serai en stage au consulat du Pérou jusqu'à la fin du mois d'août. Mon père a pu m'arranger ça.

— C'est fantastique !

Le jeune homme éclata de rire et la prit dans ses bras.

— Exactement la réaction que j'espérais. L'amour à longue distance, c'est difficile à gérer.

L'amour ? Il venait d'utiliser le mot en A. Sam n'en croyait pas ses oreilles. Mais était-ce le Grand Amour ? Ça restait encore à déterminer. Ce qui serait beaucoup plus facile s'ils avaient l'occasion de passer l'été ensemble – comme Anna et Ben.

— Tu es si belle, Samantha. Je meurs d'envie de te faire l'amour, souffla Eduardo d'une voix rauque.

Ouah. Décidément, il avait le chic pour dire toujours le bon truc au bon moment. Sam ne put s'empêcher de baisser les yeux vers son pantalon Randolph Dukes et de se demander ce qu'il dissimulait.

— Et toi ? Tu en as envie ? demanda Eduardo en l'embrassant.

Une partie de Sam était prête à rentrer avec lui à son hôtel. L'autre partie hésitait comme une vierge effarouchée. C'était ridicule. Elle avait déjà couché avec des garçons – généralement sous l'emprise de la drogue ou de l'alcool, et toujours avec les lumières éteintes. Mais elle n'avait jamais fait l'amour. Ça semblait beaucoup plus intime, presque intimidant.

— Je ne sais pas, avoua-t-elle.

Les bras musclés d'Eduardo l'enlacèrent.

— Inutile de nous précipiter. Quand tu te sentiras prête, tu me le diras. Dans un mois, je t'emmènerai danser. Nous aurons un bal de promo rien que pour nous.

Sam voulait regarder par-dessus son épaule pour voir s'il n'y avait pas une autre fille derrière elle – une bombe capable d'inspirer ces sentiments à Eduardo, parce qu'elle avait du mal à croire qu'il disait tout ça pour elle. Elle savait qu'elle aurait dû lui parler de Parker, mais elle ne voulait pas gâcher la magie de ce moment avec une révélation digne d'un mauvais épisode des *Feux de l'amour.*

Et puis, ils avaient tout l'été devant eux pour discuter.

Rouge mat de chez MAC

Anna remit les clés de sa Lexus au voiturier et jeta un coup d'œil à l'interminable file d'attente qui serpentait le long d'Hollywood Boulevard du mauvais côté du cordon de velours rouge du Trieste. Comme à New York, rien dans l'apparence du bâtiment n'indiquait qu'il abritait l'un des clubs les plus branchés du moment. Sa façade ressemblait à celle d'un entrepôt industriel. Il n'y avait même pas d'enseigne : juste des numéros usés au-dessus de la porte.

Anna savait qu'elle pouvait entrer sans faire la queue ; Ben avait promis de la mettre sur la liste des invités. Elle était contente de ne pas devoir attendre, contente d'échapper à l'humiliation qu'un videur l'examine afin de décider si elle était assez mignonne, assez riche ou assez célèbre pour entrer. Mais d'un autre côté, ce traitement préférentiel la mettait mal à l'aise.

A l'âge de quinze ans, elle connaissait déjà toutes les boîtes de New York, ou presque. Cette année-là, pour son anniversaire, Cynthia lui avait offert une fausse carte d'identité de qualité professionnelle. Sa sœur Susan était une fêtarde, et Anna l'accompagnait souvent dans ses soirées de débauche. Généralement, elle se sentait détachée de tout ce qui se passait autour d'elle, comme si ce n'était qu'un film au tournage duquel elle assistait, un peu en retrait. Peut-être parce qu'elle était toujours en train de surveiller

Susan. Il fallait bien que quelqu'un s'en charge, et elle ne voyait personne d'autre à qui confier ce douteux honneur.

Détends-toi. Susan est au Kripalu Center dans le Massachusetts, et totalement sobre depuis un bon moment. Ton petit ami travaille ici. Tout va bien se passer.

— Je suis une amie de Ben Birnbaum, dit-elle au videur, un petit maigrichon qui avait une face de rat et des cheveux blond foncé hérissés à grand renfort de gel.

Il était intégralement vêtu de noir : T-shirt noir, jean noir, blouson noir et mocassins noirs portés sans chaussettes. Un colosse chauve se tenait près de lui.

— Maintenant, tu es aussi la mienne, répliqua le maigrichon avec une grimace qui dévoila deux incisives proéminentes chevauchant sa lèvre inférieure.

Il lui fit signe de passer.

— Hé, vous n'avez même pas vérifié qu'elle était sur la liste ! hurla une fille qui faisait la queue, en pointant un index accusateur vers Anna.

Elle avait une tête en forme de citrouille et des cheveux noirs coupés court devant mais longs derrière, à la mode des années 80. Ses jambes courtes et épaisses étaient boudinées dans un jean ultra serré ; ses seins énormes menaçaient de s'échapper d'un T-shirt à paillettes rouge bon marché.

— Regarde-la, ricana le videur. Même si elle n'est pas sur la liste, elle y est quand même. Quant à toi… Tu ferais mieux de te rabattre sur le Bar-Bar, au coin de la rue, parce que tu ne réussiras jamais à mettre les pieds ici.

Anna avait envie de lui donner un bon coup de pied dans le mollet pour lui apprendre la politesse. Mais elle se contenta de lui chuchoter « Vous me dégoûtez » au passage, et se sentit un peu mieux après l'avoir fait.

Une fille à l'air blasé, portant ses cheveux noirs très courts et des lunettes à monture noire incrustée de brillants, en forme d'yeux de chat, lui tamponna le dos de la main avec de l'encre verte phosphorescente avant de lui indiquer le bar à jus de fruits.

Pour se mettre dans l'ambiance, elle avait délibérément choisi le genre de tenue que l'ancienne Anna n'aurait jamais portée : une blouse en crêpe de soie blanche Hermès, dont l'encolure bateau lui permettait de dénuder l'une ou l'autre de ses épaules, et une jupe moulante blanche et dorée Philosophy par Alberta Ferretti, coupée dans le biais, qui lui arrivait cinq bons centimètres au-dessus des genoux – plus des sandales Balenciaga turquoise qui s'attachaient autour de la cheville avec un ruban. Elle avait accessoirisé l'ensemble avec quelques colliers de perles que son père lui avait rapportés d'un voyage d'affaires en Inde, et qui dormaient depuis dans le tiroir de sa coiffeuse. Elle s'était fait une raie sur le côté pour que ses cheveux tombent en rideau devant son œil gauche et, sur un coup de tête, avait ressorti son rouge mat de chez MAC pour s'en tamponner les lèvres.

Quand elle s'était regardée dans le miroir, elle avait eu l'impression de découvrir une nouvelle Anna. Le matin même, Ben lui avait envoyé un mail pour lui dire qu'après un rapide passage à la porte, il travaillerait au bar à jus de fruits pendant le reste de la soirée ; ne voulait-elle pas le rejoindre pour lui tenir compagnie ? Elle lui avait répondu que les boîtes de nuit, ce n'était pas son truc. Mais dans l'après-midi, elle avait décidé d'oublier ses préjugés ridicules. Elle irait au Trieste et elle surprendrait Ben.

Elle s'enfonça dans la pénombre du club. Celui-ci se composait d'une série d'espaces à thème communicants. Le premier faisait la taille de deux terrains de basket ; il était décoré comme la salle des urgences d'un hôpital. Des bouteilles d'alcool étaient suspendues sur des pieds à perfusion au-dessus du comptoir le plus long qu'Anna ait jamais vu. Les serveuses portaient une blouse blanche ouverte sur un bikini et un stéthoscope autour du cou. Des béchers remplaçaient les verres, et en guise de canapés, des civières accueillaient plusieurs couples en train de se peloter. Sous la techno-pop tonitruante, Anna capta des pulsations sonores pareilles aux battements d'un cœur.

Ne voyant pas le bar à jus de fruits, elle arrêta une serveuse qui aurait pu arrondir ses fins de mois en bossant comme sosie de Jennifer Aniston période Rachel.

— Où est le bar à jus de fruits ? articula-t-elle lentement pour se faire comprendre malgré le raffut ambiant.

La serveuse désigna le mur du fond, au milieu duquel une large ouverture donnait sur l'espace à thème suivant. Anna la remercia d'un signe de tête et entreprit de se frayer un chemin parmi la foule compacte. Elle réussit à n'écraser les orteils d'aucune fille en chaussures à bout ouvert, et à ne se faire renverser aucune bière dessus.

Les garçons la mataient beaucoup plus que d'habitude, constata-t-elle – sans doute à cause de son look sexy. Quand un ivrogne à la carrure de footballeur américain la détailla en se passant la langue sur les lèvres, elle se sentit humiliée et regretta, l'espace d'un instant, ses fringues habituelles bien plus conservatrices. Puis elle se dit qu'elle avait juste affaire à un bourrin et lui brandit mentalement son majeur sous le nez.

L'espace suivant s'avéra contenir la principale piste de danse. Il était décoré comme une caverne, avec des stalactites qui pendaient du plafond et des stalagmites qui émergeaient du sol. Des images de chauves-souris en 3D étaient projetées sur les murs. Le plancher de verre était éclairé par-dessous ; sa couleur passait du rouge sang au vert bleuté et au blanc neigeux. Non que les centaines de personnes qui se trémoussaient dessus y prêtassent la moindre attention. L'endroit était tellement bondé qu'Anna dut se faufiler le long des murs pour réussir à passer.

Arrivée au fond, elle poussa une double porte battante et se retrouva dans un large couloir rempli d'air frais – un changement bienvenu après la chaleur moite et les odeurs de transpiration qui planaient dans la caverne.

Le couloir débouchait à l'extérieur, où Anna fut surprise de trouver un large patio de style « banlieue américaine du milieu du XXe siècle ». Des silhouettes en carton grandeur nature des présidents Eisenhower et Kennedy, ainsi que d'autres chefs de gouvernement étrangers, se dressaient çà et là comme pour se mêler aux conversations de la clientèle. Des guirlandes de minuscules lumières blanches festonnaient les branches d'une douzaine d'arbres feuillus. Des meubles de jardin étaient disposés autour de barbecues individuels, où des chefs en toque blanche et tablier de cuisine faisaient griller des hamburgers et des hot dogs. Le centre de l'espace était occupé par un grand bassin en plastique bleu dans lequel s'ébattaient une douzaine de personnes en sous-vêtements. Une rousse pulpeuse nageait en culotte et soutien-gorge de résille blanche, clairement choisis pour être exposés de la sorte. Au bout du patio, Anna avisa une petite scène et des instruments abandonnés. Les musiciens, qui arboraient des coupes de cheveux à la Beatles et des vestes style Nehru, prenaient leur pause autour d'une table de pique-nique.

Anna repéra Ben derrière un comptoir. Son petit ami était en train de verser un bol de fraises dans un blender; deux types à la dégaine de scénariste – une quarantaine d'années, casquette de base-ball vissée sur le crâne – attendaient qu'il ait fini de préparer leurs cocktails sans alcool. Quand il la vit, son visage s'éclaira. Il leva une main aux doigts écartés, et Anna en déduisit qu'il serait libre dans cinq minutes.

Elle s'assit dans une chaise de jardin pour le regarder travailler. Deux filles ravissantes s'approchèrent du bar. Elle préféra ne pas penser au nombre de fois où Ben devait se faire draguer chaque soir. Beaucoup, probablement. Dix smoothies plus tard, quelqu'un vint prendre la relève, et le jeune homme la rejoignit avec empressement.

— Spécial Ben mangue-papaye, annonça-t-il en s'asseyant et en lui tendant un grande verre au rebord givré, rempli d'une épaisse mixture orange. Vendu dix dollars au commun des mortels.

Anna but une gorgée. C'était délicieux.

— Il n'y a pas d'alcool ?

Ben secoua la tête.

— Pas une seule goutte. Tu es dans la salle des abstinents, celle où atterrissent tous les Alcooliques Anonymes. (Il lui prit son verre et en goûta le contenu.) Je suis quand même drôlement bon, se vanta-t-il.

— Ça, c'est à moi d'en juger, le taquina Anna.

Il la dévisagea.

— Tu es renversante. (Tendant la main, il toucha la mèche qui lui tombait devant la figure.) Tu devrais te coiffer comme ça pour ton bal de promo.

Anna sourit.

— Je tâcherai de m'en rappeler samedi soir.

— Comment ça, samedi soir ?

— Sam a envoyé un mail à toute notre classe. Son père tourne le vendredi soir, donc, le bal a été reporté au samedi. C'est un changement de dernière minute. Je pensais qu'elle t'avait inclus dans sa liste de destinataires.

Ben se frotta le front d'un air ennuyé.

— Et merde.

Anna ne comprenait pas sa réaction. Vendredi ou samedi, quelle importance ? Il lui avait dit qu'il serait de repos tous les samedis jusqu'à mi-juin, mais qu'il pouvait prendre une soirée de plus pour son bal de promo.

— Où est le problème ?

— Samedi soir, c'est le bal de promo de Maddy.

— Et alors ? Jack l'emmène.

— L'emmenait, rectifia Ben.

— Comment ça ? s'exclama Anna, inquiète.

Son petit ami poussa un gros soupir.

— J'ai trouvé des photos d'elle que Jack avait prises. Des photos extrêmement dévêtues. Elle croit qu'il est amoureux d'elle, mais il veut juste la sauter.

— Donc, tu t'es proposé pour le remplacer ?

Il baissa le nez, penaud.

— Je pensais que ça ne t'ennuierait pas. J'essayais juste d'aider Maddy.

Anna mit un bon moment à intégrer ce qu'il venait de lui dire.

— Tu joues les chevaliers en armure étincelante pour Maddy la demoiselle en détresse.

Ben secoua la tête.

— Je n'arrive pas à croire que ton bal de promo ait été déplacé. Les probabilités pour que ça arrive étaient nulles !

— Visiblement, pas si nulles que ça, répliqua Anna sur un ton glacial.

Ben pencha la tête sur le côté.

— Attends un peu. Tu es en colère contre moi ?

Et comment ! D'accord, elle n'aurait peut-être pas dû. Mais elle n'était pas maîtresse de ses sentiments, et pour une fois, elle n'avait pas non plus l'intention de les refouler. Elle ouvrit la bouche pour passer un savon à Ben, mais celui-ci la prit de vitesse.

— Tu ne crois tout de même pas que je vais te planter là pour accompagner Maddy à son bal de promo ? Je lui expliquerai ce qui s'est passé. Elle comprendra que tu es ma priorité. D'autant qu'elle t'idolâtre.

Anna referma la bouche en se réjouissant qu'aucun mot n'ait eu le temps d'en sortir, parce qu'elle serait vraiment passée pour une harpie. Bien sûr qu'elle était la priorité de Ben. Bien sûr qu'il l'emmènerait quand même à son bal de promo. Embarrassée par sa propre réaction, elle changea de dispositions mentales. Maddy serait très déçue si Ben la laissait tomber maintenant. Elle ne pouvait pas réinviter Jack après l'avoir décommandé.

Ben avait raison. Ce n'était qu'une gamine innocente qui avait besoin d'aide. Et il ne serait pas dit qu'Anna Percy se serait montrée mesquine sur ce coup-là.

— J'ai une idée. Tu pourrais emmener Maddy à son bal de promo de bonne heure, rester avec elle un petit moment et venir me chercher plus tard, suggéra-t-elle.

L'expression admirative qui se peignit sur le visage de son petit ami lui donna des ailes.

— Vraiment ? Tu accepterais ?

— Sans problème.

— Tu es la meilleure, Anna. (Ben la prit dans ses bras et l'embrassa doucement.) Je ne sais pas si je te mérite.

Anna posa la tête sur son épaule. L'amour vous inspirait parfois des comportements bien étranges, songea-t-elle. Qu'est-ce que ça pouvait bien lui faire que Ben joue les preux chevaliers ? Ça prouvait qu'il était gentil et généreux – deux qualités qu'elle appréciait. Une petite voix dans sa tête lui demanda pourquoi il ressentait si souvent le besoin de voler au secours des autres. Elle lui ordonna de la fermer.

Durant l'heure qui suivit, Ben confectionna mécaniquement des smoothies à dix dollars pour une clientèle toujours plus nombreuse. Anna resta encore une demi-heure avant de rentrer chez elle. Ce n'était pas nécessairement une mauvaise chose, car la jeune actrice qui jouait la fille dans cette série de la WB aux dialogues incisifs, mettant en scène une mère célibataire branchée et sa fille brillante dans ses études mais à la masse pour tout le reste, n'arrêtait pas de lui tourner autour et de flirter avec lui. Ça ne le dérangeait pas : flirter n'était pas tromper, et tromper ne l'intéressait absolument pas. Ça ne lui était arrivé qu'une seule fois auparavant, au tout début de sa relation avec Cammie – parce qu'elle était la fille la plus canon de la Terre. Mais il avait très vite découvert que la beauté ne faisait pas tout, et aujourd'hui, il se réjouissait que cette période de sa vie soit loin derrière lui.

Il faisait tourner trois blenders en même temps, et malgré ça, la queue d'assoiffés ne raccourcissait pas. Sa seule consolation, c'était le tas de pièces et de billets qui grandissait dans la boîte à pourboires – en réalité, un aquarium au fond duquel nageait un poisson rouge, protégé contre la pluie de dollars par une couche de plexiglas. Non que Ben ait besoin d'argent, mais il trouvait agréable d'être récompensé pour un travail bien fait. Il avait accepté ce boulot au Trieste pour acquérir une expérience pratique des métiers de la nuit, et espérait que cela déboucherait sur une proposition d'embauche – peut-être en tant qu'assistant manager. Préparer des cocktails sans alcool pour prouver sa bonne volonté ne lui posait aucun problème.

D'un geste vif, il éteignit l'un des blenders et versa un smoothie banane-coco à l'ex-star d'une série télé des années soixante-dix qui avait récemment inspiré deux films avec un nouveau trio d'héroïnes. L'actrice sur le retour avait toujours la même chevelure blond cendré et la coiffure qui l'avait rendue célèbre, mais son visage marqué par la chirurgie esthétique avait quelque chose d'effrayant. Ben faillit lui recommander d'aller voir son père.

— Salut.

Il leva les yeux des pêches blanches coupées en morceaux qu'il transvasait dans un autre blender. Jack le fixait. Il était seul, vêtu d'un jean et d'un T-shirt de Princeton – une tenue un peu trop décontractée pour un endroit aussi branché.

— Qu'est-ce qui t'amène ici ? lui demanda-t-il sèchement.

— Il faut qu'on parle.

Ben haussa les épaules et ajouta des cerises Okanagan dénoyautées dans le blender.

— Je suis en train de bosser.

Jack l'ignora.

— C'est quoi cette histoire ? Tu vas emmener Maddy à son bal de promo ?

— Comment se fait-il que tu aies tout à coup envie d'aller à une soirée de lycéens ?

— Et toi, comment se fait-il que tu te mêles tout à coup de ce qui ne te regarde pas ?

— Ça me regarde si je le décide. (Ben alluma le blender et se pencha vers Jack pour se faire entendre par-dessus le bourdonnement de l'appareil.) Avoue-le : tu cherches juste à la sauter. Va faire mumuse avec une autre fille – une qui joue dans la même catégorie que toi.

Jack secoua la tête.

— Tu ne sais pas de quoi tu parles.

— Essaie de faire gober ça à quelqu'un de plus naïf que moi.

Ben éteignit le blender et versa l'épaisse décoction rougeâtre dans un grand verre Coca-Cola des années cinquante. Il ajouta une paille rayée et tendit le tout au type barbu et à l'épaisse chevelure brune bouclée – Jerry Garcia[1] revenu d'entre les morts – qui attendait patiemment.

— Va te faire foutre, aboya Jack. Pour un type intelligent, tu ne comprends vraiment rien.

— J'en ai autant à ton service, mon pote, répliqua Ben.

Il se tourna vers le client suivant. Quand il releva les yeux, Jack avait disparu.

1. Chanteur et guitariste du groupe de rock psychédélique The Grateful Dead, décédé en 1995. *(N.d.T.)*

Le problème de ce type, c'est qu'il était incapable de se retenir de draguer – surtout quand une fille avait l'air de n'attendre que ça. Jusque-là, ça n'avait jamais dérangé Ben. Il trouvait ça fun et pas vraiment méchant. *Comme quoi, il n'y a que les imbéciles qui ne changent pas d'avis.*

On pourra difficilement faire pire

Le père d'Anna avait engagé une nouvelle cuisinière, une Ethiopienne au port de reine nommée Mimi qui était arrivée aux USA vingt ans plus tôt et avait fait ses preuves dans différents établissements – depuis son propre boui-boui à Washington jusqu'au Buffalo Club à Los Angeles. Désormais mère de jeunes jumeaux, Mimi ne voulait plus se plier aux cadences infernales d'un restaurant. Jonathan Percy l'avait convaincue de venir à son manoir de Beverly Hills et d'y passer quelques heures par jour pour préparer ses repas quand il était là. Mimi avait accepté à condition de pouvoir remodeler la cuisine en fonction de ses besoins.

Anna avait enduré une matinée très ennuyeuse au lycée ; tout cela lui semblait bien fastidieux et inutile, puisqu'elle savait déjà qu'elle irait à Yale à la rentrée. Voulant faire une pause, elle avait invité Sam à déjeuner chez elle en lui promettant que Mimi était une cuisinière fantastique. Son amie avait proposé d'apporter les premières prises de Jazz et de Fee pour les lui montrer, et mentionné qu'elle repensait tout le concept de son documentaire. Anna ne l'avait écoutée que d'une oreiller distraite. Elle désapprouvait le projet de Sam et souhaitait s'y impliquer le moins possible.

Les deux jeunes filles pénétrèrent dans la cuisine refaite à neuf qui s'enorgueillissait maintenant d'un double four métallique, d'une cuisinière à huit brûleurs, d'un four à pizza en brique Catamount, d'une table artisanale en érable massif avec plateau de marbre blanc et de huit chaises d'acajou italiennes. Les placards étaient également en bois d'érable, et trois fenêtres supplémentaires avaient été ouvertes dans le mur sud pour maximiser l'éclairage naturel.

Un festin multiculturel les attendait sur la table : de grandes corbeilles d'*injera*, le fameux pain éthiopien plat, un assortiment de légumes vapeur et tout un saumon assaisonné avec de la coriandre fraîche provenant du jardin personnel de Mimi.

— Miam, dit Sam en tirant une chaise pour s'asseoir. Où est le chef, que je la remercie ?

— Je crois qu'elle rentre chez elle après le déjeuner et qu'elle revient pour préparer le dîner.

Anna se découpa un filet de saumon et le déposa dans son assiette à fleurs Wedgwood. Sam rompit un morceau d'*injera* et le fourra dans sa bouche.

— Ça a un peu le goût du pain au levain. (Elle mâcha et fit descendre avec une gorgée du thé aux épices glacé que Mimi leur avait préparé.) Alors, tu es prête à voir les premières prises du documentaire qui tue ?

— J'aimerais autant pas, répondit franchement Anna. Tu sais ce que j'en pense.

Sam haussa les épaules.

— Comme tu voudras. C'est toi qui y perds. Au fait, je me suis arrangée pour qu'un des chauffeurs de mon père nous emmène demain soir avec la limousine. Tout le monde tiendra dedans : toi et Ben, moi et Parker, Cammie et Adam, Dee et le cavalier inconnu que Cammie est censée lui trouver.

— Justement, à ce sujet…

Anna expliqua que Ben viendrait plus tard par ses propres moyens, car il devait d'abord accompagner Maddy à son bal de promo.

— Ouah. Combien elle pesait avant de maigrir ? demanda Sam en attaquant ses pois chiches.

— Dans les cent quarante kilos, je crois, répondit Anna, se souvenant que son amie éprouvait une fascination assez malsaine pour tout ce qui touchait la perte de poids. Mais elle a dû passer sur le billard pour en arriver là. Tu te rends compte que certaines personnes meurent pendant cette opération ? Cela dit, elle était vraiment énorme. Tu imagines comment les autres ados devaient se moquer d'elle ? Ben se sent obligé de la protéger. Je trouve ça touchant.

Elle n'arrivait pas à décider si elle devait reprendre de l'*aziffa* – un ragoût de lentilles – ou de la *buticha* – un accompagnement à base de jalapeños, d'oignons verts et de farine de fèves qui, curieusement avait un vague goût d'omelette.

— Ça, c'est le Ben que je connais et que j'adore, commenta Sam tandis que son amie se servait un peu de chaque plat.

— Tu veux dire, le Ben qui déboule au galop sur son blanc destrier ?

— Sauver les gens, c'est sa spécialité.

— Moi, il ne m'a pas sauvée, répliqua Anna, sur la défensive.

— Ben voyons.

— Sam, je n'avais pas besoin qu'on me sauve !

— Ah oui ? Vous ne vous êtes pas rencontrés dans l'avion quand tu es venue habiter ici ? Il ne t'a pas tirée des griffes du crétin de producteur qui était assis à côté de toi et n'arrêtait pas de te draguer ? Si. Il a déboulé au galop sur son blanc destrier, comme tu dis, et il t'a sauvée. Admets-le.

Anna ne l'avait jamais envisagé sous cet angle. Dans sa famille, c'était toujours elle qui volait au secours des autres, jamais l'inverse. Mais à présent, qu'elle y réfléchissait... Sam avait raison.

— Cette Maddy... Elle est jolie ? demanda Sam en rompant un autre morceau de pain plat.

— Tout dépend ce que tu entends par là. Elle a tout ce qu'il faut là où il faut, mais elle ne se met pas en valeur. Elle porte des fringues trop grandes, elle ne s'épile pas les sourcils, elle se coiffe n'importe comment...

— Tant mieux. Parce que ça serait assez gênant que Ben emmène une bombasse à son bal de promo.

— Ne sois pas idiote, s'esclaffa Anna. Maddy est une amie de la famille. Il la considère comme sa petite sœur.

Sam grimaça.

— C'est vrai, insista Anna.

— Pitié. Si elle avait le physique de Cammie, tu serais en train de grimper aux murs.

Là encore, Sam avait raison. En fait, Anna commençait à regretter d'avoir suggéré que Ben accompagne quand même Maddy à son bal de promo. De toute évidence, Maddy avait le béguin pour lui. Et nombreux étaient les garçons sensibles à l'admiration éperdue d'une fille.

— Eduardo sait-il que tu vas à la soirée avec Parker ? demanda Anna, s'efforçant adroitement – du moins l'espérait-elle – de détourner la conversation.

Sam secoua la tête.

— Non, mais ça n'a pas d'importance.

Anna utilisa un morceau d'*injera* comme une cuillère pour porter quelques pois chiches à sa bouche.

— Tu sors avec lui ! protesta-t-elle. Il a le droit de savoir.

Sam eut un geste insouciant.

— Deux amis qui vont ensemble à leur bal de promo, il n'y a pas de quoi faire la une des journaux à scandale. (Elle but une gorgée de thé glacé.) Et comme Parker m'aide pour mon documentaire, ce sera plus pratique.

— Quand Eduardo repart-il ?

— Demain matin, de bonne heure.

Le téléphone de la cuisine sonna. Anna se leva pour répondre.

— Anna Percy, annonça-t-elle automatiquement.

— Ravie de voir que tu n'as pas oublié tes bonnes manières. (La voix de sa mère était toujours aussi mélodieuse, sa diction toujours aussi impeccable.) Mais ne devrais-tu pas être en cours ?

Anna n'avait pas parlé à sa mère depuis plus d'un mois. Cela n'avait rien d'étonnant : Jane Percy passait autant de temps en Europe, à rendre visite aux divers jeunes artistes dont elle collectionnait les œuvres, que dans sa maison de ville de l'Upper East Side, à Manhattan. (Sa fille la soupçonnait également de collectionner les artistes eux-mêmes, mais il était peu probable qu'elle se décide un jour à aborder le sujet.)

Avec son extrême minceur, son carré blond classique et sa

garde-robe couture vintage, Jane Percy exsudait la classe. Elle pouvait remonter son arbre généalogique jusqu'au *Mayflower* – et ne s'en privait pas. Le père d'Anna et elle étaient divorcés depuis des années.

— Je suis rentrée à la maison pour déjeuner avec une amie, expliqua Anna. Comment vas-tu, maman ?

— Très bien, merci, répondit Jane, ce qui ne voulait absolument rien dire. (Elle aurait prétendu qu'elle allait très bien si elle avait été sur le pont du *Titanic* pendant son naufrage, parce que dans son milieu, il était impensable d'avouer le contraire.) Ton père est là ? Je dois lui parler à propos de Susan. A son bureau, on m'a dit qu'il était sorti déjeuner, et il ne décroche pas son portable.

— Je ne l'ai pas vu aujourd'hui, mais je lui dirai que tu as appelé, promit Anna.

— Ecris-le, s'il te plaît, exigea sa mère comme si elle était du genre à oublier de faire une commission.

— Où es-tu ? Quel numéro dois-je lui donner ?

— Je suis à Manhattan. Du moins, pour quelques semaines. Il y a un problème ridicule avec le fonds de pension de ta sœur – c'est très ennuyeux. (Durant cette dernière phrase, la voix de Jane fut coupée deux fois, signe que quelqu'un d'autre essayait de la joindre.) C'est mon avocat. Il faut absolument que je le prenne. On se rappelle.

Elle raccrocha. Anna fit de même. Elle se sentait perturbée – comme chaque fois qu'elle venait de parler à sa mère. Jane avait dit « On se rappelle », mais elle n'était pas du genre à se manifester sans une raison bien précise. Anna ne se souvenait pas qu'elle lui ait jamais téléphoné juste pour prendre de ses nouvelles. Quand elle-même essayait de le faire, sa mère lui répondait d'un ton distrait et abrégeait toujours très vite, comme si elle l'avait dérangée. Pire encore : chacune de leurs conversations laissait à Anna l'impression de n'avoir pas satisfait aux critères de perfection filiale de Jane Percy.

— C'était ta mère ? lui demanda Sam tandis qu'elle se rasseyait.

Anna acquiesça d'un air morne. Jusque-là, elle avait apprécié leur déjeuner entre copines. A présent, malgré toute la nourriture qu'elle avait ingurgitée, elle se sentait vide.

— Ne te plains pas. Au moins, elle t'appelle, lâcha amèrement Sam. Je n'ai pas entendu la voix de la mienne depuis 2004.

— Tu ne parles jamais d'elle, fit remarquer Anna en remplissant leurs verres de thé glacé.

Sam lui avait dit un jour que ses parents s'étaient séparés neuf ans plus tôt. Et rien d'autre.

— Il n'y a pas grand-chose à raconter. Elle était journaliste pour le *Los Angeles Times* quand elle a rencontré mon père – pendant une interview ou à la première du *Retour du Jedi*, je ne me souviens plus. Je sais juste qu'ils étaient très copains avec George Lucas à l'époque. Ils m'ont eue ; ils ont divorcé ; elle a accepté un poste dans un journal en Caroline du Nord et s'est remariée avec un type qui enseigne à Duke. Fin de l'histoire.

— Comment ça, « fin de l'histoire » ? insista Anna, curieuse.

Sam haussa les épaules et s'essuya la bouche avec une serviette en tissu bleu pâle.

— F-I-N, fin.

Anna vit que son amie essayait de dissimuler ses sentiments. Le *Guide des bonnes manières* (East Coast WASP edition) lui avait appris qu'il ne fallait pas se montrer indiscrète. Mais elle savait ce que c'était de ne pas s'entendre avec sa mère.

— Pourquoi Jackson et elle se sont-ils séparés ?

Sam grimaça.

— Apparemment, ils pratiquaient l'amour libre. (Elle leva les yeux au ciel.) Ce qui signifie que chacun trompait l'autre à tour de bras avec son consentement. Je me serais bien passée de le savoir, mais mon père n'a que deux modes de fonctionnement : ou il m'ignore, ou il me bombarde d'informations que je ne veux pas connaître. Pas étonnant que je sois à moitié zinzin.

— Tu n'as pas envie de revoir ta mère ? interrogea Anna.

— Pas vraiment. (Sam jeta sa serviette sale sur la table.) Elle ne se donne même pas la peine de m'envoyer une putain de carte pour mon anniversaire.

Anna eut de la peine pour son amie. D'accord, sa propre mère était froide, hautaine et toujours prompte à la juger. Mais elle ne l'ignorait pas. Du moins, pas toujours. Elle poussa un soupir.

— Si on décide d'avoir des enfants, on se débrouillera mieux qu'elles, pas vrai ?

— Une chose est sûre : on pourra difficilement faire pire, répliqua Sam avec cynisme.

Assis à la table de la cuisine en short de basket et T-shirt vintage des New Riders of the Purple Sage, Adam buvait un Dr Pepper en feuilletant la brochure de l'Université de Pomona. Il avait été admis à Stanford, à Georgetown et à Williams, mais il était quasiment décidé à s'inscrire dans cette fac situé à Claremont. Adam ne faisait pas partie de ces jeunes gens qui ont hâte de laisser leurs années de lycée derrière eux. Ses potes de l'équipe de basket lui manqueraient beaucoup. D'un autre côté, il était prêt à aborder l'étape suivante de sa vie. Pomona lui plaisait parce que c'était un établissement de petite taille, qui offrait un excellent ratio entre le nombre des profs et celui des étudiants. Là-bas, il pourrait continuer à jouer au basket – ce qui ne serait sans doute pas le cas dans une fac prestigieuse. Et surtout, il resterait en Californie. C'était peut-être ringard, mais il ne voulait pas trop s'éloigner de ses parents. Il s'entendait bien avec eux, et il était conscient de sa chance.

Ses amis avaient fait des choix radicalement différents. Anna rentrerait dans l'Est pour suivre des cours à Yale. Sam étudierait le cinéma à l'USC. Cammie avait été acceptée à Pepperdine, mais elle parlait de sauter la case études et de commencer directement à travailler dans le show business – par exemple, dans l'agence de relations publiques de David Brokaw. Parker n'irait pas à la fac ; il continuerait à passer des auditions et enchaînerait les boulots alimentaires (traduction : de serveur) en attendant de percer. Quant à Dee... Il n'en avait aucune idée.

Les parents d'Adam disaient toujours en plaisantant qu'il deviendrait avocat et « perpétuerait la tradition familiale ». Ils s'étaient rencontrés à l'Université du Michigan et étaient tous deux spécialisés en droit des affaires. Dix ans plus tôt, ils avaient été engagés simultanément par un cabinet de Century City, qui leur avait fait une offre à pas loin de sept chiffres avant la virgule. C'est ainsi que la famille Flood avait atterri à Beverly Hills. Mais Adam doutait fort de suivre l'exemple de ses parents. Avocat, c'était un métier trop conventionnel pour lui.

Il entendit la porte d'entrée s'ouvrir.

— Adam, tu es là ? appela son père.

— Dans la cuisine !

Ses parents le rejoignirent, tous deux vêtus de leur tenue de travail : un costume sombre parfaitement coupé. Ça l'amusait toujours de les voir habillés ainsi, parce qu'ils n'avaient rien de guindé – bien au contraire. C'étaient des gens simples et décontractés, des parents très présents qui lui avaient transmis leurs valeurs. Ils acceptaient souvent de traiter des affaires pro bono, et ils militaient au sein du Parti Démocrate. De temps en temps, son père parlait même d'abandonner le droit pour se lancer dans une carrière politique.

Pour des quadras, ils étaient encore bien conservés. M. Flood faisait plus d'un mètre quatre-vingts ; il était grand et élancé, avec des cheveux bruns coupés court et de petites lunettes rondes à la John Lennon dont il avait besoin tout le temps mais qu'il ne portait que pour lire. Mme Flood, en revanche, était petite et menue, avec une coupe à la Audrey Hepburn qui faisait ressortir la délicatesse de ses traits. A la grande loterie familiale de la vie, Adam trouvait que l'un dans l'autre, il ne s'en était pas trop mal tiré.

— Il est huit heures passées, chéri. Tu as mangé ? demanda sa mère en souriant.

Elle posa son attaché-case sur le plan de travail blanc – celui qui était déjà là quand ils avaient emménagé. Les Flood étaient les seuls résidents de Beverly Hills qui n'aient pas entièrement redécoré leur maison dans le mois suivant leur installation.

Adam acquiesça.

— Tes lasagnes d'hier soir. Elles étaient encore meilleures réchauffées.

Son père avait déjà ouvert le frigo et décapsulé une Guinness. C'était le seul plaisir coupable qu'il s'autorisait : il buvait une bière chaque soir après le travail, toujours dans le verre Guinness qu'il avait ramené d'un voyage d'affaires à Dublin où il avait eu l'occasion de visiter la brasserie.

— Ah, soupira-t-il en versant le liquide sombre. Le nectar des dieux.

— Comment se passe votre procès ? s'enquit Adam en débarrassant la table pour leur faire de la place.

Il prit la brochure de Pomona, le *Los Angeles Times* du matin et les posa sur la chaise voisine de la sienne. Ses parents plaidaient un cas de rupture de contrat pour un studio de cinéma, dont l'une des stars avait manqué deux semaines de tournage sous prétexte de partir en cure de désintoxication.

— Ça peut aller. (Sa mère ôta ses escarpins avec un soupir de bien-être.) A part qu'aujourd'hui, une des jurés a fait passer une déclaration d'amour au défendeur. Il a fallu la remplacer.

— Nous espérons qu'il ne t'arrivera pas la même chose avec ta cavalière pour le bal de promo, gloussa M. Flood. (Il prit son verre et s'installa à la table en formica ronde qui trônait déjà dans leur cuisine de Grand Rapids.) Il ne faut jamais boire une Guinness à peine sortie de la bouteille, fils. Toujours la laisser se reposer un peu d'abord. Ne surtout pas se précipiter.

Adam grimaça.

— Merci pour le conseil. Depuis quand es-tu un fan de Cammie ?

Son père leva son verre comme pour porter un toast.

— Du moment que tu es heureux, ça me va. Maintenant, elle est prête. (Il but une gorgée de bière.) Ah. De quoi vous faire oublier toutes les déclarations d'amour inappropriées du monde. Tes préparatifs sont terminés ? Tu as la limousine, le smoking, les chaussures, la boutonnière ?

Adam acquiesça. Un peu plus tôt, il était passé chez Mr Williams' Formals, à Westwood – le spécialiste des grandes occasions. Il n'avait pas besoin de louer une limousine, puisque Sam en fournissait une à tous ses amis, mais il avait dégoté un smoking Ted Lapidus et des chaussures de soirée et choisi une boutonnière qui, d'après le vendeur apparemment gay, se marierait à la perfection avec les cheveux blond-roux de Cammie.

— Ne jamais assortir les fleurs à la couleur de la robe, avait-il reniflé. C'est tellement insipide !

— Moi, je ne suis pas allée à mon bal de promo, se souvint Mme Flood en prenant un soda à la vanille Vernor dans le frigo – une boisson fabriquée à Detroit qu'elle avait toujours adorée. (Quand ils s'étaient installés en Californie, elle avait sauté de joie en découvrant que le supermarché du coin en vendait.) Dans les années soixante-dix, ça n'était pas politiquement correct.

— Moi, j'y suis allé, grimaça M. Flood.

— Remballe ce sourire idiot. Je ne veux rien savoir de plus, plaisanta sa femme en ouvrant sa cannette et en buvant une gorgée de soda. Oh, Adam, j'ai failli oublier. On t'a rapporté quelque chose du bureau. Je crois que c'est dans ta mallette, Alan.

Le père d'Adam posa son verre et ouvrit son attaché-case noir brillant, dont il sortit une épaisse enveloppe brune format A4.

— Qu'est-ce que c'est ?

— Tu te souviens que tu nous as demandé de faire des recherches sur la disparition de la mère de Cammie ? Voilà le résultat.

M. Flood lança l'enveloppe à Adam, qui la rattrapa le cœur battant.

— C'est notre assistante juridique qui a rassemblé tous ces documents, révéla Mme Flood en s'asseyant sur la dernière chaise libre. La plupart étaient sous scellés jusqu'à récemment.

Adam examina l'enveloppe comme s'il craignait de l'ouvrir.

— Vous ne les avez pas lus ?

— Non, répondit sa mère après avoir avalé une longue gorgée de Vernor. Et si tu veux mon opinion professionnelle, tu devrais t'abstenir toi aussi. C'est à Cammie de décider ce qu'elle veut en faire.

— Merci, dit Adam machinalement.

Son esprit turbinait à plein régime. Après sa dispute avec Cammie sur la plage, il aurait dû demander à ses parents de cesser les recherches. Bien sûr, il pouvait se dire qu'il avait oublié, mais était-ce la vérité ? N'avait-il pas voulu montrer à Cammie qu'il était capable de la défier au lieu de toujours céder à ses moindres caprices ? Ou était-il tellement curieux qu'il voulait découvrir ce qui s'était passé cette fameuse nuit il y a dix ans – quoi qu'il puisse lui en coûter ?

Il tripotait l'enveloppe sans parvenir à se décider.

— J'ignore ce qu'il y a là-dedans, fils, déclara son père. Mais il s'agit d'une affaire délicate. Cammie pourrait être bouleversée en apprenant ce qui est arrivé à sa mère.

Adam se rembrunit.

— Tâche de te montrer compréhensif, lui conseilla sa mère. Ne sois pas surpris si elle refuse de t'en parler, ou si elle jette cette enveloppe sans l'avoir ouverte.

— Une fois, nous avons travaillé pour une femme adoptée qui recherchait sa mère biologique, se souvint M. Flood en traçant, du bout de l'index, un cercle dans la condensation qui s'était formée sur son verre. Elle pensait être prête… jusqu'au jour où nous avons retrouvé sa mère.

— Elle a déchiré une enveloppe identique à celle-là. Elle ne supportait pas de découvrir la vérité sur ses origines, acheva Mme Flood. Je vais aller prendre une douche pour me débarrasser de la crasse de cette ville. Ensuite, il faudra préparer ce fichu argumentaire sur l'objection que tu as faite tout à l'heure. Je crois que tu as raison : le juge a décidé de nous mettre des bâtons dans les roues. Tu viens ?

— Tout de suite. (M. Flood finit sa Guinness, rangea le verre sale dans le lave-vaisselle et désigna l'enveloppe.) Remets-t'en à ton jugement, d'accord ?

Adam se retint se lever les yeux au ciel. Ça, c'était un conseil utile. Ses parents lui donnaient toujours le même chaque fois qu'il avait une décision difficile à prendre.

Dix secondes plus tard, le jeune homme était de nouveau seul dans la cuisine. La meilleure chose à faire serait sans doute d'appeler Cammie, de lui dire que ses parents avaient trouvé quelque chose et d'aviser en fonction de sa réaction. Il le savait, et pourtant, il ne pouvait se résoudre à décrocher le téléphone. Il fixait l'enveloppe qui l'hypnotisait telle une sirène de son chant silencieux.

Il y avait une autre solution : jeter un coup d'œil aux documents.

S'ils ne lui apprenaient rien de nouveau, il n'aurait qu'à les mettre dans la déchiqueteuse et faire comme s'il ne s'était rien passé. Si, par contre, ils contenaient quelque chose que Cammie aurait sûrement voulu savoir, il l'appellerait aussitôt. Le cas échéant, il refermerait l'enveloppe avant de la lui donner pour ne pas qu'elle l'accuse d'indiscrétion.

Adam tenta d'ouvrir l'enveloppe sans l'endommager, mais elle était si bien scellée qu'il finit par déchirer le rabat. Tant pis. Il en sortit une mince liasse de feuilles retenues par un unique trombone. Il la feuilleta rapidement. Rapports de police, photos du yacht des Striker, analyses sanguines des gens qui s'étaient trouvés à bord ce soir-là… Bref, rien de très…

Nom de Dieu.

Il se força à lever les yeux vers le haut de la page et à tout relire soigneusement. La nausée le gagna. Comment allait-il bien pouvoir raconter ça à Cammie ?

Une comédie romantique dégoulinante de bons sentiments

Le bungalow d'Eduardo était éclairé par des dizaines de bougies à la vanille. Il y en avait partout : sur les plans de travail en marbre de la petite cuisine, sur le rebord de la baignoire, sur la table et les chaises en lucite transparente Philippe Starck, sur la table basse coincée entre les canapés en cuir taupe Minotti et sur les deux tables de chevet antiques qui encadraient le lit à baldaquin. Dans la chambre, leur léger parfum se mêlait à celui des pétales de rose répandus sur le couvre-lit en dentelle de Bruges.

Sam était allongée dans les bras de son petit ami. Durant l'heure torride qui avait précédé, le couvre-lit avait glissé sur le tapis persan. Eduardo était nu. Elle-même était nue en pleine lumière. Et le plus stupéfiant, c'est que ça ne lui posait aucun problème.

Ils avaient enfin sauté le pas – et fait l'amour avec une passion à la hauteur de tous ses fantasmes. Enfin, peut-être pas tous. Pour ça, il aurait fallu qu'elle soit encore mieux foutue que Cammie.

— Tu es si belle, Samantha, murmura Eduardo, le visage enfoui dans ses cheveux.

Il avait l'air sincère. Incroyable.

Sam s'était toujours demandé si faire l'amour serait vraiment très différent de s'envoyer en l'air sous l'emprise de la drogue ou de l'alcool. Cette expression d'indicible extase qui s'inscrivait sur le visage des actrices pendant les scènes de sexe n'était peut-être que feinte. Après tout, le directeur de la photographie s'arrangeait pour que les protagonistes aient l'air plus grands, plus minces et dix ans plus jeunes. Donc, tout le reste pouvait très bien n'être également que de l'esbrouffe.

Sam était née et avait grandi dans le milieu du cinéma; elle connaissait tous les tours de passe-passe d'Hollywood. Mais à présent, elle connaissait aussi la vérité sur ce qui arrive quand, pour la première fois de sa vie, une fille se trouve belle et désirable dans les yeux d'un garçon qui l'adore : elle fait l'amour au lieu de s'envoyer en l'air. Ni la drogue ni l'alcool ne pouvaient rivaliser avec cette ivresse-là.

— Alors, heureuse ? chuchota Eduardo.

— A ton avis ?

Malgré ses yeux fermés, elle sentit son petit ami sourire.

— D'après le bruit que tu faisais, je dirais que oui.

— Ne va pas prendre la grosse tête pour autant, d'accord ?

Dire qu'elle était presque pétrifiée par la nervosité quand ils étaient arrivés au bungalow ! Après avoir dîné au Polo Lounge, ils s'étaient promenés dans les jardins luxuriants du Beverly Hills Hotel. A la demande d'Eduardo, une femme de chambre était passée en leur absence pour allumer les bougies et répandre les pétales de roses sur le lit. Mais ce qui avait le plus touché Sam, c'était le bouquet de tulipes posé sur l'une des tables de chevet. Une fois, elle avait mentionné devant Eduardo que les tulipes étaient ses fleurs préférées. Jamais elle n'aurait cru qu'il s'en souviendrait.

Une fois à l'intérieur, le jeune homme avait pris une carafe de porto Taylor 1935 dans le bar et leur en avait servi un petit verre à chacun. Ils l'avaient siroté devant le feu qui rugissait dans la cheminée. Eduardo n'avait pas mis la pression à Sam. Il pensait ce qu'il lui avait dit la veille : il attendrait jusqu'à ce qu'elle se sente prête. Il l'avait embrassée, et…

Elle s'était sentie prête.

Dans un monde parfait, elle aurait été aussi légère qu'une plume, et Eduardo l'aurait portée dans la chambre. Il avait l'air assez costaud pour ça. Mais elle s'était réjouie qu'il n'essaie pas – et qu'il ne fasse aucune des choses suivantes : lui demander de faire un strip-tease, la déshabiller directement, se déshabiller tout seul. Il s'était contenté de l'embrasser encore et encore, jusqu'à ce que tous les complexes de Sam tombent par terre en même temps que ses vêtements. Le regard d'Eduardo lui avait dit la seule chose capable de la convaincre : à ses yeux, elle était belle.

— Et si on passait le reste de notre vie au lit ? suggéra-t-elle en se pelotonnant contre lui. On ne se lèverait que pour prendre une douche de temps en temps.

— Nos amis et notre famille risqueraient de s'inquiéter, sourit Eduardo.

— On n'aurait qu'à faire courir la rumeur qu'on s'est enfuis au Tibet.

Il lui embrassa les cheveux.

— Je suis allé au Tibet. On n'y mange pas très bien. Je préférerais un endroit plus romantique. Que dirais-tu de Saint-Tropez ?

— Je connais déjà. Il y a beaucoup trop d'Américains à mon goût.

— Tu n'as pas tort. Et c'est la même chose dans les landes écossaises... (Le jeune homme réfléchit.) J'y suis ! La Corse. En yacht, depuis l'Italie. Ils font le meilleur fromage du monde.

Sam se tordit le cou pour lui jeter un regard incrédule.

— Tu veux aller en Corse à cause de leur fromage ?

— J'irais n'importe où avec toi, Samantha.

De nouveau, il l'embrassa doucement.

— Sauf à mon bal de promo.

— J'ai déjà promis à ma famille que je serais là samedi soir. Prends des photos pour moi. Comme ça, je verrais combien tu étais magnifique dans ta robe.

— Et si je la portais rien que pour toi, une autre fois ? suggéra-t-elle.

Elle savait qu'il y avait peu de chances pour qu'Eduardo change d'avis, mais ça ne coûtait rien de demander. S'il avait dit oui, elle aurait expliqué la situation à Parker, qui n'aurait pas fait de difficulté. Il n'avait pas intérêt à se fâcher avec la fille de Jackson Sharpe. Maintenant, Sam devait parler de Parker à Eduardo – ce à quoi elle n'avait pu se résoudre jusque-là.

— Je te connais, Samantha. Jamais tu ne porterais la même tenue de soirée deux fois.

Sam éclata de rire. Bien vu. Eduardo la comprenait *et* il trouvait ses cuisses de mammouth très appétissantes. Quel amour… Mieux valait ne pas penser à la soirée du lendemain, décida-t-elle en se pelotonnant contre son petit ami.

Une fille disgracieuse mais bourrée de talent réussit à faire craquer le garçon le plus canon de la Terre, et parce qu'il a vu sa beauté intérieure, il lui trouve aussi une beauté extérieure dont elle n'avait jamais eu conscience… Ça ressemblait au scénario d'une comédie romantique dégoulinante de bons sentiments. Mais Sam s'en fichait : elle était trop occupée à y jouer le premier rôle.

Des mules Prada en velours rose

Tout en remplissant un autre blender de myrtilles, de kiwi épluché et de tranches de pêche, Ben balaya du regard la foule de clubbers qui s'agglutinait autour de son bar à jus de fruits. Il secoua amèrement la tête. La veille, le *L.A. Weekly* avait publié la liste des boîtes les plus en vogue du moment, et le Trieste figurait en première position. L'article garantissait qu'il ne désemplirait pas pendant plusieurs mois, mais pour ceux qui créaient les tendances, ce brusque afflux de clientèle marquerait le début de la fin. Ces gens-là ne mettaient jamais les pieds dans une boîte si un journal – fût-ce l'hebdo le plus hype de la ville – en avait parlé. Lentement mais sûrement, le Trieste deviendrait le QG des gamins de la Vallée et de South Bay, des aspirants people et des touristes européens qui s'y précipiteraient comme sur le moins cher des buffets de Las Vegas.

Tandis que les commandes se succédaient à une cadence infernale, Ben se surprit à jouer à un petit jeu : il essayait de deviner combien de pourboire lui laisserait chaque client. Le garde du corps maousse d'une chanteuse qui avait collectionné les triples disques d'or jusqu'à ce qu'elle joue dans le pire film de toute l'histoire du cinéma et devienne la risée générale ? Cinq dollars. Il aurait parié sur trois. Le gagnant de *Big Brother*[1] à qui il venait

1. Equivalent français : *Loft Story. (N.d.T.)*

de servir un banane-goyave ? Deux dollars au lieu des quatre escomptés. L'ancien guitariste des Dead Kennedys – noix de coco, fruit de la passion et cerises ? Il pensait récolter un billet de cinq, et il eut droit à un billet de vingt.

Enfin, le manager fit son apparition. Cet ancien de Wall Street avait gagné une fortune en se débarrassant de ses actions AOL et Amazon juste avant l'éclatement de la bulle Internet et le plongeon spectaculaire qui avait suivi.

— Merci de bosser aussi dur, dit-il à Ben. Prends-toi donc une pause. La semaine prochaine, je te rapatrie au bureau – sinon, ton père fera exprès de louper la prochaine opération de ma femme.

Une grande fille mince vêtue d'une brassière rouge et d'un pantalon noir moulant, qui avait des cheveux noirs hérissés sur la tête et deux piercings dans la lèvre, vint prendre la place de Ben derrière le comptoir.

— Je reviens dans vingt minutes, lui promit-il.

— Ne t'inquiète pas, je gère, répondit la fille, qui s'affairait déjà devant les blenders.

En s'éloignant, Ben réalisa qu'il mourait de faim. Un Trieste burger – fait avec un steak de buffle au lieu d'un steak de bœuf – serait le bienvenu. Il passa sa commande à un des chefs, puis s'affala dans une chaise de jardin.

Et merde. Pas lui.

Jack Walker était de retour. Il portait un jean noir moulant et un T-shirt noir avec une tête de mort sur le devant – un look très punk. A l'instant où il aperçut Ben, il agita la main et se fraya un chemin parmi la foule pour le rejoindre.

— Salut, mon pote. On peut discuter ? demanda-t-il en tirant une chaise en rotin face à celle de Ben.

Le connaissant, Ben savait qu'il ne partirait pas tant qu'il n'aurait pas dit ce qu'il avait à dire.

— J'ai vingt minutes de pause et un burger à engloutir. Donc, je te conseille de faire vite.

Jack hocha la tête.

— Je te laisserais dix-huit minutes de tranquillité. Je voulais juste m'excuser pour l'autre soir.

Ben fut surpris.

— J'avoue que je ne m'attendais pas à ça.

— J'ai essayé de me mettre à ta place, et… Je comprends que tu considères Maddy comme une proie facile.

— Merci.

— N'oublie pas que je t'ai vu draguer tout ce qui bouge.

— A l'automne dernier, oui. Mais c'étaient des étudiantes. Maddy a l'âge d'une lycéenne et l'expérience d'une collégienne.

Jack eut une grimace amusée.

— J'ai entendu dire que grâce à toi, je ne l'accompagnais plus à son bal de promo.

— Les bonnes nouvelles voyagent vite.

— Je tenais à te dire que ça ne me pose pas de problème.

— Ben ! Ton Trieste est prêt ! appela le chef au cou tatoué.

— Merci, Willie.

Ben se leva et alla chercher l'assiette en papier dans laquelle un énorme steak de buffle voisinait avec un petit pain, du cole slaw[1] et une salade de mini pommes de terre rouges.

— J'aimerais bien savoir à quoi tu joues, avoua-t-il en se rasseyant. Tu te fais un trip « ne me soumets pas à la tentation » ?

— Tu crois avoir tout compris, hein ? gloussa Jack. (Il se leva et lui tendit un poing fermé.) Alors, amis ?

A Princeton, les jeunes gens étaient presque comme les deux doigts de la main. Ben ne voulait pas qu'ils se fâchent juste parce que Jack était un tombeur. Il comprenait d'où lui venait son penchant pour la drague à outrance. Jack avait grandi dans une famille pauvre ; il voulait montrer au monde – et aussi à lui-même – qu'il pouvait détenir le pouvoir, pour changer un peu. Ça lui passerait sans doute avec l'âge. Dans le cas contraire, il ne serait pas le premier ancien de Princeton à accumuler un tableau de chasse indécent. Et puis, il était peut-être plus mature que Ben ne l'aurait cru : après tout, il était venu s'excuser.

— Ouais, amis, dit-il en tapant son poing avec le sien.

1. Salade à base de chou cru et de mayonnaise. *(N.d.T.)*

Trop chou.

Depuis l'autre bout du patio, Cammie regarda Ben et le Mystérieux Punk échanger un de ces gestes virils qui avaient depuis longtemps remplacé la traditionnelle poignée de main. Son ex était toujours aussi séduisant, constata-t-elle avec dépit. Elle avait beau être amoureuse d'Adam, une partie d'elle craquait encore pour Ben. Etait-ce parce qu'il l'avait plaquée et qu'elle avait une revanche à prendre, ou parce qu'il avait eu le cran de la remettre à sa place et qu'elle admirait sa force de caractère ? Elle n'en avait aucune idée.

Mais elle n'était pas venue au Trieste pour Ben. Elle était venue pour Dee, à qui elle avait promis de trouver un cavalier de premier choix. Jusqu'en fin d'après-midi, elle en avait eu un : Zack Bronson, le très grand, très maigre mais indéniablement très séduisant batteur du groupe de néo new wave Fluffer, qui venait de signer avec l'agence de son père. Puis Zack avait appelé juste avant le dîner pour la prévenir que sa maison de disque l'envoyait faire un showcase à Miami le samedi soir – du coup, le rencard avec sa copine était annulé, bonne chance et à la prochaine.

Enfoiré.

Cammie se retrouvait donc confrontée à la délicate mission de trouver un type jeune, canon et à peu près sain d'esprit qui soit libre le lendemain soir et accepte d'assister à un bal de promo. Elle aurait pu le chercher dans un paquet d'autres endroits, et s'était persuadée qu'elle avait choisi le Trieste parce que c'était la boîte branchée du moment – pas parce que Ben y travaillait.

Elle regarda Punk Boy rejeter la tête en arrière et éclater de rire en réponse à quelque chose que Ben venait de dire. *Mmmh.* Il était plutôt mignon dans le genre Johnny Rotten/Sid Vicious[1]. Oui, décida Cammie, il pourrait peut-être faire l'affaire.

Elle se fraya un chemin à travers la foule jusqu'aux deux garçons assis sur des chaises de jardin.

— On ne peut pas continuer à se voir en cachette comme ça, ronronna-t-elle.

1. Leaders successifs des Sex Pistols, le groupe phare du mouvement punk. *(N.d.T.)*

— Cammie !

Ben semblait sincèrement heureux de la voir. Il se leva et l'enveloppa dans une étreinte d'ours. Elle sentit les contours de son corps musclé et pensa brièvement que ça serait bien s'il ne la lâchait jamais.

— Alors, tu es de retour... Bienvenue à la maison, dit-elle nonchalamment. (Elle saisit une autre chaise en rotin et adressa son sourire le plus ravageur à Punk Boy.) Salut. Je suis Cammie Sheppard.

— Jack Walker. Comment ça va ?

Dans ses yeux, elle lut l'attirance immédiate qu'elle lui inspirait. Elle avait beau s'y attendre, ça la ravissait toujours autant.

— Donc, tu es une amie de Ben, déduisit-il en la fixant d'un air admiratif. Veinard de Ben.

— Tu n'as pas idée.

Cammie croisa gracieusement ses jambes mises en valeur par une minirobe à fleurs Kenzie rose et blanche et des mules Prada en velours rose. Elle eut la satisfaction de voir le regard de Punk Boy descendre et rester braqué sur ses cuisses nues.

— Ne me dis pas qu'il t'a laissée filer ?

— On pourrait peut-être changer de sujet ? suggéra Ben en avalant la dernière bouchée de son steak.

— Bien sûr. (Cammie se pencha vers Punk Boy.) Et toi, qui es-tu ?

Il lui fit un résumé, comme ceux que l'on fournissait aux acteurs engagés pour jouer dans l'adaptation d'un roman afin qu'ils n'aient pas à se taper tout le bouquin. Etudiant à Princeton. Ami de Ben. A L.A. pour l'été. En stage à la Fox. Logé dans une maison d'invités. Véhiculé par une bagnole prêtée mais super classe.

De mieux en mieux, songea Cammie.

Quand Ben annonça que sa pause était finie et qu'il devait regagner son poste, Cammie fit comprendre qu'elle serait très contente de rester avec son ami. Jack se lança dans une présentation enthousiaste de la nouvelle émission de télé réalité qu'il développait : *Le Maître Dragueur*. Le principe consistait à suivre plusieurs garçons avec une caméra cachée pour voir lequel d'entre eux obtenait le meilleur score au grand jeu de la séduction. Cammie fit semblant de trouver cette idée fascinante – même si elle était convaincue de pouvoir en pondre une meilleure dans son sommeil.

Ben envoya une minuscule serveuse blonde à la musculature de gymnaste leur apporter deux smoothies au sorbet à l'orange, ce qui donna à Jack l'opportunité de bavasser pendant un bon quart d'heure supplémentaire sur les stars de la Fox, dont un tiers étaient ou avaient été clientes de Clark Sheppard. Enfin, le jeune homme aborda la question que Cammie attendait depuis le début.

— Je me disais que… Demain soir, tu pourrais peut-être me montrer quelques boîtes du coin, suggéra-t-il.

Quelle subtilité…

— J'adorerais ça, mentit Cammie. Mais demain soir, j'ai mon bal de promo.

Jack haussa un sourcil.

— Vraiment ? Et tu ne trouves pas ça ringard pour une fille aussi cool que toi ?

Elle n'eut pas à se forcer pour éclater de rire.

— En fait, si. Mais mon petit ami tient à y aller, donc…

Elle avait fait exprès de mentionner Adam, sachant que Punk Boy serait déçu. Comme de bien entendu, il poussa un gros soupir. Les garçons étaient tellement prévisibles…

— Ton petit ami, hein ? J'aurais dû m'en douter…

— Oui, tu aurais dû, gloussa Cammie en lui posant une main sur le bras. (Un contact physique, ça aidait toujours à obtenir ce qu'on voulait.) Par contre, je viens d'avoir une idée qui pourrait te plaire.

— Laquelle ?

— Le cavalier d'une de mes meilleures amies s'est décommandé cet après-midi. Et elle veut vraiment assister à notre bal de promo. Pourquoi ne l'y accompagnerais-tu pas ?

Jack secoua la tête.

— Pas question. Je n'accepte jamais de rencard avec des inconnues.

Cammie réfléchit quelques secondes, puis se leva.

— Viens avec moi.

Elle se dirigea vers le bar à jus de fruits où Ben était occupé à préparer trois smoothies simultanément. Comme elle s'y attendait, Punk Boy la suivit docilement.

— Ben ?

— Oui ?

— Dee a besoin d'un cavalier pour demain soir. Ton ami n'a pas l'air très motivé. Tu peux lui dire qu'elle est mignonne ?

Ben éteignit un des blenders.

— Très mignonne, confirma-t-il. Mais…

— Tu vois ? coupa Cammie en se tournant vers Punk Boy. Certifié par un autre mâle. Et puis, comme ça… (Elle se rapprocha de lui, juste assez pour presser légèrement ses seins contre sa poitrine.) … Ça nous donnera l'occasion de danser ensemble.

Elle lui fit taper son numéro de téléphone dans son BlackBerry et lui dit qu'elle l'appellerait le lendemain matin pour lui donner tous les détails sur l'organisation de la soirée. *Mission accomplie*, se félicita-t-elle. Maintenant, si seulement elle pouvait se rappeler le nom de ce garçon…

Une variation chaste sur le thème du triolisme

— Je n'arrive pas à croire qu'Eduardo soit parti, soupira Sam tandis qu'Anna et elle poussaient la porte de Boss Sushi, dans la partie sud de La Cienega Boulevard. C'était fabuleux. Il me manque déjà.

— Il sera bientôt de retour pour passer tout l'été avec toi, lui rappela son amie. Tu as beaucoup de chance.

Sam acquiesça.

En début de semaine, les deux filles avaient convenu de se retrouver le vendredi après les cours pour se préparer ensemble. Leur rendez-vous pomponnage avait été déplacé en même temps que le bal de promo. A vrai dire, Anna était surprise que Sam ne soit pas déjà à Palmdale, en train de passer ses troupes en revue tel un général cinq étoiles. Son amie lui avait assuré que Monty était déjà sur place, tout comme Jazz, Fee et leurs caméscopes – ce qui devrait lui fournir une matière première plus que suffisante pour son documentaire.

A l'intérieur, Sam agita la main pour saluer des gens qu'elle connaissait. Avec ses tables de bois confortablement espacées, son éclairage tamisé et son système audio qui diffusait une chanson de Frank Sinatra, le Boss Sushi était l'un des restaurants les plus branchés de la ville. Jackson Sharpe était ami avec le chef, Tom Sagara, à qui il avait même confié un petit rôle dans *Ben-Hur*.

Dès que Tom aperçut Sam, il se précipita pour l'embrasser sur les deux joues et lui promit les sushi et les sashimi les plus frais – inutile qu'elle s'embête à consulter le menu. Il entraîna les deux filles vers un box et leur recommanda l'émincé de daurade avec avocat et shiso, enveloppé dans du radis japonais. Puis une jeune serveuse tout de noir vêtue, avec des cheveux rouges coupés assez court pour qu'on voie son crâne, leur apporta une carafe du vin de la maison – cadeau du Boss –, un Chardonnay si léger et si frais qu'il leur picota la langue.

— Tu es bien libre tout l'après-midi ? s'enquit Sam en remplissant son verre en cristal.

— Pourquoi ?

— J'ai demandé à une styliste de venir avec des robes de bal pour Dee, Cammie, toi et moi. Et, oui, je lui ai dit de prendre des tailles trente-quatre pour vous. Je vous déteste.

Anna fut un peu surprise. Elle avait prévu de porter une robe Chloe en mousseline de soie bleu pâle qu'elle avait déjà mise une fois, pour un dîner à la Maison Blanche. (Jane et Jonathan Percy faisaient régulièrement des donations importantes aux deux partis politiques. Ainsi, quel que soit le vainqueur des élections, ils étaient toujours dans ses petits papiers.) La soirée ne lui avait pas laissé un souvenir inoubliable – si elle avait été moins bien élevée, la conversation d'une des filles du président lui aurait probablement fait piquer du nez dans son assiette. Mais la femme de l'ambassadeur de Belgique lui avait demandé où elle avait acheté sa robe, ce qu'elle avait trouvé flatteur.

— Oh oh. Tu es fâchée, remarqua Sam. Je le vois sur ta figure.

— Pas du tout, contra Anna.

Et elle ne mentait pas. Sam était coutumière de ce genre de surprises ; elle avait appris à faire avec.

— Super, se réjouit Sam. Quoi que tu aies prévu de porter, oublie-le. Cette styliste s'occupe personnellement de toutes les filles qui se retrouvent chaque année sur la liste des personnalités les mieux habillées. Et... (Elle plissa les yeux.) Quelque chose te tracasse, ne me dis pas le contraire.

— Ça n'a rien à voir avec les robes. (Anna ne savait pas comment présenter la chose à Sam.) C'est ton film. Je sais que tu veux devenir réalisatrice, et je sais aussi que tu as beaucoup de talent, mais…

— Mais quoi ?

— C'est juste que… Je me demande si c'est une bonne idée de démarrer ta carrière ainsi – en te faisant remarquer aux dépens d'autres personnes.

Sam se radossa à la banquette, croisa les mains derrière sa tête et éclata de rire.

— Anna. Tu n'as pas besoin de prendre de gants avec moi. Dis-le : tu penses que je vais ridiculiser les prom-prom girls. C'est bien ça ?

Anna but une minuscule gorgée de vin.

— Oui. Et je ne vois pas ce que ça a de drôle.

— Tu as vraiment de la chance de ne pas avoir grandi ici, à Hollywood. Tu te serais fait dévorer toute crue avant de finir l'école maternelle.

— Ne change pas de sujet, s'il te plaît. Il m'a fallu beaucoup de courage pour aborder celui-ci avec toi.

Sam s'esclaffa de nouveau.

— Je m'en doute. Tranquillise-toi : tu n'as pas besoin de t'inquiéter. Non que je laisse mes amis influencer mon travail – surtout quand ils n'ont aucune idée de ce à quoi va ressembler le produit fini, n'ont même pas voulu voir le montage initial et ont tiré des conclusions sans savoir de quoi il retournait vraiment.

Anna cligna des yeux.

— J'ai peur de ne pas te suivre.

— Je l'admets : au début, j'envisageais de me foutre de la gueule des prom-prom girls. Mais depuis, j'ai changé le concept de mon film.

— Et qu'est-il devenu ?

Sam ne répondit pas directement.

— C'est bizarre, lâcha-t-elle en triturant un emballage de paille vide, mais maintenant que j'ai appris à les connaître… Je crois que je les aime bien.

Le visage d'Anna s'éclaira.

— C'est super.

— Surtout ne l'ébruite pas, hein ? Dès que tu commences à voir les gens différents de toi comme des personnes en trois dimensions, et pas seulement comme des caricatures, ça devient très difficile de les casser. Donc… mon nouveau concept est beaucoup plus positif.

Le CD de Sinatra s'acheva et fut remplacé par la voix de Billie Holliday chantant « Strange Fruit », un morceau qu'Anna adorait. Elle se pencha vers son amie.

— Je suis enchantée que tu aies changé d'avis.

— Ecoute… Tu fréquentais des tas d'écrivains et de peintres à New York. Tu sais que l'art est en perpétuelle évolution. La première idée n'est pas toujours la bonne. La nuit dernière avec Eduardo… C'était tellement réel. Honnête. Authentique. (Frustrée de ne pas trouver de mot capable d'exprimer la magie de cet instant, Sam secoua la tête.) Quand je me suis réveillée ce matin, j'ai réalisé que même si Jazz et Fee se font des illusions en pensant accéder un jour à la liste VIP, elles agissent avec leur cœur. Elles veulent vraiment que ce bal de promo soit une réussite. Et c'est ce que j'ai décidé de montrer dans mon documentaire : comment à Beverly Hills, où faire la fête est un art en soi, deux lycéennes peuvent insuffler un peu d'humanité à une ville qui en manque cruellement.

Anna ne put réprimer un large sourire.

— Sam Sharpe, tu es un génie.

— C'est vrai, acquiesça Sam sur un ton désinvolte. Et maintenant, j'ai une surprise pour…

Elle fut interrompue par la serveuse qui leur apportait un assortiment de sushi et de sashimi posé sur un énorme plateau.

— Saumon, thon, crevette, anguille…, énuméra-t-elle en posant des tas de petites assiettes devant les deux filles.

— Sam !

La voix provenait de l'entrée du restaurant. Anna tourna la tête. Dee trottinait vers leur table, flanquée d'un grand type dégingandé. Tout en bras et en jambes, il avait des cheveux roux bouclés, des oreilles légèrement décollées, des yeux nerveux qu'il plissait à la façon des grands myopes et une pomme d'Adam qui jouait au yoyo dans sa gorge. Il portait un jean soigneusement repassé, avec des plis bien marqués.

— Voici ma surprise, s'exclama joyeusement Sam. Libre pour la journée, et accompagnée de… Je ne sais absolument pas qui est ce garçon. (Elle baissa la voix.) Pas son nouveau petit ami, j'espère.

Les deux filles se levèrent pour étreindre Dee.

— Je suis si contente que tu sois là ! s'écria Sam.

— Pas autant que moi, gloussa Dee.

— C'est bon de te voir, sourit Anna. Tu dois te sentir beaucoup mieux.

Dee portait un pantalon en toile Bebe, un T-shirt moulant vert olive, des Vans rouges et pas la moindre trace de maquillage. Anna ne l'avait jamais vue habillée aussi décontracté. Et ça lui allait mieux que toutes ses autres fringues réunies.

— Asseyez-vous, dit Sam à Dee et à son étrange compagnon, en les poussant vers le box.

— Voici Marshall Gruber. Mon garde-chiourme pour le bal de promo, expliqua Dee.

— Ton chaperon, corrigea Marshall d'une voix nasillarde. Je suis interne en psychiatrie à Ojai.

Sam jeta un regard dubitatif à Dee. C'était génial que son amie ait pu obtenir une permission de sortie, mais pourquoi fallait-il que son escorte ressemble au type de *Napoleon Dynamite* ? Et où était passé le cavalier que Cammie devait lui fournir ?

La fille aux cheveux rouges revint avec un autre plateau.

— Servez-vous, dit Sam à Dee et à Marshall. La daurade est fantastique.

— Oh, non, protesta Marshall d'un air horrifié. Je suis végétarien. Je prendrai juste du riz. Complet, si possible.

Dee saisit un morceau de daurade – son propre végétarianisme s'était apparemment envolé en même temps que les symptômes de son trouble bipolaire – et mordit dedans.

— La liberté, déclara-t-elle avec un sourire béat après avoir avalé son poisson cru. C'est fantastique : un après-midi entier avec mes amis et mon bal de promo.

Avec tes amis et ton chaperon, songea Anna. Elle s'efforça de ne pas dévisager Marshall, qui utilisait ses baguettes pour séparer chacun des grains de riz blanc contenu dans son bol.

— Le riz blanc n'a aucune valeur nutritionnelle, déclara-t-il sévèrement. Autant avaler du cyanure.

— Marshall ? Tu veux peut-être aller t'asseoir au bar à saké – loin de toute cette nourriture maléfique ? suggéra Sam.

Le jeune homme secoua la tête.

— Non. Je dois rester avec Dee.

Dee leva les yeux au ciel.

— Au fait, Sam, tu sais quelque chose au sujet de mon cavalier ?

Son amie haussa les épaules.

— Je n'ai pas eu de nouvelles de Cammie récemment, mais elle doit nous retrouver chez moi dans…

— Hé, Dee !

Comme si elle n'avait attendu que ce signal pour faire son entrée, Cammie s'engouffra dans le restaurant, vêtue d'une ample jupe à volants orange Crazy Chic et d'un bustier rose et orange.

— J'ai une grande nouvelle à vous annoncer ! claironna-t-elle. Trop grande pour attendre l'heure de notre rendez-vous.

Dee se leva d'un bond et l'étreignit, puis lui présenta Marshall. Comme il ne restait pas de place sur la banquette, Cammie s'assit sur les genoux du jeune homme. Celui-ci se raidit. Elle baissa les yeux.

— Tu as une baguette dans la poche, ou tu es juste content de me voir ? le taquina-t-elle.

Sam et Dee éclatèrent de rire ; Anna se retint d'écarquiller les yeux. Quant à Marshall, il vira au rouge betterave et se tortilla pour la déloger – mais sans succès.

— C'est à propos de mon cavalier ? s'impatienta Dee. Tu as trouvé quelqu'un ?

— Absolument, triompha Cammie en prenant un sushi au thon albacore enveloppé dans des algues nori. Il s'appelle Jack Walker. C'est un ami de Ben, lui aussi étudiant à Princeton. Et il est canon, dans le genre mauvais garçon.

Anna s'interrompit, les baguettes en l'air. Jack Walker ? Le Jack Walker qui avait dragué Maddy ? Ça ne pouvait être que lui. Elle n'imaginait pas Dee sortant avec un tombeur pareil ; la jeune fille devait être encore fragile émotionnellement. D'un autre côté, elle semblait si pleine d'espoir…

— Je le connais, Dee. Il est vraiment mignon, lui assura-t-elle en espérant qu'elle ne commettait pas une grosse bourde.

Marshall se racla la gorge, ce qui fit tressauter sa pomme d'Adam proéminente.

— Euh, excusez-moi. L'autorisation de sortie précise bien que je dois escorter Dee toute la journée. Je l'ai laissée dans la boîte à gants de la voiture. Je vais aller la chercher pour vous la montrer.

Cammie passa négligemment un bras autour de ses épaules.

— Inutile. Tu l'accompagnes, et Jack aussi. Considère ça comme… une variation chaste sur le thème du triolisme.

Marshall hocha solennellement la tête.

— Je suppose que c'est acceptable, mais je ne peux leur autoriser aucune intimité susceptible de déboucher sur une consommation de drogue ou d'alcool, ou sur des relations sexuelles nuisibles au processus thérapeutique.

Cammie lui caressa les cheveux.

— Marsh, mon chou, tu veux bien nous laisser ? Il faut qu'on discute entre filles.

— Pas de problème, acquiesça-t-il, rassuré que personne ne veuille lui interdire l'accès au bal de promo. Je vais aller au bar à sushi et regarder les poissons nager dans l'aquarium avant de se faire assassiner.

Comme Anna le suivait du regard, elle ne vit pas l'adolescente aux longs cheveux noirs qui s'approchait de leur table depuis la direction opposée.

— Salut, Anna. Ouah. Je vous dérange, peut-être ?

C'était Maddy. Elle portait un pantalon kaki trop grand pour elle, et un T-shirt bleu marine assez large pour accueillir toute la population d'une petite île. Ses cheveux étaient attachés en une longue tresse négligée ; au bout de son bras pendait un sac de sport.

— Non, pas du tout, la détrompa Anna. Que fais-tu ici ?

Maddy eut l'air embarrassé.

— Je peux te parler une seconde ? En privé ?

Anna acquiesça, demanda aux autres de l'excuser et entraîna Maddy vers le couloir des toilettes.

— Tu n'es pas fâchée contre moi ? s'inquiéta la jeune fille. Je t'aurais bien appelée sur ton portable, mais j'ai oublié de demander ton numéro à Ben, et il n'était pas à la maison. Il m'avait dit que tu devais déjeuner ici. J'aurais pu appeler le resto et demander qu'on te transmette un message… si j'y avais pensé avant d'arriver.

— Ce n'est pas grave, dit gentiment Anna. Alors, que puis-je faire pour toi ?

Elle avait du mal à imaginer un problème nécessitant son attention immédiate.

— Le truc, c'est que… (Maddy hésita.) Bon, d'accord, je ne vais pas tourner autour du pot. Ma mère m'a envoyé une robe de bal. Je n'ai pas beaucoup d'argent pour en acheter une autre au Beverly Center ou dans un endroit de ce genre. Mes vieilles fringues ne me vont plus. Alors, je voulais te la montrer pour que tu me dises ce que tu en penses.

Anna fut touchée, et un peu honteuse d'avoir été jalouse d'elle. Maddy était si jeune, si innocente !

— J'en serai ravie, affirma-t-elle.

— Super ! Merci beaucoup.

Maddy ouvrit son sac de sport et en sortit la fameuse robe. Elle était en polyester fuchsia, avec de petites manches ballon et plusieurs rangées de volants qui descendaient depuis le décolleté jusque sous la poitrine. Après ça, elle tombait tout droit jusqu'au plancher. C'était sans doute le vêtement le plus hideux qu'Anna ait jamais contemplé.

— Alors, qu'est-ce que tu en penses ? s'enquit anxieusement Maddy.

— J'en pense que tu devrais la remettre dans ton sac, répondit Anna sur le ton le plus neutre qu'elle put conjurer.

— Elle est affreuse, c'est ça ? Je le savais, se désespéra Maddy.

— Disons que tu peux faire mieux. (Anna réfléchit à toute vitesse. Un plan germait dans son esprit.) Ecoute… Pourquoi ne viendrais-tu pas t'asseoir un petit moment avec mes amies et moi ?

Le visage de la jeune fille s'illumina.

— Vraiment ? Si ça ne vous dérange pas, j'adorerais !

Anna passa son bras sous celui de Maddy et la ramena vers le box. Elle fit signe au maître d'hôtel – un sosie d'Eva Longoria que le succès de *Desperate Housewives* devait beaucoup énerver, car elle n'avait désormais plus aucune chance de décrocher un rôle – d'apporter une chaise pour la mettre au bout de la table.

Alors que Maddy s'asseyait, Cammie la détailla de la tête aux pieds.

— Qui es-tu ?

— Une amie d'Anna. Madeleine McGee. Mais tu peux m'appeler Maddy, comme tout le monde.

— Et ce T-shirt, c'est celui que tu portais avant d'accoucher ?

Anna frémit. Elle aurait dû s'attendre à ce que Cammie asticote la nouvelle venue, mais tant de méchanceté la laissait sans voix.

Maddy eut une réaction désarmante. Au lieu de se mettre en colère, elle sourit de toutes ses dents.

— Il n'y a pas si longtemps, j'étais obèse, et je n'ai pas encore acheté de nouveaux vêtements parce que je compte perdre dix ou douze kilos de plus. Et pour être honnête, je n'ai pas tellement d'argent.

Et elle se lança dans le récit non expurgé de son opération, qu'elle conclut en sortant de son agenda la photo cornée qui la montrait au bord du lac. Tandis que le cliché faisait le tour de la table, Sam claqua des doigts.

— Je sais qui tu es ! Tu es la fille qui vit chez Ben.

— C'est ça ! s'exclama Maddy.

La joie que la fille du grand Jackson Sharpe ait entendu parler d'elle la fit presque bondir hors de sa chaise. Encouragée, elle raconta comment elle était allée habiter chez les Birnbaum, chanta les louanges de Ben sur tous les tons et clama combien c'était gentil de sa part de l'emmener à son bal de promo le soir même.

Alors, tous les regards se braquèrent sur Anna. *Oups.*

— C'est vrai, avoua très vite la jeune fille afin de limiter les dégâts. J'ai suggéré que Ben l'accompagne avant de venir à notre bal de promo. Après tout, elle rentrera faire sa terminale dans le Michigan. Ce serait sympa qu'elle fasse l'expérience d'une grande soirée lycéenne à Hollywood.

— Cool ! s'écria Cammie. Ça fait très Institut Esalen – ma tante était chez eux avant de devenir scientologue. Maddy et toi, vous vous partagez Ben.

— Et pourquoi pas ? Il n'est plus avec toi. (Dee posa une main sur le bras de Maddy.) Cammie et Ben sortaient ensemble, dans le temps.

La jeune fille écarquilla les yeux.

— Ouah ! Avant qu'il tombe follement amoureux d'Anna ?

— A ton avis ? railla Cammie.

— Tu as faim, Maddy ? intervint Anna, désireuse de changer de sujet pour ne pas que Cammie s'acharne sur Maddy. (Elle s'était elle-même trouvée dans la position de souffre-douleur de la jeune fille peu après son arrivée à L.A., et elle n'avait pas trouvé ça amusant du tout.) On pourrait commander un autre…

Maddy secoua la tête.

— Souviens-toi : je ne peux presque rien manger à cause de mon anneau gastrique. J'ai perpétuellement faim, mais je me dis que ça vaut le coup. Surtout quand je vous regarde, si belles, si minces et si parfaites. Ça me donne l'impression d'être toujours une grosse vache.

Cammie avisa le sac de sport.

— Qu'y a-t-il là-dedans ?

Mens. Anna regrettait que la télépathie ne soit qu'une invention des auteurs de science-fiction.

Bien entendu, Maddy dit la vérité.

— Euh, ma robe de bal.

— Montre-la-moi, ordonna Cammie sur un ton qui n'admettait aucune réplique.

Lentement, Maddy sortit la monstruosité de son sac en marmonnant qu'elle ne l'avait pas choisie elle-même, que sa mère la lui avait envoyée du Michigan. Un silence de mort s'abattit autour de la table.

— Ta mère te hait, c'est ça ? finit par articuler Cammie sur un ton plus choqué que venimeux.

— Elle est affreuse, je sais.

Accablée, Maddy rassembla les frous-frous rose vif et les enfourna dans son sac.

— Affreuse ? C'est ce qu'on appelle un doux euphémisme, ricana Cammie. Il faudrait la déchiqueter et brûler les morceaux avant qu'elle se reproduise.

— Il te faut une autre robe, acquiesça Dee. (Les yeux plissés, elle jaugea la silhouette de Maddy.) Sans vouloir être indiscrète, quelle taille fais-tu ? C'est difficile à deviner sous tes vêtements.

— Un quarante-six ? Quarante-huit, peut-être ? Je ne me suis rien acheté depuis une éternité.

C'est le moment, songea Anna.

— Sam ? lança-t-elle. La styliste dont tu m'as parlé tout à l'heure… On pourrait peut-être l'appeler pour qu'elle apporte une robe à Maddy.

Maddy eut un sourire embarrassé.

— J'adorerais ça, Anna, mais je ne peux pas mettre plus de… disons, cinquante dollars.

Cammie en resta bouche bée.

— Dans quoi – un rouge à lèvres ?

Anna fixa Sam d'un air éloquent, et son amie comprit tout de suite ce qu'elle attendait d'elle.

— Vous savez quoi, les filles ? On va relooker Maddy. Maquillage, coiffure, manucure… Et pour l'amour de Dieu, on va lui offrir une nouvelle robe. Qu'en pensez-vous ?

Dee acquiesça.

— Super idée. Je le sens bien.

Anna vit que Maddy hésitait.

— Laisse-nous faire ça pour toi, lui dit-elle avec chaleur. Tu le mérites.

Et elle le pensait sincèrement. Pendant quelques jours, une jalousie stupide lui avait fait oublier sa foi en le pouvoir de la bonté. Il était hors de question que ça se reproduise. De temps en temps, l'occasion se présentait à elle d'utiliser les atouts monumentaux que la vie lui avait offerts pour améliorer un peu l'existence de quelqu'un d'autre. Le bal de promo de Maddy était l'une de ces occasions.

Maddy déglutit.

— Ouah. Vous devez être les quatre filles les plus gentilles de la planète.

— Pas tout à fait, contra Dee. L'une de nous est trop gentille, deux autres le sont rarement, et la dernière – moi – a de sérieux problèmes neuropsychologiques.

Cette vérité passa totalement par-dessus la tête de Maddy.

— Mais pour se faire coiffer et maquiller, il faut des rendez-vous, objecta-t-elle. Et mon bal de promo, c'est ce soir.

Sam sortit son téléphone portable BlackBerry de son sac espion Fendi doré (une édition limitée) et appuya sur la touche d'appel abrégé correspondant au numéro de Kiki.

— Quand tu es assez riche et assez célèbre, tu n'as pas besoin de rendez-vous. Maddy McGee, bienvenue dans la Cité des Anges.

Un vrai sablier

— C'est bon d'être la reine, remarqua Sam avec une arrogance exagérée en regardant Suki – une experte du Yuko System, ce processus japonais de reconditionnement capillaire thermique – s'affairer autour de Maddy.

Grâce au Yuko System, les frisottis de la jeune fille allaient se transformer en une longue crinière lisse et brillante. Du moins, jusqu'à ce que ses cheveux aient poussé de quelques centimètres. Alors, il faudrait tout recommencer depuis le début. Le traitement coûtait cinq cents dollars, auxquels il fallait ajouter le prix du shampooing et du brushing. Personne n'a jamais dit que la beauté était bon marché.

Une heure et demie s'était écoulée depuis que les filles avaient quitté le Boss Sushi pour se replier dans les cent vingt mètres carrés de la suite de Sam. Maddy était assise devant le miroir de la commode dans une chaise que Roger, le maître d'hôtel, avait montée du salon et positionnée sur un grand drap blanc. Pendant l'application des produits chimiques, Suki avait joyeusement expliqué qu'elle était née au Centre Médical Encino-Tarzana et avait été baptisée Krissy Atkinson. Mais du moment où elle s'était dédiée à la cause du reconditionnement thermique – renonçant pour cela à une place au Supercuts de Sherman Oaks –, elle avait adopté un prénom japonais. Selon elle, ça avait multiplié le nombre de ses clients par cinq.

Pendant que Maddy se faisait capillairement reconditionner, Sam se prélassait sur son lit à baldaquin King Size. Puisque le temps pressait, elle avait décidé de faire venir la montagne à Maddy plutôt que l'inverse, et en moins de deux heures, sa chambre s'était transformée en QG pour les préparatifs du bal de promo.

De l'autre côté de la pièce, Cammie était assise devant la table de manucure portable d'une esthéticienne. Dans la salle de bains, Dee se faisait envelopper d'algues par Katarina du Spa 310. Marshall avait préféré l'attendre en bas, dans la bibliothèque de Jackson – bien que Sam lui ait gracieusement offert un reconditionnement thermique à lui aussi.

Toute cette activité signifiait que Sam et Anna allaient passer les premières entre les mains de Gillian Garrett, styliste attitrée de deux studios majeurs et d'une flopée de VIP. Son travail ? Aider les jeunes filles à faire leur choix parmi les diverses robes de bal qu'elle avait amenées, et qui étaient actuellement suspendues dans le dressing de Sam.

Grande, mince, couverte de tatouages et de piercings, Gillian aux cheveux aile-de-corbeau était célèbre pour ses créations originales – une robe découpée dans un rideau de douche et couverte de paillettes, par exemple. Mais son plus grand talent, c'était d'habiller les autres. Une rapide description de ses clients et de leurs goûts lui suffisait pour dénicher des vêtements qui leur iraient à la perfection. Elle possédait une sorte de sixième sens spécifique à la mode.

— Tu te souviens quand on s'est habillées pour le mariage de ton père, Sam ? appela Dee depuis la salle de bains dont la porte en bois d'acajou teinté était restée grande ouverte. Je t'avais trouvé une robe vraiment super, mais tu n'as pas voulu la porter parce que c'était du… Bah, peu importe la taille. Ce qui compte, c'est la beauté intérieure.

— Dit la fille qui flotte dans du trente-quatre, railla Sam en croisant les chevilles. Allez-y, Gillian, montrez-nous ce que vous avez apporté. Commencez par elle.

Du pouce, elle désigna Anna, qui était assise sur sa chaise de bureau en cuir rose pâle.

Gillian consulta ses notes.

— Vous êtes celle qui mesure un mètre soixante-dix, fait du trente-quatre, a un style classique et aime les lignes épurées, c'est bien ça ?

— Oui, exactement.

Sam vit qu'Anna était impressionnée. Tant mieux. Elle allait lui prouver qu'elle la connaissait mieux que son amie ne se connaissait elle-même. Elle avait donné à Gillian des instructions extrêmement détaillées quant au genre de robes que la styliste devait apporter pour elle, pour ses amies et pour Maddy. Après tout, elle était réalisatrice, et une réalisatrice devait avoir l'œil pour ce genre de choses.

Chaque fille avait le choix entre six tenues. Anna examina rapidement les siennes et en écarta quatre d'entrée de jeu. Restèrent un fourreau en soie noire Oscar de la Renta, dont l'ourlet caressait presque le plancher, et une robe haute couture Chanel gris pâle, très près du corps, dont le décolleté arrière plongeait jusqu'à la taille.

— Essayez la Chanel, recommanda Gillian.

Elle se tenait sur le côté, les bras croisés, comme si elle pouvait deviner la robe qui conviendrait le mieux à Anna rien qu'en l'observant.

Anna obtempéra et s'avança jusqu'au miroir en pied à 270° qui avait été importé d'Allemagne.

— Cette robe semble avoir été taillée sur mesure pour vous, affirma Gillian, satisfaite. Avez-vous déjà envisagé de devenir mannequin ?

— Je ne fais qu'un mètre soixante-dix, se défendit modestement Anna.

Elle tourna le dos au miroir et se tordit le cou pour regarder par-dessus son épaule.

— Inutile de t'inquiéter : ça ne risque pas de te faire un gros cul. Tu auras l'air parfaite sous tous les angles – et rien que pour ça, tu devrais mourir lentement dans d'atroces souffrances, grimaça Sam.

Maddy, dont les cheveux étaient imprégnés de produits chimiques et emballés dans du plastique alimentaire bleu, admira Anna depuis l'autre bout de la pièce.

— Ouah ! Je tuerais pour être aussi mince que toi.

Gillian sortit un petit calepin de sa poche, inscrivit le prix de la robe sur la première page et le fit passer à Anna, qui acquiesça. Quatre chiffres avant la virgule. Comme le disait toujours sa mère, la qualité se paye.

— Je la prends.

— Parfait. (Gillian rempocha son calepin.) Et d'une. On ne peut pas dire que vous soyez une cliente très difficile. A qui le tour ?

— Autant en finir tout de suite, grommela Sam en se levant et en commençant à se déshabiller.

Après tout, ses amies savaient à quoi elle ressemblait dans ses sous-vêtements de soie rose La Perla – à une poire de concours pour qui même un anneau gastrique ne pouvait rien faire.

Sam avait insisté pour porter du noir. Gillian avait suivi ses instructions… du moins, en partie. Quatre des robes qu'elle lui soumit étaient noires, la cinquième, bleu nuit, et la dernière, vert sapin. Celle-ci fut écartée immédiatement. Une fois, au collège, Sam avait porté une jupe verte et sa soi-disant amie Blu avait ricané qu'elle ressemblait au Géant Vert sous stéroïdes. Il lui avait fallu toute une année de séances avec le docteur Fred pour s'en remettre. Elle essaya les quatre robes noires censées amincir visuellement ses hanches. La Lanvin symétrique drapée sur une épaule, la John Galliano en mousseline vaporeuse, la Bill Blass et la Stella McCartney… Aucune ne lui plaisait.

Et merde.

— Vous n'êtes pas contente, devina Gillian. Passez la bleue, juste pour voir.

Sam fit une moue dubitative.

— Je sais ce que vous pensez : que ça va faire ressortir vos hanches. Ayez foi en mon instinct, réclama Gillian sur un ton enjôleur. C'est pour ça que vous m'avez engagée. Cette robe est la première que j'ai sélectionnée pour vous. La coupe est splendide ; elle mettra votre manubrium en valeur.

— La partie supérieure de ton sternum, traduisit Anna.

— Celle sur laquelle s'articulent la clavicule et les deux premières côtes, compléta Sam. Je ne dormais pas pendant les cours de biologie, merci beaucoup. Très bien, je vais l'essayer. Même si je ne vois pas l'intérêt d'exposer mon foutu manubrium.

Gillian l'aida à enfiler l'Emmanuel Ungaro bleue. Une fine tresse de mousseline entourait son cou et descendait au centre de sa poitrine avant de se séparer en deux pour souligner le haut du bustier. Celui-ci moulait admirablement sa poitrine, mais plus bas, d'amples plis de tissu dissimulaient ses hanches et ses jambes.

— Prends-la dans toutes les couleurs qui existent, conseilla Cammie tandis que Gillian remontait la fermeture Eclair.

Sam admira son reflet dans le miroir. *Ça alors.* Elle n'était pas mal du tout.

— Cette robe te va très bien, la complimenta Anna.

Il doit y avoir un truc. Sam vérifia de quoi elle avait l'air vue de dos. Ses fesses semblaient présenter un volume normal. Si seulement Eduardo avait pu la voir…

— Vendu, déclara-t-elle. Gillian, vous êtes un génie.

La styliste griffonna un chiffre sur son calepin et le lui tendit.

— On s'en fout, du prix, déclara Sam, royale. Ce n'est pas comme si je n'avais pas les moyens.

— Voilà le genre de chose que j'aime entendre, gloussa Gillian. Et pour information, c'est une taille…

— Ne me le dites pas ! glapit Sam en plaquant ses mains sur ses oreilles. Ne gâchez pas cet instant ! Je ne veux pas savoir.

Gillian leva trois doigts, puis huit.

Sam baissa les mains.

— Vous vous foutez de moi.

La styliste secoua la tête.

— Le seul endroit ajusté, c'est celui où vous êtes menue.

— Je devrais vraiment l'acheter dans toutes les couleurs qui existent, glousssa Sam. Il faut absolument fêter ça.

Gillian défit sa fermeture Eclair ; elle ôta la robe et saisit le téléphone posé sur sa table de chevet Art Déco française des années trente. Un instant plus tard, elle avait appelé la cuisine pour demander qu'on leur monte des rafraîchissements.

Pendant ce temps, Maddy était ressortie de la salle de bains vêtue du peignoir en cachemire de Sam. Yuki venait de lui rincer les cheveux.

— Ce que j'aimerais être à ta place, soupira-t-elle.

Quel drôle de commentaire. Sam repensa à toutes les fois où elle avait envié d'autres filles plus minces, plus jolies ou mieux accompagnées qu'elle. Puis elle réalisa ce que Maddy avait voulu dire : vivre dans une aussi belle maison, pouvoir faire venir une styliste à domicile et s'offrir tout ce dont elle avait envie... C'était forcément tentant pour une fille ordinaire du Michigan. Elle haussa imperceptiblement les épaules. La vie était bizarre. Parfois, vous étiez le pare-brise de la Jensen Interceptor, et parfois, vous étiez le moustique qui venait s'écraser dessus. Cet univers était le sien. Elle n'avait rien demandé, rien fait pour le mériter. Et ça lui faisait plaisir d'y accueillir Maddy l'espace d'un après-midi.

Quand Anna passa à son tour dans la salle de bains pour que Katarina lui fasse un masque de beauté, Sam s'installa à la table de manucure afin de regarder Cammie choisir sa robe. Son amie jeta instantanément son dévolu sur une Versace en satin blanc drapé, si moulante qu'elle ne pourrait rien porter dessous – pas même un string. Elle se déshabilla nonchalamment, mais en prenant garde à ne pas abîmer son vernis encore humide, puis laissa Gillian attacher les dizaines de crochets minuscules, dissimulés par une rangée de perles, qui fermaient la robe.

Un seul coup d'œil dans le miroir lui suffit pour hocher la tête. *Doux Jésus*, songea Sam. Cammie ressemblait à un fantasme masculin incarné avec son teint lumineux, sa bouche pulpeuse, ses boucles blond vénitien à la Boticelli, ses gros seins haut perchés, sa taille fine, ses hanches rondes et pas le moindre sous-vêtement. Sam fut tentée de rappeler la cuisine pour annuler sa commande ; elle se jura de ne plus rien avaler de toute sa vie.

Tandis que Cammie s'admirait, Suki lissa les cheveux de Maddy au fer à défriser – l'avant-dernière étape du traitement avant l'application du neutralisant chimique. Dee s'avança pour choisir sa robe. Gillian avait deviné que cette fille microscopique se noierait dans une trop grande quantité de tissu, aussi lui suggéra-t-elle une robe bustier Roland Mouret toute simple, rose pastel avec un motif blanc.

Le BlackBerry de Sam sonna.

— Oui, répondit-elle, les yeux rivés sur Cammie qui se pavanait dans sa robe Versace.

C'était Monty qui appelait de Palmdale pour lui faire son rapport détaillé. Tout se passait comme prévu. Conformément à ses instructions, il avait déjà interviewé le traiteur, le manager du groupe, le fleuriste, les voituriers et les vigiles.

— Tu leurs as posé toutes les questions que je t'ai données ?

— Oui. J'aurai le droit d'être crédité au générique en tant qu'assistant réalisateur ?

— On verra ça. Où en sont Jazz et Fee ?

— Je viens juste de leur parler. Elles s'éclatent avec leurs caméscopes.

Sam sourit. *Impeccable.* Elle était trop occupée pour faire une fixation sur l'absence d'Eduardo. Elle avait trouvé une robe parfaite. Ça n'aurait pas pu être mieux. Enfin, si : son petit ami aurait pu l'emmener à son bal de promo. Ceci mis à part, tout se déroulait à la perfection.

Les rafraîchissements – caviar et biscuits au sésame, brie fondu avec des amandes, corbeille de fruits de la passion, de mandarines, de pêches et de kiwis épluchés et découpés en tranches, plus maintes bouteilles de champagne rosé Taittinger – avaient été servis et consommés, et le traitement de Maddy était enfin terminé. Sam avait fait couvrir ou enlever tous les miroirs, décrétant que la jeune fille ne se verrait pas avant la fin de sa transformation. Elle nageait dans la caricature, et elle en avait conscience.

— On se refait *Clueless*, commenta-t-elle, mi-incrédule, mi-amusée.

— *10 bonnes raisons de te larguer*, ajouta Cammie.

— *Elle a tout pour elle*, suggéra Dee.

— *Drive me crazy.*

— *College attitude.*

— *Rose bonbon.*

— J'y suis, intervint Anna. *Pygmalion* !

Cammie lui jeta un regard méprisant.

— *Pygmalion* ? Non, Anna. Ce n'est pas *Pygmalion* qui figure en tête de cette liste. C'est *Sex academy.*

— A quoi ressemblent mes cheveux ? interrogea Maddy, nerveuse.

— Ils sont sensationnels, affirma Dee en hochant vigoureusement la tête. Je te jure – quand les miens repousseront, je ferai la même chose.

— Souvenez-vous qu'ils doivent rester absolument secs pendant les prochaines quarante-huit heures, rappela Suki en vaporisant du gloss à cheveux sur les mèches raides de Maddy. Si possible, évitez même de transpirer du cuir chevelu. Je suis sérieuse.

— Promis. (Maddy jeta un regard hésitant à Sam.) Ça doit coûter une fortune...

Sam eut un geste insouciant.

— Je te l'ai déjà dit : l'argent n'est pas un problème aujourd'hui. C'est agréable de gâter quelqu'un d'autre que soi. Ça change un peu.

— Ne t'inquiète pas, grimaça Cammie. Sa peste intérieure n'est que momentanément endormie. Et pour ce que ça vaut... Moi aussi, je suis contente qu'on ait fait ça pour toi.

Sam éclata de rire.

— J'espère que quelqu'un l'a enregistrée pour la postérité !

Gillian se dirigea vers la penderie.

— Maddy, Sam m'a décrit votre style comme « Anna Nicole Smith avec du goût ».

— Si seulement ! (La jeune fille observa les robes d'un air anxieux.) Elles me semblent toutes trop petites.

— Tu te crois sûrement plus grosse que tu n'es, la rassura Anna. (Elle servit une flûte de Taittinger à Maddy, pensant que ça la détendrait un peu.) Vas-y, choisis ta préférée.

Maddy refusa le champagne.

— Je... Je ne sais vraiment pas laquelle prendre.

— Tu permets ?

Sans attendre de réponse, Cammie s'interposa entre la jeune fille et la penderie. Elle saisit une robe en soie Tashia à fleurs, dans des tons rubis, saphir et émeraude, qu'elle tint devant Cammie.

— Non. Ça te donnerait l'air d'un rouleau de papier peint ambulant.

Elle jeta la robe sur le lit de Sam et passa à la suivante, qui était en cachemire noir et turquoise et avait une coupe de style asiatique avec une large ceinture satinée sous le buste.

— Non, sauf si tu vises le look femme enceinte de quatorze mois. La Ya-Ya rouge : non plus. (Elle jeta un regard dédaigneux à Gillian.) Pour l'amour du ciel, au-delà du trente-six, personne ne devrait porter de rouge. L'Emmanuel Ungaro violette est moche, ce qui nous laisse... (Elle saisit un ensemble haut et jupe en soie mauve signé Marc Jacobs.) Ça. Ah ah.

— J'aime bien, déclara Anna.

Maddy hésita.

— Du mauve ? Ça ne va pas me grossir ?

Cammie lui lança le cintre rembourré et parfumé.

— D'habitude, je suis plutôt avare de compliments, mais si tu n'es pas canon là-dedans, j'irai au bal de promo à poil.

— Cammie, tu es une exhibitionniste. N'importe quelle excuse te serait valable pour aller au bal de promo à poil, fit remarquer Dee.

Sam gloussa et sourit à Dee qui, assise en tailleur par terre, grignotait un morceau de fruit de la passion. Depuis quand Dee Young faisait-elle exprès d'être drôle ?

Maddy serra timidement le cintre contre elle.

— Je peux me changer dans la salle de bains ?

— Fais-toi plaisir, répondit Sam.

Pendant que Maddy s'habillait, Gillian ouvrit une énorme malle qui contenait des dizaines de paires de chaussures. Avec son flair habituel, elle avait apporté des Manolo Blahnik, des Jimmy Choo, des Gravati et des Baldini qui se mariaient à la perfection avec toutes les robes, dans des tailles allant du trente-cinq au quarante.

— Quand vous aurez fini avec le reste, amusez-vous.

— Attention, j'arrive ! prévint Maddy.

— Une petite minute ! (Sam vérifia que tous les miroirs étaient encore couverts.) C'est bon, tu peux sortir.

Maddy émergea de la salle de bains dans un silence abasourdi. Le bustier mauve soulignait son impressionnant décolleté et ses épaules laiteuses. Il s'achevait deux centimètres au-dessus de l'ample jupe longue assortie, révélant une bande de peau appétissante mais aucun tissu adipeux.

— Alors ? demanda Maddy, anxieuse.

— Attends de te voir, sourit Anna. Tu ressembles à une princesse.

— Mais une princesse obèse, non ? Quand pourrai-je me regarder ?

— Bientôt, promit Sam. Dès que Valérie en aura terminé avec toi.

— Qui est Valérie ?

Sam ouvrit son BlackBerry et appuya sur un bouton d'appel abrégé.

— Roger ? Faites monter Valérie, s'il vous plaît.

Deux minutes plus tard, la célèbre reine des sourcils de Los Angeles entrait dans la chambre de Sam. Mince, blonde et dotée d'une silhouette que bien des femmes de dix ans plus jeunes lui auraient enviée, Valérie avait modelé les sourcils de tous les gens qui comptaient à Hollywood. Et elle était sur le point de s'attaquer à ceux de Maddy.

— D'habitude, je ne fais pas de visites à domicile. Je n'ai accepté que pour rendre service à votre père, dit-elle à Sam sur un ton blasé. (Elle balaya le groupe du regard, et ses yeux se posèrent sur Maddy.) Vous, avec le monosourcil. Vous êtes ma cliente, j'imagine ?

Maddy, qui était toujours plantée sur le seuil de la salle de bains dans sa robe de bal, acquiesça et frotta les quelques poils qui jaillissaient au-dessus de son nez d'un air embarrassé.

— J'ai essayé de m'épiler à la cire. Ça fait mal.

— Il faut souffrir pour être belle, rétorqua Valérie. Allez vous changer. Au fait, j'aime beaucoup votre robe, et votre coiffure est à tomber par terre. Tâchons d'y assortir votre visage.

Une demi-heure et plusieurs glapissements de douleur plus tard, Maddy était l'heureuse propriétaire de deux sourcils à la courbe élégante, deux tons plus clairs que ses cheveux raidis.

— Ça fait une énorme différence, annonça Anna. (Sam lui avait souvent parlé des pouvoirs magiques de Valérie, et maintenant, elle y croyait aussi.) Tu vas adorer.

— Je veux voir, supplia Maddy, assise devant la table de manucure que la reine des sourcils avait réquisitionnée pour son matériel.

— Pas encore. Il faut d'abord que je vous maquille, déclara Valérie en époussetant son col cheminée en cachemire noir et son pantalon noir Anne Klein.

Tandis qu'elle ouvrait sa boîte à outils, les autres filles se rassemblèrent autour d'elle pour la regarder officier.

Valérie était une véritable artiste. Elle utilisa de la Clé de Peau ivoire pour dissimuler les cernes de Maddy puis, à l'aide d'une éponge, appliqua une base crémeuse et translucide sur tout son visage.

— L'erreur à ne pas commettre serait de camoufler totalement la peau. La couleur naturelle du teint doit transparaître, expliqua-t-elle comme si elle enseignait à une classe d'élèves esthéticiennes. Vous avez de jolies taches de rousseur ; il ne faut pas les dissimuler.

Vint ensuite une couche de poudre libre incolore destinée à fixer la base. Puis Valérie se concentra sur les yeux de Maddy. Elle estompa des ombres à paupières beige, taupe et rose, appliqua du crayon à sourcils brun, mania adroitement le recourbe-cils et superposa trois couches de mascara noir Kiss Me de Blinc. Cela fait, elle passa aux joues – du blush crème, plus un soupçon de poudre scintillante sur les pommettes – avant de conclure par les lèvres : du repulpant Burt's Bees, un crayon contour des lèvres rose et un gloss clair. Enfin, elle recula d'un pas pour admirer son œuvre.

— Sans vouloir me vanter, je suis sacrément douée. Bon, je dois y aller. J'ai un cours au Yoga Booty dans trois quarts d'heure. (Elle se tourna vers Sam.) Je vous enverrai la note.

— Merci, Valérie. Vous êtes une fée.

— Je sais.

L'artiste rassembla ses palettes et ses pinceaux et s'en fut.

— Maintenant, il faut que vous me laissiez voir, implora Maddy.

Elle se leva et fit mine de se diriger vers le grand miroir, mais Sam lui barra le chemin.

— Va d'abord remettre ta robe dans la salle de bains.

— Je vais t'aider, offrit Anna.

— Non, moi, dit très vite Sam. Je veux m'assurer qu'elle ne se tachera pas.

Elle ne pouvait pas s'en empêcher : il fallait qu'elle compare le corps de Maddy avec le sien. Ce qui s'avéra une très mauvaise idée. Même recroquevillée dans ses sous-vêtements Wal-Mart en coton blanc, la vérité lui sauta à la figure. Maddy pesait peut-être plus lourd qu'elle, mais elle était mieux foutue. Sa taille devait bien faire trente centimètres de moins que sa poitrine, et son tour de hanches semblait à peine inférieur à son tour de poitrine. Un vrai sablier. D'accord, ce n'était pas la silhouette à la mode en ce moment, et la jeune fille portait encore les cicatrices de son opération, mais elle était canon quand même, et Sam ne pouvait pas prétendre le contraire.

Et merde. Une image d'Eduardo, bras et jambes entrelacés avec ceux d'une Française dangereusement pulpeuse – Véronique ? Danielle ? Martine ? – s'imposa à son esprit. Et s'anima pour lui présenter le genre de scène dont elle se serait bien passée.

Arrête ça. Il ne s'agit pas de toi. Tu veux bien t'oublier cinq minutes ? Oui, elle devrait en être capable, décida-t-elle. Elle aida Maddy à enfiler son ensemble mauve et une paire de Jimmy Choo, lui ordonna de fermer les yeux et la ramena dans la chambre. Anna, Cammie, Dee et Gillian avaient découvert le miroir à 270 degrés ; Sam positionna Maddy juste en face.

— Tu peux les rouvrir.

Maddy obtempéra et sursauta. Un instant, elle demeura bouche bée face à son reflet.

— C'est moi ? souffla-t-elle d'une voix étranglée.

— On se croirait dans *The Swan*[1] ! s'exclama joyeusement Dee.

Les yeux de Maddy s'emplirent de larmes.

— Je ne... Je n'arrive pas à y croire.

— Tu es superbe, Maddy.

Anna l'étreignit chaleureusement.

La jeune fille promena un regard à la ronde.

— Vous venez juste de me rencontrer, et vous avez fait quelque chose de merveilleux pour moi, articula-t-elle, visiblement émue. Je ne sais pas quoi vous dire, à part merci.

— De rien, grimaça Sam.

Maddy était mieux foutue qu'elle. Avec des sourcils épilés et un maquillage décent, elle était également plus jolie. Mais Sam ne pouvait qu'éprouver de la sympathie pour cette fille qui, jusque-là, avait été cachée sous une montage de graisse. D'ordinaire, la compassion n'était pas son fort. Et là, ça faisait deux fois en vingt-quatre heures – non, trois en comptant son revirement d'attitude par rapport aux prom-prom girls – qu'elle se préoccupait du bien-être d'autrui.

Le plus étrange, c'est qu'elle commençait à y prendre goût.

1. Emission de télé réalité américaine qui vise à transformer les candidates en poupées Barbie. *(N.d.T.)*

Cendrillon aime les vieux

Ben ajusta son nœud papillon et alla chercher dans le réfrigérateur la première des deux boutonnières qu'il offrirait ce soir-là. Anna avait réclamé quelque chose de simple et de blanc ; il avait donc choisi des freesias de chez Floral Originals par Gregory, sur Wilshire Boulevard. Maddy ne lui ayant pas précisé la couleur de sa robe, le vendeur gay lui avait recommandé une orchidée blanche entourée par des boutons de roses blancs, qui irait avec tout.

Pendant qu'il s'habillait (smoking Hugo Boss avec une chemise blanche classique, sans jabot, et un nœud papillon noir), Maddy avait glissé un petit mot sous la porte de sa chambre pour lui demander de l'attendre dans la cuisine. Ça ne le gênait pas. Peu lui importait à quoi elle ressemblait. Il se débrouillerait pour qu'elle passe une soirée inoubliable en la traitant comme une princesse – option petite sœur, bien entendu.

Maddy entra dans la cuisine.

— Salut, gargouilla-t-elle en se dandinant nerveusement.

Ouah. Ben n'en croyait pas ses yeux. La jeune fille portait une robe mauve… Non, pas tout à fait une robe, mais un ensemble bustier et jupe longue qui mettait admirablement ses courbes en valeur. Ses cheveux étaient raides et brillants, ses sourcils parfaitement arqués. Et ses yeux… Et sa bouche… En tant qu'homme, Ben n'aurait su dire ce qu'elle avait fait exactement. Mais il voyait bien qu'elle ne présentait plus qu'une ressemblance très lointaine avec la Maddy qu'il connaissait – celle qu'il aurait facilement pu traiter comme une petite sœur.

— Tu es magnifique, la complimenta-t-il.

— Vraiment ? demanda la jeune fille en lui jetant un regard par en dessous.

— Vraiment. Les mots me manquent.

— J'espérais que tu dirais ça.

Ben lui tendit sa boutonnière.

— C'est pour toi.

Maddy le rejoignit, prit la petite boîte en carton et se débattit avec le rabat. Là, il la reconnaissait bien. Il déballa sa boutonnière pour elle et la lui glissa au poignet gauche.

— Je n'en avais encore jamais porté, s'émerveilla la jeune fille en l'observant sous tous les angles. J'ai l'impression d'être l'héroïne d'un film.

— Tu as le look d'une héroïne de film, acquiesça Ben. On y va ?

Il lui offrit son bras et l'escorta jusqu'à la porte. Une surprise les attendait dans l'allée.

— Une limousine ! glapit Maddy en lui enfonçant ses ongles dans le coude. Oh, mon Dieu, je ne suis jamais montée dans une limousine. Il faut absolument que je prenne des photos !

Sous le regard amusé de Ben, elle sortit un Kodak jetable de son sac de soirée et fit quelques clichés de la voiture. Puis elle demanda au chauffeur – un Russe d'une quarantaine d'années, avec des cheveux noirs coupés très court, qui portait costume et cravate – de les prendre en photo tous les deux devant sa limousine.

Ben consulta discrètement sa montre Steinhausen. Il avait promis de retrouver Anna à Palmdale à dix heures et demie. Il n'était pas question qu'il soit en retard.

Le bal des élèves de première du lycée de Pacific Palisades avait lieu au Getty Center, le nouveau musée d'art moderne perché sur une colline à l'extrémité sud de la Passe de Sepulveda, entre Westwood et Sherman Oaks. Pour une fois, il n'y avait pas trop de bouchons sur Sunset et Sepulveda, aussi la limousine atteignitelle sa destination vingt minutes seulement après son départ de chez les Birnbaum.

Plusieurs voituriers attendaient au pied de la colline. L'agence Golden Boys, pour laquelle ils travaillaient, obligeait tous ses employés à se teindre en blond platine. Un jeune acteur au chômage, bâti comme un joueur de football américain, aida Maddy à descendre de la limousine. Personne ne pouvait monter au Getty Center en voiture : il fallait emprunter un monorail argenté qui reliait le bas de la colline à l'entrée du musée.

Tandis qu'un autre voiturier emmenait la limousine vers un garage à trois niveaux, Ben et Maddy se joignirent à un petit groupe de jeunes gens qui attendaient déjà la navette. Même si les filles portaient des robes somptueuses et les garçons des smokings tout juste sortis du pressing, Ben ne put s'empêcher de penser qu'ils avaient l'air bien jeunes. Y avait-il tant de différence que ça entre des lycéens en première et des étudiants en première année de fac ? Maddy salua timidement une fille en fourreau de velours rouge ; ceci mis à part, elle ne semblait connaître personne.

Quelques instants plus tard, un train s'arrêta devant eux. Ils montèrent dans l'une des quatre voitures en compagnie d'un autre couple – un Latino musclé et une blonde aux cheveux très longs et très raides.

— Richard Meier est l'architecte de ce musée. Il a conçu ce mélange de bâtiments, de jardins et d'espaces découverts dans un site offrant une vue d'ensemble sur le bassin de Los Angeles, récita Maddy comme si elle se prenait pour un guide audio.

Ben hocha poliment la tête tandis que le monorail abordait un virage. C'était une nuit brumeuse en Californie du sud ; les lumières de la ville piquetaient l'obscurité comme les étoiles dans un tableau de Van Gogh.

— Pour le construire, il a fait venir seize tonnes de travertin de Bagni de Tivoli. Il reste encore des feuilles, des plumes et des branches fossilisées dans la pierre.

Le jeune homme sourit gentiment.

— Je sais.

Maddy eut l'air surpris.

— Vraiment ? Le conservateur est venu nous faire un discours à l'école la semaine dernière.

— J'ai eu droit au même quand j'étais au lycée, révéla Ben.

— Oh. (Maddy fit mine de se ronger un ongle, puis se souvint qu'elle avait une manucure et s'arrêta juste à temps.) Sam et Cammie étaient là-bas avec toi ?

Ben haussa les sourcils.

— D'où connais-tu Sam et Cammie ?

— On s'est préparées ensemble cet après-midi. Anna, Cammie, Sam, Dee et moi. Chez Sam.

— Je vois, acquiesça-t-il, enchanté. Anna fait vraiment des pieds et des mains pour toi, hein ?

— En fait… C'était leur idée à toutes, le détrompa Maddy. Mais c'est Sam qui s'est arrangée pour faire venir une coiffeuse, une maquilleuse et une styliste avec tout un tas de robes épatantes. Le pire, c'était l'épilation des sourcils. Ouille ! Maintenant, je sais qu'il faut souffrir pour être belle.

Ils atteignirent le sommet de la colline et descendirent du monorail, puis suivirent les autres couples vers l'entrée. Ben était déjà venu au Getty Center plusieurs fois, mais l'architecture complexe du musée l'épatait toujours autant. Chacun des sept bâtiments aux formes géométriques, d'une blancheur étincelante, abritait des œuvres d'une période différente. Un feu d'artifice de plantes et de fleurs montait la garde sur les allées, cependant qu'un ruisseau naturel filait vers une cascade et se déversait dans un bassin bleu scintillant, sur lequel flottait une myriade d'azalées.

Certains couples se promenaient dans les jardins ; d'autres étaient déjà en train de s'embrasser. Une petite scène avait été érigée sous une tonnelle. Une harpiste jouait une version soporifique du classique de REO Speedwagon, « Keep on loving you ». Tandis que Ben et Maddy la regardaient, une fille en tutu rose, affublée d'ailes de papillon, s'approcha et leur jeta de la poudre scintillante sur les épaules.

— Qu'est-ce que c'était? interrogea Ben en époussetant les paillettes roses des revers de sa veste.

Maddy gloussa.

— Le thème du bal de cette année, c'est « les contes de fées ». J'avais voté pour les années quatre-vingt, mais j'ai perdu. Viens. Allons à l'intérieur.

Ils se dirigèrent vers l'extrémité sud de l'esplanade, empruntèrent l'escalator qui montait, tournèrent à droite et pénétrèrent dans le restaurant principal du Getty Center. Les immenses baies vitrées offraient une vue panoramique des montagnes de Santa Monica qui, à l'ouest et au nord, découpaient leur silhouette contre l'indigo du ciel crépusculaire. Pour l'occasion, le personnel avait décoré les tables rondes dans un esprit « contes de fées » et dégagé une piste de danse à un bout de la salle, devant l'estrade. D'énormes lithographies de personnages de Disney ornaient les murs. Les serveurs étaient déguisés en Prince Charmant, en Cendrillon ou en Blanche-Neige et les Sept Nains. Le groupe n'avait pas encore commencé à jouer, mais un DJ officiait derrière les platines, et une foule de lycéens se trémoussait déjà sur « Golddigger » de Kanye West.

— Maddy !

Une fille maigrichonne, avec un visage anguleux et un appareil dentaire, se précipita vers Maddy et l'étreignit comme une sœur qu'elle aurait perdue pendant la guerre. De petites fleurs roses assorties à sa robe bustier rose et blanche ornaient ses cheveux d'un rouge violent.

— Oh mon Dieu ! Qu'est-ce que tu es belle ! couina-t-elle.

— Toi aussi.

— Sans déconner, tu es superbe. Je t'ai à peine reconnue.

— Vraiment ? (Le visage de Maddy s'éclaira, et elle agrippa le bras de Ben si fort qu'elle faillit lui déboîter l'épaule.) Theresa Kushner, mon cavalier, Ben Birnbaum. Ben, mon amie Theresa. Elle fait partie du comité d'organisation.

— C'est une soirée très réussie, affirma poliment Ben.

— Merci, dit Theresa, rayonnante. Les petites fées qui jettent de la poudre magique sur les gens, c'était mon idée. Et ma mère s'occupe des relations publiques des Roasters, c'est comme ça qu'on a pu les avoir. Le lycée de Beverly Hills a failli nous les souffler !

— Vous avez eu de la chance, grimaça Ben.

Avait-il été aussi gamin deux ans plus tôt ? Ça ne lui semblait pas possible.

Maddy balaya la salle du regard comme si elle cherchait quelqu'un. Theresa lui donna une tape sur l'épaule.

— La Terre à Maddy !

— Mister T est arrivé ?

— Il dansait avec mademoiselle Brewster la dernière fois que je l'ai vu – il y a une vingtaine de minutes.

— Mademoiselle Brewster ? Mais elle est tellement méchante avec nous !

— Oui. Mais elle a des nichons énormes et une robe à tomber par terre. Bref. Il faut que j'y aille. Mon petit ami a tellement bu dans la limousine qu'il est déjà en train de gerber derrière le pavillon Renaissance. A plus.

Entre-temps, les cinq membres des Roasters – quatre Blancs dépenaillés et un chanteur noir rastafarien – étaient montés sur scène, salués par un tonnerre d'applaudissements. Ils se lancèrent dans un morceau de rock tirant sur le ska, à un volume assourdissant.

— Tu veux danser ? hurla Ben pour se faire entendre par-dessus les hurlements du chanteur.

Maddy se blottit contre lui à l'instant où ils atteignirent la piste de danse. Ça lui faisait bizarre de tenir une fille aussi pulpeuse dans ses bras. Maddy et Anna étaient aussi différentes que le jour et la nuit.

Très vite, il remarqua que sa cavalière regardait par-dessus son épaule.

— Tu cherches quelqu'un ?

— Non, je veux juste voir qui est là, répondit Maddy en levant les yeux vers lui avec un sourire éblouissant. Tu es un bon danseur, Ben. Et moi, je me débrouille comment ?

— Pas mal du tout, lui assura-t-il, perplexe.

— Salut, Maddy.

Un grand jeune homme blond, portant des lunettes sans monture, passa près d'eux. Ben se souvenait de lui. C'était le prof de maths de Maddy, le fameux Mister T aperçu au Joe's Clams. Il avait fière allure dans son smoking Armani. Quant à sa partenaire… Si c'était toujours mademoiselle Brewster, Theresa l'avait décrite à la perfection. Elle portait une robe en mousseline à fines bretelles, noire ornée de pois blancs et dotée d'une jupe ample mais plutôt courte, dont le décolleté révélait une poitrine excessivement généreuse.

— Oh. Bonsoir, Mister T, répondit Maddy avant que les deux professeurs s'éloignent sur la piste.

— Il a l'air gentil, commenta Ben.

La jeune fille se rembrunit.

— Tu trouves ?

Ils continuèrent à danser. Maddy venait-elle de se coller délibérément contre lui, ou était-ce juste son imagination ? se demanda Ben. *Malheur.* Malgré tous ses efforts, il avait du mal à contrôler certains réflexes physiologiques. Maddy se sentait peut-être obligée de se conduire ainsi parce que c'était ce que les filles « normales » faisaient le soir de leur bal de promo. A moins que son relooking lui ait donné confiance en elle et qu'elle cherche à tester ses capacités de séduction sur lui.

— Tu crois que les gens qui nous regardent te prennent pour mon petit ami ?

— Peut-être.

Il allait devoir lui rappeler – avec tact, bien sûr – qu'il avait une relation exclusive avec Anna, ce qui faisait de lui la mauvaise cible. Ça devait être difficile pour elle d'être célibataire le soir de son bal de promo…

Maddy posa le menton dans le creux de son cou. *Double malheur.* Ben sentit de la sueur perler sur son front. Ce n'était pas du tout ainsi qu'il avait envisagé cette soirée.

Par chance, la chanson s'acheva. Quand il suggéra de sortir prendre l'air, Maddy accepta volontiers. Ils s'arrêtèrent pour commander deux verres de « punch magique » – Ben espéra que son pouvoir venait d'une bonne quantité de Stoli – et rejoignirent quelques-uns des amis de Maddy autour d'une table ronde, dans le patio qui surplombait la ville.

Ce fut tout juste si Ben retint le nom des jeunes gens qu'on lui présenta : Barry et Amy, Twilla et Joël, Heatherly et River. Ce n'était pas les plus ringards de la soirée, mais pas loin. D'ailleurs les VIP de leur lycée leur jetaient des regards dédaigneux chaque fois qu'ils entraient ou sortaient du restaurant.

Les garçons semblaient clonés les uns aux autres. Non seulement ils portaient le même smoking, mais ils arboraient la même petite moustache, les mêmes cheveux hérissés – quoique de longueur légèrement différente – et un piercing facial chacun. Quant aux filles, il y avait une blonde, une rousse et une brune possédant chacune un défaut qui l'empêchait d'être considérée comme jolie. Les yeux de Twilla étaient trop rapprochés; les lèvres d'Amy étaient quasi inexistantes; et le nez d'Heatherly ressemblait à une boule de neige qu'on lui aurait lancée en pleine figure et qui aurait éclaté sous l'impact. Bien entendu, Ben se montra poli et amical avec elles. Il les complimenta sur leurs robes et tout le reste; elles gloussèrent d'un air ravi.

Ben consulta sa montre. Le temps passait à une vitesse miséricordieuse. Plus qu'une demi-heure et il pourrait s'éclipser pour rejoindre Anna. La limousine le ramènerait chez lui, où il prendrait sa propre voiture, puis le chauffeur retournerait au Getty Center pour attendre Maddy.

— Tu veux te promener dans les jardins ? suggéra la jeune fille.

— Pourquoi pas ?

Du moment que ça lui permettait de tuer encore quelques minutes…

Ils prirent congé des amis de Maddy. Tandis qu'ils se dirigeaient vers l'escalator, la jeune fille glissa son bras sous celui de Ben. Le soleil était couché, à présent. Les jardins étaient assez spectaculaires avec les milliers de lumières minuscules qui festonnaient les arbres et la série de gobos de théâtre rotatifs qui, perchés sur le toit des pavillons, projetaient divers tableaux des plus célèbres contes d'Andersen et des frères Grimm sur le sol de l'esplanade.

— J'aimerais que cette nuit dure toujours, soupira Maddy en appuyant sa tête sur l'épaule de Ben.

— Tu me fais penser à Cendrillon le soir du bal, dit gentiment le jeune homme.

— C'est vrai ?

Maddy s'arrêta, lui prit les mains et le fixa dans les yeux. Dans ce décor féerique, elle semblait plus ensorcelante que jamais. Mal à l'aise, Ben se dégagea et fourra ses mains dans ses poches de pantalon.

— Oui.

— J'ai toujours voulu être belle, tu sais. Quand j'étais obèse, je rêvais qu'un jour, une fée me donnerait un coup de baguette magique et pouf ! Je deviendrais jolie.

— Tu n'as pas eu besoin de fée, Maddy. Tu as réussi toute seule.

Ils déambulèrent jusqu'à la fontaine centrale. D'autres couples étaient descendus pour profiter de la fraîcheur nocturne et de la métamorphose des jardins. Ben calcula combien de temps il devait encore tenir. Un quart d'heure au maximum, décida-t-il.

— Tu crois qu'il faudrait que je fasse plus de sport ? demanda soudain Maddy en relevant le bas de son bustier pour dévoiler la chair laiteuse de son ventre.

— Non, tu es très bien comme ça, lui assura-t-il.

Mais la jeune fille ne l'écoutait pas : elle fixait deux autres promeneurs. Mister T et la prof avec des ballons de basket en guise de seins, réalisa Ben.

— Tu trouves ?

La seconde d'après, Maddy lui avait passé les bras autour du cou et l'embrassait passionnément. S'il le lui avait rendu, ça aurait été un baiser torride. Tout s'éclaircissait. L'adorable, l'innocente Maddy avait le béguin pour lui. Il s'en doutait depuis un moment, mais à présent, il en était certain.

Pauvre gosse…

Il posa les mains sur ses hanches et la repoussa doucement.

— Maddy…

— Tu es fâché.

Seigneur. Il ne voulait pas gâcher sa soirée, mais il fallait qu'elle comprenne.

— Viens avec moi.

Il la prit par le coude et l'entraîna vers un banc de pierre sculptée, à la limite de l'esplanade. Dès qu'il l'eut épousseté, Maddy s'assit docilement près de lui.

— Maddy, commença-t-il en prenant son courage à deux mains. Je suis flatté à un point que tu ne peux pas imaginer. Mais je suis amoureux d'Anna.

— Ce n'est pas un problème, répondit aimablement la jeune fille.

— Si, c'en est un. Tu sais que je tiens beaucoup à toi… Mais pas de cette façon-là.

— Oui, oui, j'ai compris. Moi non plus, je ne tiens pas à toi de cette façon-là.

— Mais tu viens de…

— Tu n'as pas vu Mister T ? (Voyant que Ben la fixait sans comprendre, Maddy écarquilla les yeux.) Attends ! Tu veux dire que… Tu n'es pas au courant ?

Ben se gratta le menton.

— Je ne sais absolument pas de quoi tu parles.

— Oh. Je croyais que ça se lisait sur ma figure. Et puis, Jack est ton meilleur ami ; je pensais que vous vous racontiez tout. Donc… (Maddy prit une profonde inspiration, comme si c'était trop compliqué à expliquer.) D'accord. Le truc, c'est que… Mister T me fait complètement craquer. Tu ne trouves pas que c'est le mec le plus canon de la planète ?

— Euh, je n'y ai pas vraiment réfléchi, balbutia Ben. (Il secoua la tête.) Alors, c'était ça. Tu es amoureuse de ton prof de maths.

Maddy pencha la tête sur le côté.

— Pourquoi croyais-tu que Jack et moi étions devenus si bons amis ? Et qu'il avait accepté de m'emmener à mon bal de promo ? Je lui ai parlé de Mister T, et il a promis de m'aider. Je pensais que si Mister T me voyait avec un garçon plus âgé, il cesserait de me considérer comme une simple élève et me verrait davantage comme une femme.

Ben se sentait complètement déboussolé.

— Jack aurait fait ça pour toi ?

Maddy acquiesça.

— Il a dit qu'il savait ce que c'était de vouloir vraiment quelque chose, et qu'on avait parfois besoin d'un coup de main pour atteindre son but. C'est drôlement gentil de sa part, tu ne trouves pas ?

Ainsi, Ben s'était planté sur toute la ligne.

— Quand tu as dit que tu m'accompagnerais au bal à la place de Jack, j'ai pensé que tu étais dans le coup – parce que tu es encore plus mignon que lui, et que tu aurais encore plus de chance de rendre Mister T jaloux, révéla Maddy.

— Mais pourquoi ne m'en as-tu pas parlé ? se lamenta Ben, consterné par sa propre arrogance. La nuit où j'ai passé un savon à Jack... Au fait, et ces photos sur ton ordinateur ?

Maddy rougit.

— C'était pour Mister T. J'ignore si j'aurais eu le courage de les lui donner. Probablement pas. Jack trouvait que ça n'était pas une bonne idée, mais quand je lui ai dit que j'avais l'intention de le faire de toute façon, il a accepté de les prendre. (Elle baissa la tête.) Je suis tellement embarrassée... Tu dois me trouver pathétique, pas vrai ?

Non. C'est moi que je trouve pathétique sur ce coup-là, songea Ben.

— C'est tout à fait normal d'avoir le béguin pour quelqu'un, Mad. Mais Mister T est beaucoup plus vieux que toi, et...

— Coucou, vous deux. J'espère que je ne vous dérange pas.

L'objet du désir de Maddy se tenait devant eux. Seul. Miss Gros Lolos avait disparu. A présent que Ben l'observait de plus près, il n'avait pas l'air si vieux que ça – vingt-deux ou vingt-trois ans à vue de nez.

— Non, non, vous ne nous dérangez pas, lui assura très vite Maddy. Ben est juste un ami.

— Vraiment ?

— Vraiment, confirma l'intéressé.

Mister T détailla Maddy.

— Tu es superbe ce soir.

— Vous trouvez ?

— J'aimerais t'inviter à danser. Si ton cavalier n'y voit pas d'objection, bien sûr.

— Mon cavalier ne décide pas pour moi, déclara Maddy sans laisser à Ben le temps de répondre. Et puis, il doit aller rejoindre sa petite amie.

— C'est exact, acquiesça lentement Ben. Mais avant, je pourrais te parler une seconde ? En privé ?

— Je t'attends en haut de l'escalator, promit Mister T.

— J'arrive dans deux secondes. (Dès que son prof eut disparu, Maddy se jeta au cou de Ben.) Ça a marché ! jubila-t-elle. Oh, mon Dieu, il m'a invitée à danser avec lui ! Je lui plais !

Ben se racla la gorge.

— Je ne voudrais pas jouer les Père Fouettard, mais… Mister T est un prof, et tu es une élève.

— Et alors ?

— Et alors, tu dois me promettre de ne pas… (Il ne savait pas trop comment formuler ses craintes.) Tu sais que beaucoup de gens pensent qu'il faut coucher le soir de son bal de promo – que ça fait partie de la tradition.

Maddy hocha la tête avec empressement.

— Et bien, c'est une très mauvaise idée, dit sévèrement Ben.

La jeune fille eut une grimace narquoise.

— Ah oui ? Parce que toi, tu n'as pas l'intention de toucher Anna, peut-être ?

— C'est différent. On sort ensemble, on a plus ou moins le même âge et… (Ben s'interrompit.) Ecoute, tu dois me promettre que tu te contenteras de danser avec Mister T.

Maddy promit. Il l'embrassa sur la joue et la regarda courir vers l'escalator. Puis il rebroussa chemin vers le monorail. Il ne savait pas ce qui était le plus risible : ses suppositions erronées, ou le fait que son ego était au moins aussi enflé que Maddy avant son opération.

Tout le monde est gagnant

Où diable était passé Adam ?

Cammie tapa impatiemment du pied (chaussé d'une sandale taupe à talon aiguille, parce que porter des accessoires blancs avec une robe blanche, ça faisait pauvre fille dénué du minimum vital de goût). Adam, le garçon à la ponctualité légendaire, allait finir par mettre tout le monde en retard. Elle consulta sa nouvelle montre Jacob & Co avec boîtier en nacre et cadran incrusté de diamants – un stupide cadeau de réconciliation offert par son père après leur dispute à feu le Grand Hôtel Bel Air. En vérité, elle se sentait toujours coupable d'avoir joué un rôle dans la disparition en fumée dudit Grand Hôtel. Mais pas coupable à cent pour cent : quel idiot néglige d'installer des sprinklers dans un bâtiment public ?

Cammie se tenait près de la fontaine, au centre de l'allée circulaire de la propriété des Sharpe, avec le reste du petit groupe qui devait se rendre à Palmdale en limousine. Tout le monde était déjà là à l'exception d'Adam : Sam et Parker, Anna, Dee, Jack et Marshall – le premier, très mignon dans son smoking Oleg Cassini, le second, plus *Napoleon Dynamite* que jamais avec son costume sévère –, ainsi qu'une bonne partie de la cour royale officieuse du lycée de Beverly Hills.

Damian Williams avait la malchance de porter le même nom qu'un des méchants de l'affaire Rodney King à l'origine des émeutes de 1992, et la chance de posséder un compte en banque extrêmement bien garni car son père était propriétaire de plusieurs concessions de voitures exotiques situées entre San Diego et San Francisco. Il avait des cheveux noirs, un visage indolent, un goût immodéré pour l'alcool et un diamant aussi gros que l'ongle de son pouce dans l'oreille gauche. Vêtu d'un smoking Ecko avec nœud papillon argenté et pochette assortie, il discutait avec son ex-petite amie Skye Morrison, une rentière au style hippie chic et au pedigree presque aussi long que celui d'Anna.

Contrairement à Anna, Skye était une excentrique. Un mois auparavant, elle avait arrêté de boire après que Damian ait vomi sur ses genoux un Buffalo Club semi digéré baignant encore dans son jus de mûres au vinaigre balsamique. Sa dernière passion en date, c'étaient les santiags de designer incrustées de pierres précieuses – des modèles uniques à dix mille dollars la paire, minimum. Elle pouvait se les offrir grâce à ses arrière-grands-parents, qui avaient massivement investi dans l'industrie pétrolière locale au temps de ses premiers balbutiements. Depuis lors, chaque baril produit par les puits voisins de LAX contribuait à garnir les poches de sa famille. Et c'était une chance pour elle, car Skye s'intéressait à peu près autant à ses études qu'une amibe. Ce qui l'intéressait, c'était skier, faire du snow-board et rester en forme – ou plus exactement en formes, avantageusement moulées ce soir-là dans une robe Antoniette Catenacci sur mesure, dont le tissu argenté brillait au clair de lune et dont les fentes latérales révélaient des santiags assorties, incrustées de cow-girls en diamants et en rubis.

Près de Skye et de Damian, agglutinés en petit groupe, se tenaient Krishna Gottesman, Jordan Jacobson et Ashleigh Amber Anders. (Au collège, Ashleigh était surnommée « Triple A » à cause de son manque d'arguments frontaux. Elle avait été la première de la liste VIP à rendre visite au père de Ben. A présent, Triple A faisait du Double D.)

Tous trois venaient de familles du showbiz. Krishna ressemblait étrangement à Tiffani-Amber Thiessen période *Beverly Hills* ; elle était la fille du gourou/psychologue Howard Gottesman, auquel ses spots publicitaires rapportaient un million de dollars par semaine et donnaient bien du souci à Tony Robbins. Elle sortait avec Jordan, le fils d'un célèbre producteur dont l'inimitié avec le père de Sam était entrée dans la légende hollywoodienne. Le père de Jordan avait produit les premiers films de Jackson Sharpe. En 1988, il avait eu le culot de le battre 6-0, 6-0 en quarts de finale du championnat de tennis annuel du country club de Beverly Hills. Depuis, Jackson ne lui avait pas adressé la parole. Grand, athlétique et séduisant, Jordan était un bon joueur de guitare. Son smoking Carlo Palazzi se mariait à la perfection avec la robe noire Hanae Mori d'inspiration japonaise que portait Krishna.

Comme Sam, Ashleigh était la fille d'un acteur. Son père, Charles Anders, avait le même âge que Jackson Sharpe. Beaucoup de gens considéraient Charles comme le plus doué des deux, surtout depuis qu'il avait prouvé son talent en interprétant Macbeth sur scène face à Susan Sarandon. Pourtant, sa cote actuelle se situait plusieurs millions en dessous de celle de Jackson, ce qui rendait sa fille hystérique. La mère d'Ashleigh, une Suédoise du nom de Britta, avait créé sa griffe de vêtements, et Ashleigh avait l'intention de suivre ses traces après la fac. Sa mère et elle avaient codessiné une robe capable de mettre en valeur sa flamboyante chevelure rousse : un fourreau en brocart de soie chinoise noir, sur la poitrine duquel était cousue une énorme rose fuchsia dont les feuilles en ruban vert s'entortillaient autour de ses jambes.

Personne ne semblait s'impatienter – pas même Sam, qui aurait dû être la plus nerveuse du lot à cause de son documentaire. Elle avait envoyé Monty, le frère cadet de Parker, à Palmdale pour filmer les prom-prom girls pendant leurs préparatifs ; aussi pouvait-elle se permettre de traîner en arrière et de récolter les impressions de ses amis. Une des domestiques avait apporté un magnum de champagne – un Clos du Mesnil vintage – en provenance directe de la cave à vin de Jackson, qui abritait plus de vingt mille bouteilles. Au bout de l'allée, afin que les gaz d'échappement ne gênent personne, la limousine platine super-stretch de Jackson ronronnait en attendant son départ pour Palmdale, situé à trois quarts d'heure de route.

Le pied de Cammie battait la mesure de plus en plus vite. Ça devenait ridicule. Mais que fichait donc Adam ?

— Ton petit ami est porté disparu, lança Sam en la rejoignant et en braquant sur elle son caméscope digital Sony HDR FX2.

— Il ne tardera plus, j'en suis sûre, répondit-elle calmement.

Il n'était pas question qu'elle perde son sang-froid alors qu'on la filmait.

— Adam est toujours à l'heure, d'habitude, fit remarquer Sam. Vous n'êtes pas allés dîner ensemble ?

Cammie toisa la caméra d'un air dédaigneux.

— Qui irait manger dehors un soir de bal de promo ? Tous les restos sont bourrés de gamins de la Vallée. Les chefs sont tellement débordés qu'on ne peut même pas commander à la carte.

Anna s'approcha d'elles.

— Tu devrais appeler Adam. Ça ne lui ressemble pas.

Cammie haussa les sourcils avec un sourire glacial et ne répondit pas.

— Très bien. Je téléphone à ses parents.

Anna sortit son portable et composa un numéro. Cammie lutta pour réprimer son irritation grandissante. C'était du Anna tout craché, ça : toujours en train de se mêler de ce qui ne la regardait pas. Quel besoin avait-elle de lui rappeler qu'elle était sortie avec Adam la première ? *Espèce de garce*. Contrairement à elle, Anna devait bien s'entendre avec M. et Mme Flood. *Je parie qu'ils l'adoraient*, fulmina Cammie.

Elle prit une profonde inspiration et tenta de se raisonner. Si elle s'en prenait mentalement à Anna, c'est parce qu'elle était anxieuse à propos de cette soirée – elle en avait conscience. Elle aimait Adam plus que jamais, mais depuis quelques semaines, ils n'étaient plus sur la même longueur d'onde. Peut-être était-ce sa faute. Peut-être lui manquait-il le gène du bonheur ; peut-être cherchait-elle à le remplacer par le frisson de la poursuite ou l'excitation du chaos.

— Il est en route, rapporta Anna. Son père dit qu'il...

A cet instant, une Prius gris métallisé franchit le portail. C'était Adam. Une salve d'applaudissements salua son arrivée. Damian porta même deux doigts à sa bouche pour siffler tandis que le jeune homme s'arrêtait près de la fontaine, sautait à terre et se précipitait vers Cammie.

— Je suis vraiment désolé.

— Où étais-tu passé ? demanda sa petite amie en l'autorisant à l'embrasser du bout des lèvres pour ne pas abîmer son gloss.

— J'avais pris la Saturn de ma mère, mais elle m'a lâché en plein milieu de Pico Boulevard, expliqua Adam en tripotant son nœud papillon. J'ai voulu appeler Triple A, mais mon portable n'était pas chargé et… (Il agita la main.) C'est une histoire longue et ennuyeuse. Bref, j'ai réussi à pousser la voiture sur le côté, je suis rentré chez moi en taxi et j'ai pris la Prius. Tout va bien.

— Tant mieux.

Cammie l'embrassa de nouveau, pour trois raisons. Un : elle en avait envie. Deux : Anna les regardait. Trois : Sam continuait à la filmer.

— Bon, on y va.

Jordan claqua des doigts, et ils s'entassèrent dans la limousine. Le chauffeur trapu referma les portières et démarra. Mais au lieu de se diriger vers le portail, il contourna la fontaine et s'engagea dans une allée de service qui conduisait vers le fond de la propriété.

— Excusez-moi, vous vous trompez de route ! pépia Dee.

— Pas du tout, contra Sam. Tu ne croyais quand même pas qu'on se taperait tout le trajet en voiture ? Tu as une idée de la circulation entre ici et Palmdale ? A eux seuls, les gaz d'échappement pourraient annuler le bénéfice de tous les soins du visage que tu as fait ces cinq dernières années.

La limousine longea la piscine, les courts de tennis et les parcours de golf et s'arrêta au bord de l'héliport privé de Jackson Sharpe. Les pales du VH-3D (un appareil militaire converti et peint en blanc) dont le pilote attendait ses jeunes passagers depuis près d'une heure se mirent aussitôt à tourner.

— Pas possible ! s'écria joyeusement Krishna. On y va en hélico !

— Comment crois-tu que mon père fait les allers et retours entre ici et le plateau ? demanda Sam. Par contre, il faudra qu'on revienne en limousine.

— Peu importe. C'est vraiment trop cool, s'enthousiasma Ashleigh.

Le pilote descendit de son appareil pour les saluer. Avec ses cheveux argentés coiffés en arrière, son front haut et ses traits taillés à la serpe, il ressemblait à un acteur venu auditionner pour un rôle de… pilote.

— Faites attention à votre tête, mesdemoiselles et messieurs, leur recommanda-t-il d'une voix forte, afin de couvrir le bruit du moteur.

Il leur tendit la main pour les aider à monter dans l'hélicoptère – une version commerciale de Marine One, l'hélicoptère officiel du président des Etats-Unis, conçu pour transporter seize passagers en plus de l'équipage. Les sièges avaient été remplacés par de confortables fauteuils en cuir munis de harnais de sécurité. Il y avait un écran de télévision géant et une petite console vidéo, ainsi que des casques sans fil pour tous les passagers. L'intérieur avait été complètement insonorisé, mais il était impossible de bloquer totalement le vacarme des moteurs et des pales – d'où les casques.

Cammie s'assit à côté d'Adam et boucla sa ceinture ; Dee s'installa face à elle, entre Punk Boy et Marshall (qui ne semblait guère ravi par le choix de leur moyen de transport). Parker, Sam et Anna avaient pris place sur la gauche. Les cinq autres se trouvaient dans la seconde cabine. Comme l'hélico s'arrachait du sol dans un rugissement, Parker brandit le caméscope pour filmer ses amis.

— Prochain arrêt, *Ben-Hur*, annonça joyeusement Sam tandis qu'ils survolaient la propriété de son père.

L'hélicoptère continua à prendre de l'altitude jusqu'à ce que Beverly Hills se déploie sous eux tel un plateau de Monopoly édition de luxe. Puis il accéléra si puissamment que Cammie fut plaquée contre le dossier de son siège.

Punk Boy – comment s'appelait-il déjà ? Jack ! – capta son regard et, du pouce, désigna Dee.

— Mignonne, articula-t-il.

— Je sais, articula Cammie en retour. Si tu lui fais du mal, je te tue.

D'un index et d'un majeur tendus, elle désigna ses yeux, puis le jeune homme. Le message était clair : « Je te surveille. »

Le vol jusqu'à Palmdale ne prit que dix minutes – beaucoup moins longtemps qu'un trajet en limousine, même si la 405 et les autres autoroutes semblaient plutôt dégagées vues du dessus. Dès qu'ils eurent franchi les montagnes de Santa Monica et atteignirent le désert, ils aperçurent le parc d'attractions Magic Mountain, kaléidoscope de couleurs se détachant sur l'austérité du paysage, et infléchirent leur trajectoire vers l'ouest. Au nord s'étendaient la base aérienne d'Edwards et sa superbe vue nocturne sur la piste d'atterrissage secondaire de la navette spatiale.

Cinq minutes plus tard, ils s'immobilisèrent à l'aplomb d'une réplique grandeur nature du Colisée de Rome : une gigantesque arène entourée de plusieurs étages de gradins. Le parking était plein de voitures et de camionnettes. Tandis qu'ils descendaient vers un héliport de béton crûment éclairé, Cammie vit des dizaines de leurs camarades lever la tête pour les contempler d'un air ébahi. Sur la gauche, elle avisa les quatre limousines noires qui conduiraient chacun des couples (ou trio, dans le cas particulier de Dee) à Hermosa Beach pour l'after, puis les ramèneraient chez eux.

L'héliport avait été entouré par un cordon de velours rouge ; des vigiles du studio étaient plantés tous les trois mètres. Lorsque le pilote se posa en douceur, Cammie constata avec satisfaction que leurs camarades se rassemblaient pour voir qui faisait une entrée aussi spectaculaire.

Comme s'il pouvait y avoir le moindre doute là-dessus.

A Hollywood, le remake de *Ben-Hur* réalisé par Jackson Sharpe était le sujet dont tout le monde parlait, essentiellement à cause des chiffres qui avaient filtré depuis le studio : malgré un budget initial de cent vingt millions de dollars, les coûts de production se montaient déjà à cent quarante millions hors promotion. Selon la rumeur, les dialogues prévus par le scénario disparaissaient peu à peu, cédant la place à toujours plus de scènes d'action sous prétexte que le public étranger se fichait des nuances de la langue anglaise – il voulait juste voir un maximum d'explosions. Comme personne n'avait eu la bonne idée d'inventer la dynamite au Ier siècle, les spectateurs devraient se contenter de plusieurs hectolitres d'hémoglobine.

Jackson s'était réservé le rôle-titre, celui que Charlton Heston avait interprété dans la célèbre version de 1959. L'histoire était celle de la rivalité épique qui opposait Ben-Hur à son ex-ami d'enfance Messala, et atteignait son point culminant lorsque tous deux s'affrontaient durant une course de chars au Colisée.

Dès que les pales de l'hélicoptère se furent arrêtées, le pilote ouvrit les portes et aida ses passagers à descendre. Sam avait réclamé l'installation d'un tapis rouge menant de l'héliport à l'entrée du Colisée, et les prom-prom girls s'étaient exécutées docilement. Monty Pinelli – le frère cadet de Parker, beaucoup moins séduisant que son aîné avec sa silhouette trapue, son gros nez et son manque d'élégance flagrant malgré le smoking Ralph Lauren que Sam avait loué pour lui – s'était posté tout au bout pour filmer leur arrivée. Krishna lui souffla un baiser au passage, et il rosit de plaisir.

Les producteurs de *Ben-Hur* n'avaient reculé devant aucune dépense pour construire un décor digne de la fameuse course de chars. Ou presque – la façade était en bois, et non en marbre comme celle du Colisée originel. Cela n'avait pas grande importance, car on ne la verrait pas à l'écran : tous les plans extérieurs seraient filmés en studio avec une maquette. L'intérieur, en revanche, aurait ébloui Cammie même sans les décorations spécifiques au bal de promo.

Le sol du Colisée était formé d'une substance synthétique brune mélangée à de minuscules billes de silicone (pour mieux refléter la lumière des projecteurs et absorber l'humidité, car Jackson ne tenait pas à faire sa course de chars dans la boue). Il couvrait la longueur de deux terrains de football américain. Une moitié du bâtiment était consacrée aux échafaudages des caméras, aux bureaux et à tous les éléments logistiques nécessaires pour produire un film d'action à gros budget : caravanes de maquillage, local à costumes, cantine réquisitionnée par le traiteur ce soir-là, et même une écurie pour les chevaux utilisés sur le tournage.

Mais l'autre moitié était une reproduction détaillée d'une arène romaine du Ier siècle. Elle abritait des gradins capables d'accueillir trente mille figurants, des centaines de colonnes, des dizaines d'arches et une tribune impériale en marbre qui occupait un bon quart de la rangée inférieure de sièges. Tout au fond se dressaient deux arches encadrées par des colonnes qui marquaient le départ de la course. Le centre de la piste était dominé par un jardin long et étroit, orné de statues d'empereurs, de sénateurs et de généraux romains.

L'arène était éclairée par un assortiment de projecteurs montés sur des tours métalliques, comme on en voit dans les stades de foot. Un système audio de qualité concert avait été mis en place pour le groupe. Après avoir éliminé plusieurs possibilités, Sam avait suggéré de faire appel à Slick Willy, des Anglais aux coupes de cheveux Beatlesques dont la pop-rock dansante serait parfaite pour animer la soirée. Leur premier CD, *Manchester Disunited*, était numéro un de l'autre côté de l'Atlantique mais commençait juste à se faire connaître aux Etats-Unis. Cammie avait appelé le père de Dee, qui était leur producteur. Ravi que sa fille soit en état d'assister à son bal de promo, M. Young avait tiré des ficelles, tordu des bras et pris les dispositions pour qu'un jet privé amène les musiciens. Ceux-ci étaient déjà en train de se déchaîner sur la scène érigée à un bout du Colisée, face au départ de la course.

— Tu as assuré comme une bête, dit Jack à Sam tandis que les VIP – suivis par Monty – franchissaient le dernier barrage de sécurité.

Les élèves ordinaires s'écartèrent tels les flots de la mer Rouge pour les laisser passer. Ils rejoignirent la foule à l'intérieur de l'arène, dont tous les murs libres avaient été drapés de tissu bleu et blanc – les couleurs du lycée de Beverly Hills.

— Je ne m'attendais pas du tout à ça, gloussa Adam en promenant un regard émerveillé à la ronde. Dans le Michigan, le bal de promo avait lieu dans le gymnase, et la déco se résumait à des guirlandes en papier plus une boule disco.

— Je croyais que ce genre d'horreur n'était qu'une légende urbaine, le taquina Cammie.

Son petit ami grimaça.

— Pour une fille qui n'avait pas envie de venir, tu m'as l'air plutôt réjouie.

Cammie était décidée à se tenir tranquille et à arranger les choses entre eux. C'était leur bal de promo, pour l'amour du ciel ! Elle passa les bras autour du cou d'Adam.

— Parce que je suis avec toi.

Une chose si simple, mais si difficile à dire pour elle. Pourquoi avait-elle tant de mal à accepter d'aimer et d'être aimée en retour ? Elle voulait croire qu'elle n'était pas encore perdue pour la cause – que pour la première fois de sa vie, elle pouvait avoir une relation saine, avec Adam. Avant qu'elle trouve le courage d'aborder tous les sujets délicats restés en suspens entre eux, Jack les rejoignit.

— Ta copine Dee ? Je la sens bien, dit-il en se frappant la poitrine du poing.

— Tant mieux.

— Mais tu peux m'expliquer ce que Napoleon Dynamite fiche ici ?

Du menton, le jeune homme désigna Marshall qui se tenait avec Dee au bord de la piste de danse.

— C'est un interne en psychiatrie qui veille sur elle pour la soirée, répondit Cammie.

— Sans déconner ? Elle est à l'asile ?

— On dit « dans un institut psychiatrique ». Et ça n'est que temporaire.

— J'aime les femmes qui ont un passé. Comment on fait pour semer le garde-chiourme ?

— Je suis certaine que tu trouveras un moyen. Ce qui te permettra de prouver combien tu es motivé et comment tu as l'intention de la traiter.

— Beaucoup, et très bien, affirma Jack avec conviction.

— Dee a pas mal morflé, intervint Adam. Alors vas-y doucement avec elle, d'accord ?

— Promis.

Jack s'éloigna. Adam le suivit des yeux, les sourcils froncés.

— Tu as confiance en ce type ? demanda-t-il à Cammie.

La jeune fille lui prit le bras.

— Ne t'en fais pas. Jack fera en sorte que Dee se sente belle et désirable, et Marshall ne la quittera pas des yeux une seconde – donc, Jack ne pourra rien tenter avec elle. Tout le monde est gagnant. (Elle prit une profonde inspiration.) Tu veux monter dans les gradins avec moi ? Il faudrait qu'on parle.

Digne de la liste VIP

— Sam, ouah ! C'est le bal de promo le plus fabuleux de toute l'histoire !

— Tu es géniale, Sam. Merci de t'être donné tant de mal pour organiser une soirée aussi spéciale !

— Sam, tu as fait construire des thermes romains ! Quelle idée sensationnelle !

— Un pour les garçons et un pour les filles. Et même un mixte !

— Et on peut faire des tours de char dehors – c'est tellement original !

— J'ai toujours pensé que tu n'avais pas l'esprit de groupe, mais je me trompais.

Sam Sharpe appréciait à sa juste valeur l'ironie de la situation. Des camarades auxquels elle n'aurait jamais daigné adresser la parole en temps normal, et qui n'auraient jamais osé entamer une conversation avec elle, affluaient pour la bombarder de compliments – pas plus de deux phrases à la fois, car ils devaient craindre de se faire jeter. Mais ils tenaient à la remercier d'avoir sauvé leur bal de promo. Et mieux encore : de l'avoir changé en un événement démentiel, digne de la liste VIP.

Au sud de l'arène, Sam avait fait construire par les décorateurs du film des thermes romains munis de douches, de bains chauds et de piscines autoportantes. Un peignoir en éponge, portant son nom et la mention *Bal de promo 2006 du lycée de Beverly Hills* brodés en calligraphie romaine, attendait chacun des invités de la soirée. Des chars tirés par des chevaux et conduits par des mannequins italiens en toge ultra courte se tenaient prêts à emmener les couples pour une promenade de deux kilomètres à travers les collines. Histoire de rester dans le thème *Ben-Hur*, le traiteur préparait la nourriture dans d'énormes fosses à feu.

— Souriez, mademoiselle Sharpe ! réclama un des photographes officiels, une femme d'un certain âge qui avait le crâne rasé et portait un smoking.

Sam s'exécuta, et Boule-de-Billard réussit à prendre quelques clichés d'elle seule avant que Jazz et Fee s'incrustent dans son viseur. Les deux filles n'avaient pas lâché leurs caméscopes, deux Sony identiques à celui de Sam.

— Comment ça s'est passé ? interrogea Sam.

— Trop bien ! s'enthousiasma Jazz. On a invité plein de copines à venir se préparer avec nous ; on a même fait venir une maquilleuse. Et on a tout filmé.

— Je suis désolée de t'avoir prise pour une snob pendant si longtemps, ajouta Fee.

— Moi aussi, renchérit Jazz. Je déteste les gens qui se permettent de juger les autres, et j'ai fait la même chose avec toi. Je tenais à m'excuser.

— Pareil pour moi, acquiesça Fee.

— Bah, ce n'est rien. Je voulais juste ce qu'il y avait de mieux pour notre lycée, répondit Sam avec la modestie et la sincérité appropriées.

Mais quelque chose qui ressemblait beaucoup à de la honte lui serrait le cœur. Jazz et Fee étaient vraiment de gentilles filles – pas si différentes d'elle et de ses amis, excepté d'un point de vue économique. Une fois de plus, elle se réjouit d'avoir changé l'angle de son documentaire. Il aurait été injuste de descendre Jazz et Fee en flammes.

Cinq mètres plus loin, Monty braquait sa caméra sur le trio. Sam lui avait donné des instructions très claires : « Concentre-toi sur les autres, pas sur moi. » Elle détestait les documentaristes qui, à l'instar de Michael Moore, insistaient pour se placer au centre de leur travail. Pour qui se prenaient-ils – Jonas Salk ? C'est pourquoi elle avait demandé à Monty de se balader au hasard dans la foule, afin de capturer des scènes spontanées.

— A tous les élèves ! (La voix acerbe de M. Vorhees, le proviseur adjoint, fit vibrer les haut-parleurs.) N'oubliez pas de voter pour l'élection de la reine du bal ! Tous vos bulletins doivent être déposés dans l'urne au cours de la prochaine demi-heure !

Derrière lui, les musiciens ricanèrent. M. Vorhees était un homme très grand, qui semblait enceint de huit ou neuf mois. Son estomac protubérant dissimulait la ceinture de son smoking.

— Nous procéderons au dépouillement et annoncerons les résultats à onze heures. Bonne chance à toutes !

Fee et Jazz semblaient tout excitées. Cette élection était importante pour elles. Sam les détailla. Fee arborait une robe Armani prêt-à-porter sans manches ni bretelles, en jersey bleu roi. Une fleur assortie ornait son poignet – *gros effort de coordination*, songea Sam. Ses cheveux étaient bouclés ; sans doute visait-elle le look « saut du lit » pour son côté sexy-décontracté. Elle avait failli mettre dans le mille.

Quant à Jazz, elle avait choisi une copie d'une robe de cocktail Chloe avec des rayures diagonales aux couleurs de l'arc-en-ciel. Sam en avait vu une vraie sur Kate Hudson au Koi, la semaine précédente. Mais sur Jazz, la coupe et le motif ne donnaient rien – ils ne réussissaient qu'à souligner son absence de poitrine. Les cheveux de la jeune fille était raidis ; hélas, ses mèches blondes et sa frange attiraient l'attention sur son nez un peu trop long. Elle aurait eu bien besoin des services de Raymond et de Gillian.

— Tu crois avoir une chance d'être élue reine du bal ? demanda Sam à Fee.

— Oh, les gens ne voteront jamais pour moi, se défendit la jeune fille. Pour Jazz, peut-être.

— Tu plaisantes ! se récria son amie. Ce sera forcément toi.

— Non, toi.

Sam soupira. Une règle tacite voulait que les LIP ne manifestent pas la moindre trace d'ego. Jazz et Fee auraient commis un sérieux faux pas en admettant qu'elles se considéraient comme des prétendantes potentielles au titre de reine du bal. Les amies de Sam, en revanche, n'auraient eu aucun scrupule à clamer haut et fort qu'elles méritaient d'être élues – puisqu'il n'y avait pas de fille plus belle, plus cool et plus populaire qu'elles dans tout le bahut. Mais jamais elles n'auraient daigné accepter la couronne : elles étaient au-dessus de ces enfantillages, et tout le monde le savait.

Les cavaliers de Fee et de Jazz s'approchèrent pour se joindre à la conversation. Fee était venue avec Miles Goldstein, qui avait piqué une crise d'hystérie dans le bureau du proviseur en découvrant qu'il ne prononcerait pas le discours d'adieu. Jazz avait finalement remplacé Jeremy Knowles par Roman Hoopes, un aspirant producteur de rap blanc qui s'appelait en réalité Richard mais trouvait que son prénom ne cadrait pas avec ses ambitions professionnelles.

Sam et Parker profitèrent de leur arrivée pour s'éclipser. Sans même songer à voter, ils laissèrent la foule les entraîner vers le côté production de l'arène. Sam s'installa dans le fauteuil de relaxation réservé à son père et cala ses chaussures sur le repose-pieds avec un soupir de bien-être. Parker s'assit dans la chaise du réalisateur, sortit sa flasque de Chivas et la fit passer à sa cavalière. Celle-ci avala une longue rasade d'alcool qui lui brûla la gorge en descendant.

— Ton film va assurer grave, dit Parker en reprenant la flasque pour boire à son tour. Ah, le Chivas. C'est quand même mieux que l'hydromel.

— Fais voir. Je n'ai pas bien goûté, plaisanta Sam.

Parker la dévisagea sérieusement.

— Tu es vraiment canon ce soir.

Jamais elle ne l'aurait admis, mais cette déclaration lui procura un frisson de plaisir. Parker était le plus beau de tous les mâles présents au bal de promo. Si seulement il avait pu se métamorphoser en Eduardo…

— Dommage que ton mec t'ait plantée, ajouta le jeune homme comme s'il avait lu dans ses pensées.

Irritée, Sam fronça les sourcils.

— Eduardo ne m'a pas « plantée ». Il avait un engagement familial.

Parker haussa les épaules et, sa flasque étant presque vide, saisit une bouteille de vodka.

— En tout cas, il rate quelque chose. Regarde là-bas.

Sam regarda. La fête battait son plein. Des centaines de ses camarades dansaient sur la piste. Beaucoup étaient en tenue de soirée, mais quelques-uns portaient le peignoir en éponge à leur nom. Ils riaient, fumaient, mangeaient, buvaient et s'éclataient. Même si Monty et les prom-prom girls devaient être en train de les filmer, Sam sortit son caméscope pour faire deux ou trois plans. Plus elle les observait à travers l'objectif, plus elle avait l'impression que son documentaire casserait la baraque. Mais l'absence d'Eduardo lui pesait, et pour se consoler, elle avala un verre de vodka cul sec.

— Tout ça, c'est ton œuvre, Sam. Si tu étais ma petite amie, j'aurais trouvé un moyen d'être là pour toi ce soir.

Pitié. Elle savait que Parker était un excellent acteur – la preuve, il s'était fait passer pour un gosse de riches pendant des années, sans que personne s'en aperçoive à part elle.

— Inutile de me cirer les bottes, Parker. Ça ne prend pas avec moi.

Le jeune homme secoua la tête.

— Tu crois toujours que les gens essaient de t'utiliser, hein ?

— Oui, parce que c'est ce qu'ils font d'habitude.

Près des jardins au centre de la piste, Sam repéra Anna qui déambulait, seule. Bizarre. Pourquoi Ben n'était-il pas encore arrivé ?

— Tu as sans doute raison, admit Parker. Ecoute, je vais manger un bout et aller chercher Damian. Ensuite, je recommencerai à filmer. D'accord ?

— D'accord.

Alors que le jeune homme s'éloignait, le portable de Sam sonna.

— Allô ?

— Alors, comment se passe ce bal de promo ? lança une voix grave, sexy et dotée d'un léger accent.

Eduardo.

— Moins bien que si tu étais là, répondit Sam, ravie qu'il ait appelé.

— Hélas, je suis coincé à Mexico avec ma famille. Je te manque ?

Même si son petit ami ne pouvait pas la voir, elle hocha vigoureusement la tête.

— Beaucoup.

— Tu t'amuses quand même ?

— Bien sûr. (Levant les yeux, elle vit Parker discuter avec son frère.) Au fait, je t'ai dit que l'after aurait lieu à Hermosa Beach ?

— Hermosa Beach, répéta Eduardo. Ah oui, je connais.

— Quelqu'un va probablement coucher avec quelqu'un d'autre et le regretter ensuite ; un couple de longue durée rompra, et des tas de gens se soûleront lamentablement. Après tout, il faut sacrifier à la tradition. Et toi ? Comment se passe ta soirée ?

— Et bien… Il doit y avoir dans les trois cents personnes. Je suis apparenté à la moitié d'entre elles – j'ai une très grande famille – et toutes les dames de plus de soixante ans tiennent absolument à me pincer la joue et à me dire que je suis devenu un beau jeune homme.

Sam éclata de rire.

— Ça a l'air mortel.

— C'est supportable. Bref, je voulais juste te dire que je pensais à toi et qu'on se verrait quand je reviendrai à Los Angeles pour bosser. J'ai vraiment hâte d'être à cet été.

Des images s'imposèrent à l'esprit de la jeune fille. Des images de leurs ébats à l'hôtel – le couvre-lit tombé par terre, les dizaines de bougies qui brûlaient dans le bungalow… Mais aucune n'était aussi forte que celle des tulipes sur la table de chevet. Eduardo s'était rappelé que c'étaient ses fleurs préférées, alors qu'elle ne l'avait mentionné qu'une fois. Ce détail résumait à lui seul tout ce qu'elle adorait chez lui.

C'est pourquoi elle répondit :

— Moi aussi.

Depuis une heure, Anna déambulait au hasard à l'intérieur du Colisée. Elle regardait le bal de promo se dérouler autour d'elle sans y participer. Le garçon qu'elle aimait assistait à une autre soirée en compagnie d'une autre fille. Elle tenta de se dire que ça n'avait pas d'importance, que c'était sa propre idée, mais elle se demandait si sur ce coup-là, elle n'avait pas fait preuve de plus d'idiotie que de générosité. Après tout, Ben était un mâle, et elle avait vu à quoi ressemblait Maddy après son relooking. Dont elle était également responsable – du moins, en partie. *Doux Jésus…*

M. Vorhees venait juste de battre le dernier rappel avant la clôture des votes. Anna se dit qu'elle ferait aussi bien d'y aller. Elle se fraya un chemin jusqu'à l'extrémité nord du Colisée, prit un bulletin sur la table des élections et le contempla quelques secondes sans réagir. Puis, sur un coup de tête, elle griffonna le nom de Dee et fourra le bout de papier dans l'urne que surveillaient Jazz et Fee. La nouvelle Dee lui plaisait beaucoup ; elle pensait qu'elle s'entendrait bien avec elle.

Après ça, ne sachant pas quoi faire, elle trouva un coin tranquille à l'écart de la scène et regarda des gens qu'elle connaissait à peine danser, rire et se disputer – bref, faire toutes les choses que les couples faisaient pendant leur bal de promo. Son ancien lycée de New York fonctionnait lui aussi selon un système de cliques, mais elle connaissait presque tous les élèves pour avoir fait la majeure partie de sa scolarité avec eux. Elle n'était arrivée à Los Angeles que cinq mois plus tôt ; dans l'esprit de ses camarades, elle resterait la nouvelle – une fille qui ne s'était distinguée que par son amitié avec Sam Sharpe et sa relation avec Ben Birnbaum. Quelqu'un se souviendrait-il de qui elle était réellement ? Elle en doutait fort.

Anna se rapprocha de la piste. Debout près de la scène, Marshall piétinait et se tordait le cou pour ne pas perdre de vue sa jeune protégée. Dee était pelotonnée dans les bras de Jack, à côté duquel elle paraissait encore plus minuscule que d'habitude. Damian et Ashleigh dansaient ; bien que théoriquement séparés, Jordan et Skye se roulaient un patin. Même Sam et Parker se trémoussaient de bon cœur. Les seuls qui manquaient à l'appel étaient Cammie et Adam. Anna secoua la tête. Et dire qu'elle avait eu peur que Cammie allume Ben ! Son petit ami n'était même pas là pour lui en fournir l'opportunité.

Elle ne put s'empêcher de repenser à leur premier rendez-vous, le soir où Ben l'avait abandonnée sur le bateau de son père à deux heures du matin. Une petite partie d'elle se demanderait toujours s'il était capable de lui refaire ce genre de coup – s'il n'était pas en train de le lui refaire en ce moment même. Ça ne l'aurait qu'à moitié étonnée, avec son passé de coureur de jupons et la transformation radicale de Maddy…

Non. Il était là. Il traversait la piste de danse à grandes enjambées, plus séduisant que jamais dans son smoking Armani. Une mèche de cheveux bruns tombait devant ses yeux qui balayaient la foule sans relâche. Le cœur d'Anna se gonfla de joie, et un large sourire s'inscrivit sur son visage. *C'est moi qu'il cherche. Moi.*

Elle se porta à sa rencontre, honteuse d'avoir douté de lui et ravie de n'en avoir parlé à personne. Quand il la prit dans ses bras, elle eut l'impression que le reste du monde s'évanouissait et qu'il ne restait plus qu'eux deux.

— Je me sens un peu comme Cendrillon, plaisanta-t-elle.

— Une Cendrillon version *Caligula*, répliqua Ben. (Mais son expression disait clairement que pour lui aussi, c'était un moment magique.) Tu es superbe.

— A combien d'autres cavalières as-tu dit ça ce soir ?

— Attends que je te raconte pour qui craque Maddy !

Anna haussa un sourcil.

— Pour toi ?

— Pas du tout. Je n'ai été qu'un pion dans la partie d'échecs qu'elle jouait par amour… Ou parce que ses hormones l'y poussaient, je ne sais pas trop. (Ben entraîna la jeune fille vers la piste.) Viens. Je veux danser avec la plus belle princesse de l'empire.

Le voisinage de son cœur

Il fallut un moment à Cammie et Adam pour se frayer un chemin parmi la foule. Au lieu d'opter pour un buffet – trop « Club Med » –, Sam avait demandé aux serveurs de se déguiser en gladiateurs et de circuler parmi les invités pour leur offrir toutes sortes de hors-d'œuvre italiens : minuscules *bruschetta al forno* (des tomates marinées dans du basilic, de l'ail et de l'huile d'olive vierge, servies sur des carrés de foccacia et recouvertes de mozzarella), gâteaux de crabe et leur méli-mélo de fenouil et de poivrons, Saint-Jacques enveloppées de bacon et leur mesclun, gambas marinées dans un mélange de raifort, de citron et de vodka Grey Goose, et champignons farcis au gouda et au saumon.

— Une Saint-Jacques ? proposa une gladiatrice aux cheveux aile-de-corbeau et aux formes voluptueuses en se plantant devant les deux jeunes gens, un plateau à la main. Elles sont…

— On sait. Merci beaucoup, mais non, grimaça Adam.

— Une boisson, peut-être ? suggéra la serveuse.

Cammie secoua la tête.

— Pas pour le moment.

Ils continuèrent à se faufiler vers les gradins, longeant les tables de granit sur lesquelles étaient posées les pochettes-surprises. Dans une bourse de mousseline grossière – Sam ayant fait remarquer, à juste titre, que le velours n'avait pas encore été inventé au Ier siècle –, chaque invité de la soirée trouverait deux tickets pour la première de *Ben-Hur* au Kodak Theatre, l'été suivant, une paire de boucles d'oreilles en or vingt-quatre carats et des boutons de manchette assortis, fabriqués à la main à Milan, une petite fiole de la nouvelle eau de Cologne de Jackson Sharpe, un iPod contenant déjà le premier album de Slick Willy, et un blouson de sport en satin, édition limitée *Ben-Hur*, avec le blason du lycée de Beverly Hills brodé sur la poitrine.

Enfin, ils atteignirent le pied des tribunes nord, où avaient été dressées une multitude de tables rondes en faux marbre. Sur chacune d'elles, une édition collector du scénario du *Ben-Hur* de 1959, entourée de répliques d'accessoires de ce film, faisait office de centre de table.

— Alors, que voulais-tu me dire ? s'enquit Adam en tirant une chaise capitonnée de lamé or pour Cammie, puis en s'asseyant près d'elle.

La jeune fille se racla la gorge.

— Nous n'avons pas vraiment reparlé de cette dispute stupide sur la plage, l'autre jour.

— Peu importe. C'est du passé. Tout va bien entre nous, pas vrai ?

Adam gratta le petit tatouage en forme d'étoile qu'il avait derrière l'oreille – comme il le faisait chaque fois qu'il était nerveux. *Contente de voir que je ne suis pas la seule*, songea Cammie.

— J'ai réagi de manière disproportionnée, admit-elle. Je suppose que…

C'était plus difficile qu'elle ne l'aurait cru. Elle recommença depuis le début.

— Je pense beaucoup à ma mère, murmura-t-elle. Mais j'ai l'habitude de garder ça pour moi. Alors, quand tu m'as parlé de ce que tu avais fait… Je me suis sentie envahie – ou quelque chose comme ça.

Adam lui prit la main.

— Je n'aurais pas dû te mettre devant le fait accompli, Cammie. (De nouveau, il gratta son tatouage.) Ecoute… Moi aussi, j'ai quelque chose à te… Et merde.

Une alarme se déclencha dans le voisinage de son cœur.

— Qu'est-ce qui ne va pas ? s'inquiéta-t-elle.

— Rien.

— A d'autres ! Je veux savoir.

Adam lui lâcha la main.

— Allons plutôt danser. Nous n'aurons qu'un seul bal de promo pour fêter notre sortie du lycée. Ce n'est pas si important. Nous pourrons en parler plus tard.

— Adam, tu es un très mauvais acteur, dit sévèrement Cammie. C'est à propos de notre conversation sur la plage – à propos de ma mère ?

Le jeune homme acquiesça d'un air penaud.

— Plus ou moins, oui.

— Et c'est grave ?

— Je n'en sais rien. Peut-être. (Il secoua la tête et caressa ses cheveux hérissés avec du gel.) Je n'aurais rien dû te dire. Je voulais juste qu'on passe une soirée inoubliable, et maintenant, j'ai tout gâché. Allons danser, je t'en supplie. Je te raconterai tout plus tard, je te le promets.

L'espace d'un instant, Cammie fut tentée de le suivre, car elle sentait confusément que les révélations du jeune homme allaient chambouler le reste de sa soirée – voire le reste de sa vie. Mais elle ne put s'empêcher d'insister.

— Tu as découvert quelque chose, n'est-ce pas ? Comment ?

— Grâce à mes parents.

Huit années de peur, d'angoisse et d'incertitude trop longtemps contenues firent exploser Cammie.

— Tu as obtenu des informations par tes parents ? Et tu ne m'en as rien dit ?

Adam gratta le sol du Colisée avec la pointe de sa chaussure de soirée.

— Si ça peut te consoler, je m'en veux énormément d'avoir fait ça, bredouilla-t-il.

Cammie lui donna une bourrade.

— Je n'en ai rien à foutre de tes remords ! Parle, exigea-t-elle. Tout de suite.

— Pas ici. Plus tard. Demain.

— Non, maintenant.

— Cam, s'il te plaît. Je préfère que tu le voies de tes propres yeux, gémit Adam.

La jeune fille se raidit.

— Parce qu'il y a quelque chose à voir ? Qu'est-ce ce c'est ? Et où l'as-tu mis ?

Adam hésita.

— Dans ma chambre. Mais…

— La ferme. (Cammie leva une main tremblante pour le faire taire.) Tu n'es pas obligé de m'accompagner, Adam. Mais que ça te plaise ou non, je vais chez toi.

Une flamme qu'il connaissait bien

— Et voilà comment j'ai atterri à Ojai, conclut Dee.

Jack et elle marchaient ensemble sur le chemin de copeaux de bois qui reliait le Colisée aux thermes romains. De temps en temps, ils devaient se ranger pour laisser passer un char. Un seau de pétales de rose était fourni avec chaque véhicule – ils s'étaient déjà fait arroser deux fois par des élèves hilares qui revenaient du bain, soit dans leurs beaux atours soit en peignoir brodé à leur nom.

La nuit était calme et beaucoup plus claire qu'à Beverly Hills – si claire que Jack distinguait la Voie lactée. La seule note discordante dans toute cette harmonie, c'était la façon dont Marshall leur collait aux basques tel un garde du corps trop zélé.

— Tu as vraiment traversé beaucoup d'épreuves, commenta Jack.

— Oui, mais ça en valait la peine. Aujourd'hui, je me sens très chanceuse – et très reconnaissante. Des tas de gens m'ont aidée, et mes véritables amis ne m'ont jamais lâchée, même à l'époque où je faisais n'importe quoi. D'habitude, quand tu es différent, les gens te tournent le dos.

Les paroles de Dee touchèrent un point sensible.

— Je vois très bien de quoi tu parles, murmura Jack.

— Vraiment ? Pourquoi ? s'enquit Dee, intriguée.

La jeune fille s'était montrée sincère et directe avec lui. Il eut envie de lui rendre la pareille. Alors, il se lança dans une histoire qu'il ne racontait que très rarement : celle de sa petite sœur Margie.

Le temps qu'il l'achève, un quart d'heure plus tard, Dee et lui avaient atteint les thermes et s'étaient assis sur un banc, près de l'entrée. Marshall avait eu la discrétion de rester hors de portée d'ouïe – à défaut d'être hors de vue.

— Elle a de la chance de t'avoir comme frère, déclara Dee lorsque Jack se tut.

Elle l'avait écouté sans l'interrompre, en lui accordant toute son attention, et il était clair qu'elle pensait chacun des mots qu'elle venait de lui dire. *Oh, non.* Ça n'était pas censé se passer ainsi. Les rencards avec des inconnues, ça craignait toujours un maximum. En réalisant que Cammie n'avait pas menti et que sa copine était très mignonne, Jack avait été agréablement surpris. Il avait aussitôt envisagé la possibilité de séduire une riche héritière de Beverly Hills. Après tout, Dee était plus âgée que Maddy, et probablement plus aguerrie. Pourquoi ne pas essayer ?

Mais plus il passait de temps avec elle, plus la jeune fille lui plaisait. Elle était gentille, intelligente, dotée d'un enthousiasme presque enfantin et d'une franchise désarmante. Il sentait qu'il était en train de tomber sous son charme. Déjà, il avait envie de la protéger, et ça l'affolait quelque peu. C'était elle qui aurait dû tomber dans ses filets, pas l'inverse !

La lune se reflétait dans les yeux bleus de Dee. De l'index, Jack lui souleva le menton. Il allait l'embrasser quand un crissement de semelles sur le chemin fut suivi par une manchette qui fendit l'air entre eux. Dee poussa un glapissement. La première réaction de Jack fut de bondir sur leur agresseur. Puis il réalisa que c'était Marshall.

— Qu'est-ce qui te prend ? aboya-t-il.

— Tu pourrais lui passer des substances illégales avec ta bouche, répondit Marshall si sévèrement que l'espace d'un instant, Jack crut qu'il allait enchaîner en lui lisant ses droits.

Mais Marshall n'était pas flic ; aussi le jeune homme répliqua-t-il :

— Seulement si ma langue est illégale, crétin !

— Les règles sont les règles, insista le chaperon sans s'émouvoir.

— Allez, Marshall, implora Dee. Tu n'es pas obligé de les respecter au pied de la lettre. Si tu veux, on te montre l'intérieur de nos bouches pour te prouver qu'on ne cache rien.

Marshall secoua la tête.

— C'est mon boulot.

— Et ça, c'est mon doigt, grogna Jack en lui montrant son majeur. (Il prit la main de Dee.) Viens, on retourne au Colisée. Avec un peu de chance, la Police des Rapports Humains nous laissera danser.

Ils contournèrent les thermes et montèrent dans un des chars qui attendaient devant. Leur conducteur s'appelait Antonio. Il mesurait un mètre quatre-vingts ; il avait une épaisse chevelure bouclée et des muscles saillants, impossibles à ignorer grâce à sa toge minuscule. Mais pendant tout le trajet, Dee garda les yeux rivés sur Jack. C'était une sensation enivrante.

Le retour au Colisée ne leur prit que quelques minutes. A l'entrée de l'arène se dressait une rangée de WC chimiques utilisés par l'équipe de production. Tandis qu'Antonio l'aidait à descendre du char, Dee annonça qu'elle avait besoin d'y faire un tour. Elle entra dans l'une des cabines, et Marshall profita de cette opportunité pour s'enfermer dans une autre. Jack fut surpris qu'il ne demande pas à la jeune fille de lui ramener un flacon de son urine afin de l'analyser.

— Quoi de neuf ?

Jack pivota. C'était le cavalier de Sam Sharpe – comment s'appelait-il, déjà ?

— Parker Pinelli, lui rappela le jeune homme.

— Ah oui, c'est vrai. Pas grand-chose. Qu'as-tu fait de Sam ?

— Les filles du comité d'organisation l'ont entraînée je ne sais où. (Parker jeta un coup d'œil à la ronde pour s'assurer qu'aucun adulte ne pouvait le voir, puis sortit une flasque de sa poche.) On lui a mis une grande claque tout à l'heure, mais il en reste encore un fond. C'est du Chivas, dit-il en l'offrant à Jack.

Le jeune homme secoua la tête. Dee préférerait sûrement qu'il reste sobre – sans parler de Marshall.

— Ça te dérange ? demanda Parker en débouchant la flasque.

— Pas du tout. Mais fais gaffe, le prévint Jack. (Du menton, il désigna la porte de plastique vert qui dissimulait Marshall.) Le geôlier de Dee est là-dedans. S'il te voit faire, il risque d'appeler la Garde Nationale.

— Merci pour le tuyau. (Parker renversa la tête en arrière et but.) Alors, Cammie t'a arrangé le coup avec Dee, hein ? Tu en penses quoi ?

— Que du bien, sourit Jack. Sans ce boulet de Marshall, je passerais vraiment une soirée de rêve.

— On trouvera peut-être un moyen de le semer avant l'after. On doit aller à Hermosa…

La porte des toilettes de Marshall se rouvrit. Avant que le chaperon de Dee puisse poser un pied sur le sol, Parker fit adroitement disparaître la flasque dans sa poche. Pourtant, Marshall s'approcha des deux jeunes gens en reniflant tel un chien de chasse.

— C'est de l'alcool que je sens ? gronda-t-il.

— C'est bien possible, acquiesça Parker. Deux filles viennent juste de passer avec une bouteille de tequila. Elles se sont dirigées vers les thermes. A ta place, je les poursuivrais.

— Je dois faire mon devoir, murmura Marshall en regardant autour de lui. En parlant de ça, où est Dee ?

— Tu viens juste de la manquer, improvisa Parker en désignant, du pouce, l'entrée du Colisée. Elle est retournée à l'intérieur. Je crois qu'elle cherchait Sam. Tu devrais te dépêcher de la rejoindre. Qui sait quel genre d'ennuis elle pourrait s'attirer là-dedans ? Ce bal de promo, c'est la débauche totale.

— Elle ne m'a pas attendu ? Elle savait qu'elle devait m'attendre ! (Les narines de Marshall frémirent d'indignation.) Excusez-moi.

Tandis qu'il fonçait vers l'entrée du Colisée, Jack éclata de rire.

— Merci beaucoup, mon pote. Tu es un sacré bon acteur.

Parker croisa les bras.

— J'ai entendu dire que tu bossais sur un projet de télé réalité pour la Fox.

— Je suis juste en stage pour l'été. (Jack baissa la voix.) Mais j'ai soumis une idée à ma patronne, et elle a adoré. J'ai appelé ça *Le Maître Dragueur*. Des types se baladent dans toute la ville en branchant des nanas, et les spectateurs votent pour celui qui a levé la plus canon – ce genre de truc. Elle me laisse beaucoup de temps pour développer le concept.

— Ah oui ? (Parker eut l'air impressionné.) Raconte-moi ; ça m'intéresse.

Une porte couina derrière eux, et Dee ressortit des toilettes.

— Désolée d'avoir été aussi longue. (Elle promena un regard à la ronde.) Où est Marshall ?

— Ce petit génie nous a débarrassé de lui, grimaça Jack.

Une idée lui traversa l'esprit. Parker était parfait avec son physique de tombeur et ses dons d'acteur-né. Dans ses yeux dansait une flamme que Jack connaissait bien : celle de l'ambition brûlante. Il voyait la même chaque matin quand il se regardait dans son miroir. Comme lui, Parker était prêt à tout, ou presque, pour intégrer un milieu auquel il n'appartenait pas, pour devenir un de ces privilégiés qu'il enviait depuis toujours.

Jack pressa les doigts de Dee.

— Je voudrais parler à Parker. Je n'en ai pas pour longtemps. Ça ne te dérange pas qu'on se retrouve près du bar, disons, dans cinq minutes ?

Dee hésita, puis lui adressa un sourire radieux.

— Pas de problème.

— Cinq minutes, pas une de plus, promit Jack en désignant sa montre, une Coleman utilitaire qu'il avait achetée chez Target parce qu'elle était réputée pour sa longévité.

Quand on a grandi dans une famille pauvre, on ne gaspille pas son argent pour essayer d'impressionner les autres avec des gadgets inutiles.

— D'accord.

Dee agita timidement la main et s'éloigna.

— Elle est différente, remarqua Parker. Elle a beaucoup changé depuis la dernière fois que je l'ai vue. En bien. Tu fais peut-être ressortir le meilleur d'elle-même…

Jack l'étudia attentivement.

— Tu es un acteur professionnel, pas vrai ?

— Oui, pourquoi ?

— J'envisage de tourner un pilote pour montrer à ma patronne ce que j'ai en tête. Les cadres des chaînes de télé sont paresseux ; ils n'aiment pas lire. Ils préfèrent voir les choses à l'écran. Tu crois que tu serais intéressé ?

Parker acquiesça avec empressement, confirmant les soupçons de son interlocuteur. Ce garçon en voulait.

— Super.

Jack consulta sa montre. Plus qu'une minute avant de retrouver Dee. Il ne voulait surtout pas être en retard. Il donna une grande claque dans le dos de son employé potentiel.

— Ravi de t'avoir rencontré, mon pote.

— Moi aussi.

Parker sortit de sa poche une carte de visite bon marché. Il devait les trimbaler partout et les distribuer à la première occasion, songea Jack.

— Je t'appelle, promit-il.

C'est parfait. Parker pense qu'il m'utilise, et je pense que je l'utilise. En fait, chacun de nous se sert de l'autre. Comme c'est hollywoodien…

Des cheveux blond platine qui lui tombaient jusqu'aux fesses

L'inconnue se tenait près de la porte en chêne massif, de l'autre côté de la salle à manger bondée – au-delà de ses tantes, de ses oncles et de ses cousins, au-delà de sa grand-mère et de sa mère, au-delà même de son père qui distribuait des Partagas Série D fabriqués à La Havane à tous les invités de sexe masculin et d'âge adulte.

C'était la plus belle fille qu'Eduardo ait jamais vue. Des cheveux blond platine qui lui tombaient jusqu'aux fesses, des pommettes hautes, des lèvres pareilles à deux coussins de soie, des cils charbonneux contrastant avec la pâleur de sa peau. Plus bas : un cou de cygne, des épaules gracieuses, une poitrine ferme et généreuse, une taille minuscule et des jambes interminables. Une robe scintillante, qu'on aurait crue taillée dans de l'or liquide, moulait ses hanches étroites. Elle ressemblait à une déesse catalane.

Comme attiré par une force irrésistible, Eduardo se dirigea vers elle.

— Qui êtes-vous ? chuchota-t-il.

— Je m'appelle Pilar.

C'était la meilleure amie d'une de ses cousines, quelque chose comme ça. Les détails lui importaient peu. Seigneur, elle était parfaite – tout ce dont il avait jamais rêvé.

Il l'invita à danser. Elle posa sa main dans la sienne ; il la guida vers la piste où un orchestre de douze musiciens jouait « Some enchanted evening ». Elle se pressa contre lui. Les mots étaient superflus. Elle était Pilar, Pilar le Pilier de Perfection. Il n'existait pas d'autre fille pour lui dans tout l'univers.

Trois ou quatre morceaux plus tard, ils sortirent sous la tonnelle pour siroter du champagne. Une autre cousine demanda à Eduardo des nouvelles de sa petite amie américaine. Comment s'appelait-elle, déjà ? Samantha.

Pilar attendit la réponse d'Eduardo.

— Samantha qui ? souffla-t-il.

— Chers élèves, chers professeurs, mesdames et messieurs, approchez ! tonna le proviseur adjoint. Le moment est venu de dévoiler la composition de votre cour !

Sa voix amplifiée par les haut-parleurs arracha Sam à sa rêverie. Ou plutôt, à son cauchemar éveillé. Eduardo fricotant avec une salope nommée Pilar – quelle horreur. Elle était en train de penser à son petit ami quand elle avait aperçu une serveuse en toge dorée, dont les jambes lui arrivaient jusque sous les bras. Alors, son imagination fertile s'était emballée toute seule.

Pilar. Où diable avait-elle été chercher ça ? Doutait-elle d'Eduardo au point d'envisager qu'il succomberait aux charmes d'une fille dotée d'un prénom aussi ridicule ?

Très peu des mille participants au bal de promo ayant répondu à son appel, M. Vorhees reprit le micro.

— Approchez, approchez ! Venez assister au couronnement des élèves que vous avez élus pour présider le cinquantième bal de promotion de notre lycée bien-aimé !

Il fit signe au groupe, qui entonna une version remixée de l'hymne du lycée de Beverly Hills.

Concentre-toi, s'exhorta Sam. *C'est le clou de la soirée.* Dans son storyboard, elle avait prévu d'intercaler des extraits du couronnement aux autres scènes – en fait, elle envisageait même de commencer son documentaire avec. Elle voulait des gros plans de toutes les aspirantes reines de promo au moment où on annoncerait le résultat. Du regard, elle balaya la foule qui s'agglutinait près de la scène. Où était Parker ? Et Monty ? Il lui fallait autant d'angles que possible pour filmer le sacre de l'heureuse élue – qui, l'espérait-elle, serait Jazz ou Fee.

Ah. Monty était là, dans la position qu'elle lui avait assignée : derrière une des énormes baffles posées sur la scène, et armé d'un téléobjectif pour pouvoir zoomer sur la gagnante. Mais où était passé Parker ?

Sous les yeux de Sam, deux des copines prom-prom girls de Jazz et Fee se dirigèrent vers M. Vorhees d'un pas sautillant. Elles apportaient une grande enveloppe aux couleurs du lycée de Beverly Hills, censée contenir les noms du roi et de la reine de la promotion 2006. Quand le proviseur adjoint s'en empara, deux projecteurs orientés à la verticale s'allumèrent, trouant le ciel de leurs faisceaux jumeaux. Deux autres se braquèrent sur M. Vorhees, qui bomba légèrement le torse. Le batteur des Slick Willy produisit un roulement de tambour de trente secondes qui s'acheva par le coup de cymbales le plus bruyant de toute l'histoire.

— J'ai le plaisir de vous dévoiler la composition de votre cour, entonna le proviseur adjoint. (Pour faire durer le suspens, il ouvrit l'enveloppe le plus lentement possible et feignit d'avoir du mal à déchiffrer les noms inscrits sur le carton.) Nos deux premières princesses sont Stephanie Epstein et Katelynn Thistle-Phelps !

Deux des membres du comité d'organisation, portant des copies de robes noires Oscar de la Renta pour l'une et Armani pour l'autre, bondirent sur scène, saluées par des applaudissements polis. Chacune d'elles se vit remettre un bouquet de roses à longue tige par le chanteur de Slick Willy (dont la coiffure ressemblait à un balai à franges). Puis M. Vorhees réclama le silence.

— Notre troisième et dernière princesse est… Ophelia Berman, escortée par Miles Goldstein !

Sous des applaudissements plus chaleureux, Fee prit le bras de son cavalier et monta sur scène. Sam était à la fois contente pour elle et irritée que Monty ne puisse pas filmer simultanément sa réaction et celle de Jazz. Pourquoi Parker s'était-il volatilisé ?

La nouvelle cour se rassembla derrière le proviseur adjoint.

— Et maintenant, chers invités, le moment que vous attendez tous…

Sam jeta un nouveau coup d'œil à la ronde. Toujours pas de Parker. *Qu'il aille se faire foutre.*

M. Vorhees tira un dernier bristol de l'enveloppe.

— J'ai l'honneur de vous présenter la reine et le roi du cinquantième bal de promo du lycée de Beverly Hills… Samantha Sharpe et Parker Pinelli !

Quoi ?

Un tonnerre d'applaudissements éclata. Sam ne réagit pas. *J'ai dû mal entendre*, songea-t-elle, pétrifiée de stupéfaction.

Soudain, Jazz lui sauta au cou.

— On a tous voté pour toi, Sammy !

— Il n'y aurait pas eu de bal sans toi, ajouta quelqu'un d'autre.

Puis les accolades se succédèrent à une vitesse étourdissante tandis que Jazz filmait l'hébétude de l'heureuse élue avec son caméscope.

— Tu es géniale !

— Personne d'autre n'aurait pu sauver notre bal de promo !

— Tu mérites bien d'être notre reine !

— Vas-y, monte sur scène !

C'était impossible. *Moi, reine de promo ?*

Mécaniquement, les jambes de Sam l'emportèrent vers la scène. Parker se matérialisa du côté opposé ; il monta les marches deux à deux et pivota vers elle. Avec un sourire digne d'une cérémonie de remise des Oscar, il l'enlaça et la ploya en arrière pour lui donner un baiser dans le plus pur style Vieil Hollywood. Puis Fee et M. Vorhees lui passèrent l'écharpe du roi de promo.

Les applaudissements et les sifflets redoublèrent d'intensité lorsque Slick Willy se lança dans une version punk du thème musical de Miss Amérique.

— Super. C'est maintenant que tu te manifestes ? siffla Sam à l'écart du micro.

— Allons, Sam, détends-toi, susurra Parker. Profite de ce moment.

Quand il la redressa, la reine de l'année précédente – Ivory Maxwell, la blonde héritière d'un réalisateur de films d'horreur

– plaça sur sa tête le diadème incrusté de brillants bleus qui formaient les lettres LBH.

— Félicitations, lui dit-elle. On devrait déjeuner ensemble un de ces jours.

Sam se souvint qu'Ivory aspirait à devenir actrice.

— Un discours, un discours ! scanda la foule qui se pressait autour de la scène.

Mais avant que Sam puisse reprendre ses esprits – dans son état actuel, elle n'était même pas sûre de réussir à faire une phrase avec un verbe et un sujet –, Fee s'empara du micro.

— Chacun ici sait que Sam Sharpe a sauvé notre bal de promo à elle toute seule, commença-t-elle d'une voix forte, qui se répercuta sur les murs du Colisée tandis que les invités hochaient la tête d'un air approbateur. Vous rendez-vous compte de la chance que nous avons ? Nous faisons la fête dans le décor du prochain film de Jackson Sharpe. Sam, nous tenons à te remercier d'avoir pris des citrons et d'en avoir fait de la limonade !

La foule rugit. Sam aperçut Anna et Ben qui l'applaudissaient avec un grand sourire. Damian, Jordan, Krishna – tout le monde lui faisait une ovation.

Alors, une chose très étrange se produisit. La petite voix qui lui disait toujours qu'elle n'était pas assez jolie pour être la reine de quoi que ce soit se tut brusquement dans sa tête. Elle était sur scène, avec une couronne sur la tête et le mec le plus canon du lycée à son bras. L'espace d'un bref instant, Sam Sharpe ne se sentit pas seulement heureuse – elle se sentit belle.

Puis Monty sortit de derrière l'énorme baffle qui le dissimulait. La lumière rouge de son caméscope rappela à Sam que cette minute magique était filmée pour la postérité.

Merde ! Mon documentaire !

Elle savait qu'elle ne pouvait pas être reine de promo dans son propre film. Les juges en mourraient de rire. Et elle ne pouvait pas non plus supprimer cette scène au montage – qui disait bal de promo disait élection d'une reine.

Tous ces storyboards, tous ces préparatifs, tout ce boulot... Fichus en l'air. Tombés à l'eau. Bons à jeter à la poubelle.

Quelques instants plus tard, Parker lui prit la main et l'entraîna vers la rampe de bois qui descendait jusqu'à un char doré tiré par quatre chevaux blancs comme neige et conduit par un quatuor de gladiateurs. Il était prévu qu'ils fassent un tour d'honneur sur la piste de course.

— Où étais-tu passé ? demanda Sam tandis que Parker l'aidait à monter dans le char.

Non que ça ait encore la moindre importance. Mais elle avait besoin de se concentrer sur autre chose que sur le fiasco de son projet.

— J'étais avec Jazz et Fee, en train d'essayer de prévenir ce désastre, répondit le jeune homme. Elles sont venues me voir, tout excitées, pour me dire que tout le monde avait voté pour toi. Je leur ai bien expliqué que tu ne voulais pas être reine, mais elles ne m'ont pas écouté.

La colère de Sam se dissipa comme l'hélium contenu dans un ballon vieux de quatre jours. *Au moins, il a essayé.* Elle conjura l'énergie nécessaire pour saluer de la main ses camarades qui sifflaient et applaudissaient sur le passage du char. Le feu d'artifice qu'elle avait organisé se déclencha, et des explosions de confettis multicolores se répandirent dans le ciel nocturne.

L'ironie de la situation ne lui échappait pas. Le destin avait conspiré contre elle. Son documentaire était foutu. A la limite, elle aurait pu l'accepter. Ce qui lui laissait un sale goût dans la bouche, c'est que l'espace d'un très bref instant, elle avait été nommée la plus belle de toutes, et que la seule personne avec qui elle aurait voulu partager ça se trouvait à trois mille kilomètres d'elle.

Eduardo…

Une agrafe après l'autre

Les trois quarts d'heure du retour en limousine s'étaient écoulés dans un silence tendu. Cammie avait pris garde à laisser un bon mètre entre eux sur la banquette de cuir blanc. Et l'atmosphère glaciale n'avait rien à voir avec une panne de la climatisation.

A présent, ils étaient dans le salon des Flood, une pièce si douillette avec sa cheminée de pierre, son écran de télévision géant et sa table de billard qu'elle n'aurait dû être utilisée que pour des occasions ultra conviviales : réunion d'amis et de voisins à l'occasion de la finale du Super Bowl, ou fêtes d'Halloween pour des enfants dont les déguisements soi-disant effrayants ne faisaient peur à personne.

Contrairement à l'enveloppe de kraft qu'Adam tenait dans ses mains.

— Où sont tes parents ? interrogea Cammie.

La situation était déjà assez pénible sans que M. et Mme Flood viennent se joindre aux festivités.

— En haut. Ils dorment.

Adam retourna l'enveloppe, et Cammie vit le rabat déchiré.

— Tu l'as ouverte, constata-t-elle sur un ton morne.

— Oui, admit Adam. Je sais que je n'aurais pas dû, mais… Je pensais que je pourrais te protéger si elle contenait quelque chose de terrible.

— Foutaises. C'est quelque chose de terrible, et tu ne me protèges pas.

Elle lui prit l'enveloppe des mains, mais ne put se résoudre à l'ouvrir.

— Si tu veux, je peux la jeter. La brûler, même, offrit Adam.

Elle leva les yeux vers lui.

— Tu me connais mieux que ça.

— Oui, soupira le jeune homme. C'est vrai.

Quelle était la meilleure façon de procéder? Lentement ou rapidement ? Lire lentement, ce serait comme rouvrir une plaie en faisant sauter une agrafe après l'autre. Lire rapidement, ce serait peut-être comme faire une crise cardiaque.

Rapidement, c'est mieux, décida Cammie. En cas de crise cardiaque, ou bien vous mourez sur le coup, ou bien vous vous rétablissez pour de bon.

Elle sortit la liasse de documents. Adam avait laissé le plus intéressant sur le dessus.

DÉPARTEMENT DE POLICE DE SANTA BARBARA
RÉSUMÉ DE LA DÉPOSITION DU TÉMOIN :
DINA RACHEL SHARPE

Mme Dina Rachel Sharpe est l'épouse de l'acteur de cinéma Jackson Sharpe. Sa déposition ci-jointe indique les faits suivants :

Mme Sharpe se trouvait à bord du bateau la nuit où Jeanne Sheppard a disparu.

Les propriétaires du bateau, M. et Mme Striker, étaient passés prendre Mme Sharpe à la marina de Carpinteria à 18 h 00, après que les Striker et les Sheppard aient quitté le port de Santa Barbara à 17 h 00.

Mme Sharpe reconnaît avoir eu des relations sexuelles avec M. Sheppard durant la soirée. Elle n'a pas pu ou pas voulu nous préciser l'heure exacte.

Mme Sharpe affirme avoir été redéposée à la marina de Carpinteria peu avant minuit. Elle dit qu'elle ne se trouvait pas à bord lorsque Mme Sheppard a disparu, ni lorsque sa disparition a été signalée aux gardes-côtes le lendemain matin.

Le choc fut tel qu'il l'engourdit instantanément. Quand les papiers glissèrent sur le tapis vert céleri, elle ne chercha même pas à les rattraper. Rien. Elle ne ressentait rien.

Adam ramassa les documents et les remit dans l'enveloppe.

— Ça va ?

— Mon père baisait la mère de Sam, marmonna Cammie. (Jusqu'à ce qu'elle prononce les mots à voix haute, la vérité ne lui avait pas semblé réelle.) Mon père baisait la mère de Sam. Et elle était sur le bateau cette nuit-là. Personne ne m'en avait parlé.

— Ça ne signifie pas nécessairement que quelqu'un a commis un crime, fit remarquer Adam.

Il gratta le tatouage derrière son oreille, fit mine de passer un bras autour des épaules de Cammie, puis se ravisa et se contenta de fixer un point droit devant lui. Il s'en voulait affreusement.

— Merci beaucoup, lui dit Cammie sur un ton amer. Grâce à toi, je n'oublierai jamais mon bal de promo.

Il leva les mains en un geste défensif.

— Si c'était à refaire, je te jure que… (Il s'interrompit.) Non, c'est faux. Je referais exactement la même chose. J'ouvrirais l'enveloppe, je lirais son contenu et je te le montrerais. Je suis désolé.

— Je t'avais dit de laisser tomber.

— Je sais…

— Mais tu ne m'as pas écoutée. (Cammie entendit sa voix monter dans les aigus. Plus elle criait fort, plus elle bouillait de rage. Mais c'était toujours mieux que de sentir un vide glacial à l'endroit où son cœur était censé se trouver.) Te rends-tu compte dans quelle position tu viens de me mettre ? Je te déteste !

— Je comprends, Cam.

Adam lui ouvrit les bras.

— Fiche-moi la paix, connard ! Je suis sérieuse !

Il referma ses bras sur elle. Elle s'exhorta à ne pas perdre le contrôle – à ne pas le repousser, le frapper ou, pire que tout, se mettre à pleurer. Au lieu de ça, elle se raidit et ne pipa mot jusqu'à ce qu'il la lâche.

— J'avais raison, chuchota-t-elle. Pendant toutes ces années, je sentais qu'on me cachait quelque chose.

Adam lui caressa les cheveux. A présent, son contact ne la révoltait plus, ne la dégoûtait plus. Au contraire – il lui donnait le courage de poursuivre.

— Quand j'interroge mon père sur ce qui s'est passé cette nuit-là, il change toujours de sujet. Il dit que ça ne sert à rien de ressasser le passé, sinon à rendre le présent plus difficile. (Elle appuya son front sur l'épaule d'Adam.) Ma mère ne buvait pratiquement pas. Je me souviens que mon père la charriait tout le temps – c'était un événement quand elle prenait un verre de vin au resto. Et elle faisait partie de l'équipe de natation de l'UCLA. (Elle releva la tête et le fixa.) Tu trouves que c'est le portrait d'une candidate à la noyade ?

— Je n'en sais rien, Cam…

— Seigneur. La mère de ma meilleure amie a couché avec mon père ; mon père ne m'en a jamais rien dit pendant toutes ces années, et je découvre le pot aux roses le soir de mon bal de promo. Sans déconner : John Hughes refuserait d'en faire un film.

Cammie se leva et se mit à faire les cent pas devant la cheminée. Adam resta assis sur le canapé en cuir vert, soulagé comme s'il venait d'essuyer une affreuse tempête dont il était miraculeusement sorti indemne.

— Ton père ne voulait peut-être pas que tu saches qu'il trompait ta mère.

Cammie éclata d'un rire dur. Son père avait eu des tas de liaisons, et il ne s'était jamais donné la peine de les dissimuler. Le monde entier pouvait bien savoir qu'il se tapait la mère de Sam – peu lui importait, puisqu'il n'avait pas de conscience. Non. Il n'existait qu'une seule raison pour laquelle il avait pu garder le silence pendant toutes ces années. Et le moment était venu de l'énoncer à voix haute.

— Je pense qu'ils ont tué ma mère. Mon père et la mère de Sam.

Adam pâlit.

— Cammie, tu ne peux pas dire une chose pareille…

— La preuve que si.

Elle revint vers le canapé à grandes enjambées, saisit l'enveloppe et se dirigea vers la sortie. Adam se leva d'un bond.

— Où vas-tu ?

— Faire ce qui doit être fait.

Au pays mental d'Anna

L'after officieux du bal de promo avait lieu au Shutters on the Beach, à Santa Monica, mais Anna et ses amis avaient organisé leur propre fin de soirée sur le plateau de la nouvelle série télé à succès, *Hermosa Beach.*

L'agence de Clark Sheppard avait fourni un programme clé en main – ce qui signifiait que les scénaristes, les acteurs et les réalisateurs étaient tous des clients d'Apex, qui encaissait donc un plus gros pourcentage des recettes que d'habitude. Anna avait effectué un stage à l'agence en tant qu'assistante du père de Cammie. Mais même son amitié avec le talentueux scénariste Danny Bluestone ne l'avait pas empêchée de démissionner rapidement. Clark Sheppard était un homme vénal, avait-elle réalisé. En autorisant sa fille et ses amis à organiser leur after à Hermosa Beach, il venait néanmoins de prouver que même les pires salauds d'Hollywood se montrent parfois à la hauteur quand il s'agit de leurs enfants.

Lorsque le convoi de limousines était arrivé à deux heures et demie du matin, un gigantesque feu de joie brûlait déjà sur la plage, et un système audio avait été installé dans le patio de l'hôtel qui servait de décor principal à la série. Le meilleur restaurant d'Hermosa Beach, le Blue Pacific, avait dressé un somptueux buffet pour vingt personnes : homard froid, salade de poulpe mariné, salade d'ananas, de noix de coco, de pommes, de raisins et d'amandes, une douzaine de terrines et de fromages différents, et du pain chaud cuit dans un four portable à même le sable. Deux barmen d'âge mûr servaient des mojitos limonade – feuilles de menthe, sirop de sucre, eau gazeuse, jus de citron et vodka – et, pour ceux qui voulaient dessoûler, des espresso que l'on pouvait parfumer avec du Kahlua.

Un quart d'heure après leur arrivée, Anna et Ben se promenaient main dans la main au bord de l'eau. Leurs pieds nus s'enfonçaient dans le sable humide. Ils avaient laissé leurs chaussures dans le patio, et Ben avait négligemment jeté sa veste de smoking sur son épaule. Soudain, Anna se mit à glousser.

— Qu'y a-t-il ? s'enquit Ben.

— Je repensais à ce que tu m'as dit tout à l'heure. A propos de Maddy et de Jack.

— Tu parles de ses manigances pour attirer l'attention de Mister T ? Et encore, ce n'était pas le pire ! J'ai bien vu qu'elle lui plaisait vraiment. Je lui ai fait promettre de ne pas coucher avec lui.

— J'espère qu'elle suivra tes conseils. (Anna repoussa en arrière quelques mèches blondes que la brise marine avait rabattues devant ses yeux.) Mais tu ne peux pas décider à sa place.

— Je suppose que non, admit Ben à contrecœur.

— Tu devrais descendre de ton fier destrier de temps en temps, suggéra Anna. Les gens qui t'entourent n'ont pas tous besoin que tu te comportes en preux chevalier.

— Qui, moi ?

Elle lui donna un petit coup de hanche taquin.

— Oui, toi. Depuis le jour où on s'est rencontrés, tu n'as pas arrêté. Ça a commencé avec ce type qui m'embêtait dans l'avion…

— C'était un enfoiré !

— Comme beaucoup de gens dans ce monde. Mais…

Anna hésita, ne sachant pas si elle devait continuer. Qui était-elle pour dire à son petit ami ce qu'il devait ou ne devait pas faire ?

— Vas-y, la pressa Ben. Ne retiens pas tes coups.

C'est vrai. Ils s'étaient jurés d'être honnêtes. Anna s'arrêta et lui prit le bras.

— Tout le monde n'a pas besoin d'être sauvé. Moi, par exemple, je peux très bien me débrouiller seule.

— Sauf quand tu es coincée entre un hublot et un connard sur un vol long courrier, pas vrai ? répliqua Ben sur un ton dont le tranchant subtil n'échappa pas à la jeune fille.

Elle se tourna vers l'océan.

— Si je te dis ça, c'est parce que j'ai toujours joué ce rôle auprès de ma sœur. (Elle repensa à toutes les fois où elle avait tenu les cheveux de Susan pendant que celle-ci vomissait différentes substances illégales dans les toilettes, à toutes les soirées qu'elle avait passées à jouer les chiens de garde de son aînée.) Prendre soin des autres, c'est peut-être une façon de se protéger soi-même.

— Et voilà : tu es repartie au pays mental d'Anna, plaisanta Ben.

Elle rit doucement.

— Je suppose que oui. Je voulais juste te dire que tu n'as pas besoin de me sauver, parce que je suis capable de me sauver toute seule.

Et le seul fait d'avoir prononcé ces mots lui donna l'impression d'être encore plus forte. Elle aimait Ben, mais elle n'avait pas besoin de lui pour aplanir les difficultés de son existence.

Son petit ami lui caressa les cheveux.

— Ne comprends-tu pas ? Une des raisons pour lesquelles je suis amoureux de toi, c'est justement que tu n'as pas besoin d'être sauvée.

Elle leva la tête pour qu'il l'embrasse. Elle s'était trompée à son sujet comme il s'était trompé au sujet de Maddy et de Jack.

Ils allaient reprendre leur promenade lorsqu'une grande silhouette maigre s'approcha en leur hurlant de l'attendre. C'était Marshall, le garde-chiourme de Dee. Sa veste de smoking et sa cravate avaient disparu ; sa chemise était froissée et à moitié sortie de son pantalon. Il tenait un verre à mojito dans sa main droite, et à en juger par sa démarche, ce n'était pas le premier qu'il vidait.

— Pitié, dites-moi que vous avez vu Dee.

— La réponse est la même que les deux dernières fois où tu m'as posé cette question, répliqua Ben. Non.

Marshall s'était laissé semer au bal de promo. Anna n'était pas inquiète pour Dee : la jeune fille avait appelé Sam pour lui dire qu'elle était avec Jack et qu'ils les rejoindraient à Hermosa Beach sur le coup de trois heures. Elle jeta un coup d'œil à sa montre. Trois heures moins le quart. Apparemment, Dee aussi était en train d'apprendre à se sauver elle-même.

— Je peux te donner un conseil, Marshall ?

— Quoi ?

— Détends-toi, suggéra Anna. Dee finira bien par revenir. Elle ne te laissera pas tomber.

— Je suis foutu, gémit Marshall avant d'aspirer bruyamment un quart de son mojito à la paille. Comment ai-je pu la laisser filer ? Je devrais appeler la clinique, mais je risque de perdre mon boulot.

Il s'éloigna d'un pas mal assuré. Anna le vit interroger Skye, dont la robe argentée reflétait les flammes dansantes du feu de joie. Il ressemblait à un épouvantail abandonné, songea-t-elle, mi-amusée mi-compatissante.

Quelques minutes plus tard, Anna et Ben finissaient leurs espresso sans Kahlua lorsqu'ils repérèrent Sam et Parker allongés sur une couverture, non loin du feu de joie. Parker leur fit signe de les rejoindre.

— Alors, comment va notre reine ? lança Ben sur un ton taquin.

Il se laissa tomber près de Sam et ramassa une poignée de sable, qu'il laissa couler entre ses doigts.

— C'est ça, fous-toi de ma gueule, grommela la jeune fille, qui sirotait un mojito limonade. Je me suis cassé le cul pour réaliser un grand documentaire, et il n'y aura pas de documentaire même petit.

— Pourquoi ça ? s'étonna Ben.

Sam haussa les sourcils.

— Parce que si la reine de promo filme son propre sacre, ce n'est plus un documentaire, mais un putain de spot publicitaire.

— Je ne crois pas que les altesses royales aient le droit de jurer, fit remarquer Parker. Pas même après avoir ingurgité trois mojitos. En parlant de ça, il faut que j'aille refaire le plein.

— Peu importe, soupira Sam. Ce qui est fait est fait. Et mon documentaire est passé à la trappe. Mon père dit toujours qu'une bonne action ne reste jamais impunie. Je vais finir par croire qu'il a raison.

Anna s'étira et enfonça ses orteils dans le sable.

— Tu as offert à nos camarades un bal dont ils se rappelleront jusqu'à la fin de leur vie.

Sam se cala en appui sur un coude et finit son verre.

— Génial. Propose-moi pour la canonisation.

— Sérieusement, insista Anna. Tu as transformé un désastre en succès retentissant.

— Un espresso, cette fois, réclama Sam en tendant son verre vide à Parker. Avec beaucoup de Kahlua et peu de café.

— Vos désirs sont des ordres, altesse.

Parker se leva, s'inclina devant elle et s'éloigna en direction du bar. La jeune fille le suivit du regard.

— Tu as raison, Anna, je suis une vraie magicienne. (Elle ferma son œil gauche et son poing droit, puis écarta les doigts.) Pouf ! Tu as vu ça ? Je viens de changer Parker en Eduardo. Jusqu'où irai-je dans la métamorphose ?

Anna sourit.

— C'est vraiment dommage qu'Eduardo n'ait pas pu assister à…

— Coucou ! s'exclama Dee, qui se dirigeait vers eux en s'enfonçant dans le sable. Je passe une soirée fantastique !

— Sois prudente. Marshall te cherche partout depuis des heures, la prévint Ben. La dernière fois que je l'ai vu, il essayait de noyer son affolement dans l'alcool.

— Merci pour le tuyau. (Dee s'enveloppa de ses bras.) Je n'oublierai jamais cette nuit. La nuit de mon bal de promo. La nuit où j'ai rencontré Jack.

— Où est-il ? s'enquit Anna.

— Il m'attend devant l'hôtel. Je suis juste passée vous prévenir pour ne pas que vous vous inquiétiez.

— Je m'inquiète quand même, intervint Ben. Jack est un coureur de jupons.

— Tout le monde peut changer, répliqua Dee, les yeux brillants.

Elle semblait si heureuse, si équilibrée qu'Anna ne put réprimer un sourire.

— Tu crois que ça existe, les âmes sœurs ? lui demanda Dee.

— C'est tout à fait possible, répondit-elle, touchée.

Ben lui jeta un coup d'œil.

— Et bien… Même un dragueur invétéré peut se retirer du jeu s'il rencontre la bonne fille, concéda-t-il.

— Je vous adore, souffla Dee. (Elle les étreignit l'un après l'autre.) Où sont Cammie et Adam ?

— Ils sont partis du Colisée très tôt, révéla Sam avec un clin d'œil. Ils feront peut-être une apparition ici… Ou pas.

Dee grimaça.

— J'accompagne Jack chez lui. J'appellerai Marshall un peu plus tard pour le rassurer.

— Et l'Institut Ojai ? objecta Anna.

— J'ignore quelle sera ma punition pour avoir enfreint les règles, mais je sais que ça vaudra le coup. A plus !

Dee s'éloigna en trottinant.

— Je ne l'avais jamais vue aussi normale, commenta Ben.

— Moi non plus, acquiesça Sam. C'est presque effrayant.

Parker revint avec le verre de Sam.

— J'ai croisé Dee. Où court-elle ainsi ?

— Dans le lit de Jack. Apparemment, c'est son âme sœur, expliqua Sam. (Elle sirota son espresso alcoolisé.) Ah, c'est beaucoup mieux.

Ben serra Anna contre lui et lui chuchota à l'oreille :

— Dee m'a donné une idée. Que dirais-tu de trouver un endroit plus intime ?

Il lisait dans ses pensées.

Votre Promitude

— Le dernier qui marque va se baigner à poil, annonça Sam.

Parker et elle se tenaient dans le patio, à sept ou huit mètres d'une table de buffet renversée. La jeune fille avait rentré l'ourlet de la robe dans son boxer en dentelle noire La Perla. Dans une main, elle tenait son diadème ; dans l'autre, un énième mojito – elle était revenue à ses premières amours. Au fil des heures, elle avait sombré dans une dépression de plus en plus profonde. Son documentaire était foutu. Eduardo aurait sûrement trouvé un moyen de la réconforter, mais il était à Mexico, sans doute avec cette salope de Pilar…

Arrête-toi tout de suite, s'ordonna-t-elle.

Fléchissant le poignet, elle projeta son diadème comme un frisbee. Pas de chance : le diadème atterrit à un bon mètre cinquante du pied de table qu'elle avait visé, et emportée par son élan, Sam faillit perdre l'équilibre.

— Restez avec moi, Votre Promitude, lança Parker avant d'aller ramasser la couronne cabossée.

La jeune fille promena un regard à la ronde. Ils étaient seuls. Ben et Anna étaient partis se promener sur la plage. Cammie et Adam n'avaient pas daigné se montrer – elle ne devinait que trop bien à quoi ils devaient être occupés. Krishna et Damian étaient revenus boire un coup un quart d'heure plus tôt, puis avaient décidé de marcher jusqu'en ville avec Ashleigh pour acheter un rasoir et faire une coupe Iroquois à Damian. Pour une raison que Dieu seul connaissait, Skye était partie avec Marshall à la recherche de Dee. *Bon courage*, ricana Sam, qui savait exactement où se trouvait son amie. Peut-être avait-elle déjà appelé Marshall, et peut-être pas. Quant à Pilar…

Misère. Elle devait vraiment être bourrée. Cette bombasse espagnole n'existait que dans son imagination paranoïaque. *Ça ne signifie pas qu'Eduardo finira la soirée tout seul*, chuchota une voix démoniaque dans son esprit. *Il devait y avoir des tas de filles canon et bien réelles à l'anniversaire de mariage de ses parents.* Les paroles de Parker lui revinrent en mémoire. *Si tu étais ma petite amie, j'aurais trouvé un moyen d'être là pour toi ce soir.*

— Votre Magnificence veut-elle retenter sa chance ?

Parker s'agenouilla devant elle et lui rendit son diadème, plus un verre plein.

— Je t'en prie. Tu es mon ami. Un simple « Votre Altesse Sérénissime » suffira, décréta Sam, magnanime. Hé oui, je suis la reine de promo. Moi. Qui l'eût cru ? (Elle but une gorgée de liquide ambré.) Du Jameson. Bon choix.

Parker lui enfonça sa couronne sur la tête.

— Profites-en bien.

— Je me fiche de ce truc ! (Sam se débarrassa rageusement du diadème.) J'abdique. A quoi bon être reine si mon roi ne daigne même pas assister à mon sacre ? (Elle tendit un index vers le ciel.) Je t'ordonne de faire apparaître Eduardo !

Bien entendu, rien ne se produisit. Ils étaient dans la vraie vie, pas dans une stupide comédie.

— C'est lui qui y perd, déclara Parker.

— Qui ça, « lui » ?

— Dieu ou Eduardo, Votre Célesteté. Comme vous voulez.

Sam gloussa. Ou bien Parker était beaucoup plus drôle qu'elle ne l'avait réalisé jusque-là, ou bien l'alcool lui conférait un sens de l'humour absolument irrésistible. Elle approcha son visage de celui du jeune homme.

— Quand je fais ça, on dirait que tu as un œil géant au milieu du front.

— Parce que c'est le cas. (Parker alla ramasser son diadème et le déposa autour d'un des pieds de la table.) Ta-da ! J'ai gagné. A toi de choisir qui de nous deux se met à poil.

Sam se souvint de la fois où elle s'était baignée toute nue dans le Pacifique avec Anna, à Mexico. Elle s'était sentie si libre, si légère... Le lendemain, elle avait appris qu'Eduardo avait été témoin de la scène, et qu'il l'avait beaucoup appréciée. Elle regarda à nouveau autour d'elle. Pas d'Eduardo en vue. Aussi tonna-t-elle :

— Je t'ordonne de fendre les eaux sacrées du Pacifique !

— Tout de suite, Votre Ivrognerie.

Parker se mit à déboutonner sa chemise.

— Attends ! l'interrompit Sam.

— Pourquoi ?

— D'abord, le baiser rituel de la reine.

Elle s'approcha de lui en titubant. Le jeune homme ferma les yeux. Elle se dressa sur la pointe des pieds et l'embrassa. Ce n'était qu'un petit baiser de rien du tout. Un baiser amical – ou à peine plus...

— Samantha ?

Oh, mon Dieu. Elle connaissait cette voix sexy, ce léger accent sud-américain. Ils appartenaient à Eduardo. Mais c'était impossible. Son petit ami se trouvait à Mexico...

— Samantha !

Sam poussa Parker sur le côté pour se prouver qu'elle était victime d'hallucinations auditives. Mais non. Eduardo se tenait à deux mètres d'elle, vêtu d'un jean, d'un T-shirt blanc et d'une chemise bleu clair déboutonnée.

— Je suis parti en pleine fête pour te faire une surprise, lâcha-t-il froidement. Mais c'est moi qui suis surpris.

Parker voulut prendre la défense de Sam.

— Ce n'est pas ce que tu crois, je te jure. Sam était triste que tu ne sois pas là pour notre bal de promo, et...

— Ferme-la avant que je te fasse avaler tes dents, gronda Eduardo.

— Ce n'est pas juste, protesta Sam. Tu aurais dû me dire que tu venais.

Elle savait que c'était une excuse pitoyable, mais elle était trop mortifiée pour en trouver une autre. Mortifiée, et complètement soûle.

Eduardo plissa les yeux.

— Pourquoi ? Pour que tu fasses semblant d'être la fille pour qui je te prenais ?

La peur tordit les entrailles de Sam.

— Mais je suis cette fille ! Je sais que j'ai fait une bêtise. Mais tu me manquais, et on était en train de chahuter…

— Garde ta salive pour quelqu'un qui sera prêt à t'écouter, cracha Eduardo.

Il se détourna et repartit vers le parking de l'hôtel. Sam le suivit en titubant.

— Eduardo, attends, je t'en supplie !

Il ne s'arrêta pas et ne se retourna pas davantage. Sam était trop chancelante pour le rattraper. Elle ne put que le regarder disparaître à l'angle du bâtiment. Elle se sentait perdue et consternée. Comment en était-elle arrivée là ? Comment ?

Parker la rejoignit et passa un bras autour de ses épaules.

— C'est quoi, son problème ? Il n'avait qu'à pas débarquer sans prévenir.

— Va en enfer, Parker.

— Calme-toi, Sam. Tu l'appelleras demain, et tu lui expliqueras tout. Je suis sûr que ça s'arrangera.

Bizarre. Cinq minutes plus tôt, le jeune homme était aussi bourré qu'elle, et à présent, il semblait en pleine possession de ses moyens. Avait-il seulement feint l'ivresse pour lui tendre un piège ?

— Tu as un peu trop bu et tu m'as embrassé. Il ne s'est rien passé d'autre. Et c'est le soir de notre bal de promo, pour l'amour du ciel ! Où est le problème ?

La tristesse submergea Sam. Elle était riche et semi-célèbre. Elle pouvait acheter n'importe quoi, aller n'importe où, rencontrer n'importe qui, mais elle ne pouvait pas revenir en arrière et effacer le moment où son premier grand amour l'avait surprise en train d'embrasser un autre garçon.

— Le problème, Parker, répondit-elle avec toute la dignité qu'elle put conjurer, c'est que tu n'en as rien à foutre de moi. Contrairement à Eduardo.

Qui a dit que le romantisme était mort ?

Bras dessus bras dessous, Anna et Ben s'éloignèrent du feu de joie. Ils s'apprêtaient à étendre leur couverture dans le sable lorsqu'Anna manqua trébucher sur quelque chose. Elle crut d'abord que c'était un rocher. Puis la grosse masse sombre grogna. Une personne. Elle plissa les yeux. Non, deux personnes.

Skye. Sa robe argentée, relevée jusqu'à sa taille, révélait un string assorti sur lequel se reflétait le clair de lune. La jeune fille était lovée dans les bras osseux de ce grand dadais de Marshall.

Anna lâcha un hoquet de surprise.

— Désolée. Je ne vous avais pas vus.

Skye leva la tête, juste le temps de lui jeter :

— Marshall m'aide à oublier Damian.

L'intéressé haussa les épaules.

— De toute façon, j'ai déjà perdu mon boulot.

— Si tu ne peux pas être avec celui que tu aimes..., articula Skye d'une voix pâteuse. J'ai oublié la suite.

— Aime celui avec qui tu es, acheva aimablement Ben.

— Ouais, c'est ça.

Skye reposa sa tête sur l'épaule de Marshall.

— Hum. D'accord.

Anna ne savait pas quoi dire d'autre. Elle avait beaucoup de mal à ne pas éclater de rire.

— Bonne continuation, lança Ben aux improbables tourtereaux.

Puis il entraîna sa petite amie un peu plus loin. Là, tous deux laissèrent libre cours à leur hilarité... avant d'étendre leur propre couverture dans le sable et de s'abandonner à la passion du moment.

Dans une maison d'invités sur la 25e Avenue de Santa Monica, Dee dormait dans les bras de Jack. De son côté, le jeune homme remerciait les dieux de l'avoir conduit vers elle. Comme Dee s'agitait, il la serra contre sa poitrine.

— Tout va bien, chuchota-t-il en lui embrassant les cheveux. Rendors-toi.

Il n'était pas encore sûr qu'au matin, en se réveillant, ils ne se jetteraient pas ce regard qui signifie « Qui es-tu, et qu'est-ce que je fiche avec toi ? ». Ça lui était déjà arrivé si souvent ! C'était toujours la même comédie. Lâcher « Ouah, il est drôlement tard », enfiler son jean en vitesse et promettre « Je t'appelle » avant de battre précipitamment en retraite. Il ne savait pas si ce serait le cas cette fois. Une seule chose était certaine : il aurait voulu ne jamais lâcher Dee. Il l'embrassa tendrement sur le front.

Et merde. C'était peut-être ça, l'amour.

Après la sortie théâtrale d'Eduardo, Sam descendit trois tasses de café noir, puis traîna sa lucidité retrouvée et un sérieux début de migraine jusqu'à un gros rocher sur lequel elle s'assit pour réfléchir. Elle n'avait jamais été très portée sur la religion ; pourtant, elle se surprenait à négocier avec le dieu responsable des amours humaines – si tant est qu'il en existât un. Si Eduardo lui pardonnait, elle ne serait plus jamais méchante ni mesquine. Elle cesserait d'être une garce égocentrique et deviendrait vraiment la fille pour laquelle Eduardo la prenait.

Ramenant les genoux contre sa poitrine, elle les entoura de ses bras et inspira l'air iodé à pleins poumons. Les vagues venaient mourir au pied de son perchoir, et le bruit du ressac avait quelque chose d'apaisant. Un plan. Il lui fallait un plan. Quel était le meilleur moyen de s'excuser ? Elle devait trouver…

— Hé, Sam !

Cammie. Simplement vêtue d'un jean Earl et d'un T-shirt Imitation of Christ rose, elle tenait une grosse enveloppe de papier kraft à la main.

— Tu as passé une bonne soirée ?

Poser cette simple question lui avait demandé un effort considérable. Sam ne savait pas depuis combien de temps elle se morfondait là ; elle n'avait même pas assez d'énergie pour consulter sa montre.

Cammie ne répondit pas. Elle se contenta de désigner le rocher, et Sam se poussa sur le côté pour lui faire un peu de place.

— Tu n'as pas trouvé d'endroit plus inconfortable pour t'asseoir ? grommela son amie.

— Mon cul est mieux rembourré que le tien. Dis donc, tu t'es éclipsée drôlement tôt tout à l'heure. Ne me dis pas que tu t'es envoyée en l'air avec Adam jusqu'à maintenant !

Cammie secoua la tête.

— Pas exactement, non. Ça a été une soirée très étrange.

— A qui le dis-tu…, acquiesça tristement Sam. Où est Adam ?

— Chez lui. Je suis venue seule.

En temps normal, Sam aurait demandé pourquoi, mais elle avait d'autres soucis en tête.

— Tu sais quoi ? Tu viens de rater Eduardo. Il a débarqué tout à l'heure pour me faire une surprise.

— Vraiment, lâcha Cammie sur un ton morne.

— Et il m'a trouvée en train d'embrasser Parker parce que… Je ne sais même pas pourquoi, avoua Sam. J'étais soûle.

Cammie haussa les épaules.

— Pas de chance.

Sa désinvolture hérissa le poil de Sam.

— Merci beaucoup pour ton soutien, railla-t-elle. C'est bon de pouvoir compter sur ses amis en cas de coup dur.

— C'est drôle…, murmura Cammie, le regard dans la vague.

Parfois, tu crois avoir touché le fond, et l'instant d'après, tu tombes encore plus bas.

— Je ne vois vraiment pas ce qui pourrait m'arriver de pire ! Je viens de perdre Eduardo !

— Prépare-toi à recevoir un deuxième choc.

— De quoi parles-tu ? interrogea Sam, perplexe.

Cammie pinça les lèvres.

— Je ne sais pas comment t'annoncer ça avec ménagement, donc, je vais aller droit au but. C'est à propos de ma mère. Elle ne s'est pas suicidée. J'en suis certaine.

Sam porta une main à son front. Rembobinage rapide. Comment étaient-elles passées d'Eduardo à la mère de Cammie ?

— Je ne comprends rien.

Cammie tapota l'enveloppa posée sur ses genoux.

— L'explication est là-dedans. Je te dirais bien de lire toi-même, mais il fait trop sombre. En résumé, ta mère se tapait mon père il y a très longtemps.

— Quoi ? Quel rapport entre cette connerie et toutes les autres conneries qui se sont passées ce soir ?

— Oublie ce soir, je t'en supplie. Tu veux bien faire ça pour moi ?

Cammie ne suppliait jamais. Choquée, Sam mit quelques instants à répondre.

— D'accord, lâcha-t-elle sur un ton sceptique. Ma mère et ton père. Il y a très longtemps. Prouve-le.

Cammie brandit l'enveloppe.

— J'ai une copie du rapport de police sur la mort de ma mère. Le dossier était sous scellé, mais les parents d'Adam ont réussi à mettre la main dessus… (Elle s'interrompit.) Bref, tout est affreusement clair. La nuit où ma mère a disparu, ta mère était avec elle. Les Striker l'avaient prise à la marina de Carpinteria, où ils l'ont redéposée un peu plus tard. Elle a dit aux flics qu'elle avait couché avec ton père sur le bateau.

Sam secoua la tête comme pour s'éclaircir les idées.

— Ma mère couchait avec ton père ?

— Tout est là-dedans, acquiesça Cammie en désignant l'enveloppe.

Sam posa les mains sur le rocher pour se stabiliser.

— Ça n'a pas de sens !

— Bien sûr que si – s'ils ont tué ma mère, cracha Cammie.

— C'est du délire !

— Ah oui ? Alors pourquoi n'en ont-ils jamais parlé pendant toutes ces années ? Pourquoi ta mère a-t-elle brusquement quitté la ville ? Elle ne vient jamais te voir, elle ne t'appelle pas…

Sam se boucha les oreilles.

— Ne dis pas ça.

— Pourquoi, Sam ? insista Cammie d'une voix assez forte pour que son amie l'entende. Pourquoi ?

Les mains de Sam retombèrent mollement. Elle secoua la tête.

— Tu sautes un peu vite aux conclusions. Des conclusions horribles.

— Mais peut-être exactes. C'est ce qu'on va s'efforcer de découvrir.

Jamais Sam n'avait vu une telle détermination briller dans les yeux de Cammie.

— Que comptes-tu faire ?

— Le soleil se lèvera bientôt. Même si c'est dimanche, mon maniaque de père sera sur le plateau d'*Hermosa Beach* dès huit heures. Je l'attendrai. Avec ça.

Cammie lançait et rattrapait l'enveloppe comme les criminels le font avec leur arme dans les films.

Sam ne savait que faire ni que croire. Si elle lisait le rapport de police, y verrait-elle plus clair dans toute cette histoire ? *Pauvre Cammie. Elle est convaincue que son père a…*

Clark et sa mère. Quelle idée répugnante.

Sam se tourna vers Cammie. Les mains de la jeune fille tremblaient. Ça aussi, c'était une première. Toutes deux avaient traversé tant d'épreuves ensemble ! Oui, elles se disputaient parfois, et il leur arrivait de dire du mal l'une de l'autre, mais elles se connaissaient mieux que personne d'autre au monde ne les connaissait.

Sam prit la main de sa plus vieille amie entre les siennes et la serra très fort.

— Quand ton père arrivera, nous l'attendrons toutes les deux, promit-elle.

Cammie Sheppard était beaucoup de choses, mais « reconnaissante » ne faisait pas partie des qualificatifs que quiconque aurait employé pour la décrire… jusqu'à cet instant où, assise sur un rocher face à l'océan, elle serra la main de Sam Sharpe en retour.

Achevé d'imprimer sur les presses de

BUSSIÈRE
GROUPE CPI

à Saint-Amand-Montrond (Cher)
en septembre 2006

FLEUVE NOIR
12, avenue d'Italie
75627 Paris Cedex 13

— N° d'imp. : 063113/1. —
Dépôt légal : octobre 2006.

Imprimé en France